RUDOLF SCHÖNWALD

Die Welt war ein Irrenhaus

Meine Lebensgeschichte
Nacherzählt von Erich Hackl

Paul Zsolnay Verlag

Mit freundlicher Unterstützung der Kulturabteilung der
Stadt Wien, Literatur, und des Zukunftsfonds der Republik
Österreich

1. Auflage 2022
ISBN 978-3-552-07255-8
© 2022 Paul Zsolnay Verlag Ges. m. b. H., Wien
Satz: Nadine Clemens, München
Autorenfoto: © Leonhard Hilzensauer / Zsolnay
Umschlag: Anzinger und Rasp, München
Foto: © Barbara Pflaum / Imagno / picturedesk.com
Druck und Bindung: CPI books GmbH, Leck
Printed in Germany

MIX
Papier aus verantwortungs-
vollen Quellen
FSC® C083411

Erinnern ist das eigentliche Leben.

Carl Laszlo, »Ferien am Waldsee.
Erinnerungen eines Überlebenden« (1956)

1

Geboren bin ich in Hamburg. Das ist nur insofern bemerkenswert, als weder mein Vater noch meine Mutter der Stadt aus familiären oder beruflichen Gründen verbunden waren. Er war Wiener, sie stammte aus Breslau, die beiden hatten sich in einer Kunstgalerie in Den Haag kennengelernt, in England geheiratet und aus unerfindlichen Gründen beschlossen, in Hamburg ansässig zu werden. Genauer gesagt in Reinbek bei Hamburg, wo sie sich vom Geld meiner Mutter, einer geborenen Pringsheim, ein Haus kauften. Ich kam im Juni 1928 auf der Entbindungsstation des Krankenhauses Jerusalem zur Welt, das es heute noch gibt, am Schlump, mitten in der Stadt. Die Klinik war fünfzehn Jahre zuvor von der Missionsgesellschaft der Irisch-Presbyterianischen Kirche in der Absicht eröffnet worden, die armen jüdischen Auswanderer zu versorgen, die im Hafen auf die Überfahrt warteten, und sie mit der christlichen Nächstenliebe derart zu beeindrucken, dass sich alle noch schnell taufen ließen. Meines Wissens hat das eher selten geklappt.

Mein Bruder Peter ist im Jahr darauf schon in Reinbek geboren. Reinbek war ein Dorf. Bevor der Rowohlt-Verlag sich dort niedergelassen hat, bestand es aus der Grünwarenhandlung der Brüder Rathmann und der Gastwirtschaft der Witwe Bethause. Das war auch schon alles. Das heißt, nein – auch mein Taufpate Manfred Ragg wohnte in Reinbek oder gleich nebenan, in Neu-Wentorf. Die Bekanntschaft mit ihm verdankte sich einer zufälligen Begegnung, die um ein Haar in eine Prügelei ausgeartet wäre: Mein Vater hielt eine große Dogge und ging im Sachsenwald, einem Besitz des Fürsten Bismarck, mit ihr spazieren. Dort wurde das an und für sich gutmütige Tier eines Tages von einem Spaniel angekläfft. Die Dogge ließ sich das einige Zeit gefallen, dann packte sie den Köter am Schlafittchen, um ihn ordentlich durchzubeuteln. Die Folge war ein schreckliches Kreischen. Gleich darauf standen sich die beiden Hundehalter mit zornroten Gesichtern und erhobenen Spazierstöcken gegenüber. An Aussprache und Wahl der Schimpfwörter, mit denen sie einander bedachten, stellten sie zu ihrem Erstaunen fest, dass sie Landsleute waren. Sie schlossen auf der Stelle Frieden, zerrten ihre Vierbeiner auseinander und einigten sich darauf, gesellschaftlich miteinander zu verkehren.

Ragg war ein gebürtiger Kärntner. Er hatte in Chemie promoviert, besaß in Hamburg eine große chemische Fabrik und war mittels einer von ihm erfundenen Rostschutzfarbe zu einem beträchtlichen Vermögen gekommen. Mit Gebetsformeln kannte er sich schlechter aus als mit Spezialanstrichen für Schiffsböden und Eisenrohre, über die er mehrere Standardwerke veröffentlicht hat. Das erwies sich bei meiner Taufe, als man ihm das Glaubensbekenntnis einsagen musste, nachdem er mittendrin steckengeblieben war. Ragg hatte drei hübsche Töchter, einen Sohn und eine prachtvolle Villa, in der ich mich gelegentlich langweilen durfte. Hin und wieder wurde mir gestattet, einer der Töchter zuzuhören, wenn sie auf ihrem Pianino spielte. Sonst hagelte es Verbote. Ich durfte da nicht gehen, mich dort nicht hinsetzen. Eigentlich furchtbar.

Furchtbar waren auch die Erziehungsmaßnahmen meines Vaters, weil sie sich im Wesentlichen darin erschöpften, andere Kinder von mir und meinem Bruder fernzuhalten. Wir wurden weder in einen Kindergarten geschickt noch ermutigt, auf dem Spielplatz oder im Park mit Gleichaltrigen zu spielen, die mein Vater als Seuchen- und Bazillenüberträger ansah. Was er in Hamburg oder Reinbek den ganzen Tag getrieben hat, ist mir unbekannt. Vermutlich lebte er vom Geld meiner Mutter, die um uns Kinder rührend besorgt war. Gegen meinen Vater stand sie auf verlorenem Posten. Er war eifrig bemüht, ihr jeden Lebensmut zu nehmen, verbot ihr den Umgang mit ihrer Mutter und allen anderen Verwandten und hatte selber auch den Kontakt zu seinen Eltern abgebrochen. So wuchsen wir auf, ohne dass wir unsere Großmütter sehen durften – beide Großväter waren schon vor meiner Geburt verstorben –, und vor Kindern habe ich mich, glaube ich, lange Zeit gefürchtet. Die Erwachsenen waren mir zwar auch nicht wahnsinnig angenehm, aber ich akzeptierte sie, solange sie mich nicht herablassend behandelten, sondern einfach in Ruhe ließen.

Ein solches Verhalten zeichnete unseren Nachbarn Hermann Goele aus, einen schweigsamen pensionierten Gymnasiallehrer und Freizeitkomponisten, der für gewöhnlich in seinem Arbeitszimmer saß und in einer Wolke aus Pfeifenrauch über Schachprobleme nachdachte. Er und seine lebhafte, aus Süddeutschland stammende Frau hatten einen großen Garten, in dem es zu jeder Jahreszeit für meinen Bruder und mich etwas zu tun gab. Wir waren mit Feuereifer damit beschäftigt, Unkraut zu jäten und Äste zu zersägen. Der Sohn des Ehepaares, Helmut, war ein junger Offizier der Handelsmarine, der zur Belohnung für seine glänzend bestandenen Prüfungen auf dem Segelschulschiff Admiral Karpfanger mitfahren durfte, das auf seiner ersten Auslandsfahrt vor Kap Hoorn unterging. Es gab keine Überlebenden.

Damals begann das Schuljahr in Deutschland nicht im September, sondern zu Ostern. Anfang April 1934 war also mein erster Schultag, da war ich fast sechs Jahre alt und hatte das dringende Bedürfnis, endlich lesen zu lernen. Davon konnte aber keine Rede sein. Stattdessen musste ich mich mit Spielen abquälen, die mich überhaupt nicht interessierten. »Alles, was Flügel hat, fliegt« oder »Mäuschen, wie piepst du?«, so in der Art. Dann raus in den Hof, wo wir nach Lust und Laune herumtoben sollten. Die Erziehungsmethoden waren weitaus fortschrittlicher als in Österreich, man wollte die Kinder nicht mit dem Lehrstoff überfallen, sondern allmählich an den Schulbetrieb gewöhnen. Aber das ging mir unendlich auf die Nerven. Ich verkörperte eben schon damals den autoritären Charakter in Reinkultur, den Theodor W. Adorno ein paar Jahre später im US-amerikanischen Exil erkennen und beschreiben sollte.

Für meinen Vater war die Tatsache, dass er einen jüdischen Vater hatte – die Mutter war eine Wiener Tschechin –, eine Lebenskatastrophe. Mit diesem Kleinbürger focht er heftige Kämpfe aus. Er war sogar einmal sechs Wochen lang mit einer Opernsängerin verheiratet gewesen, nur damit sein Vater vor Zorn zerspringt. Um sich vom Judentum loszusagen, hatte er sich irgendwann in den zwanziger Jahren taufen lassen und war seither praktizierender Katholik. Die sich anbahnende Judenverfolgung wollte er nicht zur Kenntnis nehmen. Immerhin war es schon ein Jahr her, dass Hitler die Macht übernommen hatte. Meine Mutter erkannte die Gefahr und drängte darauf, aus Deutschland wegzukommen. Aber statt dass sie mit uns nach Übersee gefahren wären, wo Verwandte von ihr lebten und er sich mit seinen zweifellos vorhandenen Talenten und seiner Sprachbegabung ohne weiteres eine Existenz hätte aufbauen können, verfiel mein Vater auf die abstruse Idee, sich ausgerechnet in Salzburg niederzulassen – im Frühjahr 1934, drei Monate nach dem blutig niedergeschlagenen Februaraufstand, als in Österreich das Standrecht herrschte und die Zahl der illegalen Nazis in die Höhe schnellte.

Wir fuhren also nach Salzburg. Dort wohnten wir den Sommer über in der Pension »Steinlechners Gasthof«, wo während der Festspielzeit jeden Sonntag Richard Strauss und Clemens Krauss zu speisen pflegten. Anschließend zogen sich die beiden Giganten des Musiklebens mit gewichtigen Mienen und allerlei Papieren unter dem Arm in das Gartensalettl zurück, wo sie dann, statt über Mozart- und Beethoven-Partituren zu brüten, die *Schweizerische Handelszeitung* studierten und sich dabei eifrig Aktienkurse notierten. Inzwischen wurde für uns am Stadtrand, in der Nesselthalergasse 6 in Parsch, ein Einfamilienhaus errichtet. Im Herbst konnten wir einziehen. Es war im bäuerlichen Stil gehalten, hatte einen Balkon mit geschnitzter Balustrade, musste mit Holz und Kohle beheizt werden und stand inmitten eines etwas struppigen Gartens.

In Österreich war im September Schulbeginn, und so kam es, dass ich nun zum zweiten Mal eingeschult wurde, in der Nonntalschule, in der ein anderer Wind wehte als in der nach kinderpsychologischen Erkenntnissen geführten Volksschule von Reinbek. Als Erstes mussten wir das Aufstehen und Niedersetzen üben, als Zweites im Chor rufen: »Grüß Gott, Frau Lehrerin!«, und als Drittes das Kreuz schlagen und dabei die Gebetsformel herunterleiern: »Im Namen des Vaters und des Sohnes und des Heiligen Geistes. Amen.« Katholischer Ständestaat, Austrofaschismus, autoritäre Erziehung. »Setzen.« Gleich darauf begann auch schon der Unterricht. Wir holten unsere Schiefertafeln hervor, nahmen die Griffel in die Hand und schauten zur Tafel, auf die unsere Lehrerin, das Fräulein Giger, den ersten Buchstaben malte, ein Kurrent-I aus drei kurzen Strichen und einem Punkt. Ich war begeistert. Endlich hatte ich etwas gelernt! Und jeden Tag kam ein neuer Buchstabe hinzu, bald würde ich lesen können.

Meine Erinnerungen an die Volksschulzeit sind nicht sehr ergiebig. Sicher ist, dass Gerhard Amanshauser vier Jahre lang mein Banknachbar war. Trotzdem nahmen wir kaum Notiz voneinander, er noch weniger von mir als ich von ihm. Ich habe schon damals gern und viel gezeichnet, war aber selbstkritisch genug, um mir einzugestehen, dass ich seinen mit Buntstift gezeichneten Sonnenuntergängen nichts Gleichwertiges zur Seite stellen konnte. Dafür gelangen mir die Aufsätze besser als dem späteren Schriftsteller, wahrscheinlich haben wir beide unseren Beruf verfehlt.

Meine Hochachtung für ihn stieg sprunghaft, als wir im Unterricht das Dollfuß-Lied singen mussten, eine feierliche, von Rudolf Henz ersonnene Hymne auf den von Nazis ermordeten Bundeskanzler, die mit diesen Worten begann: »Ihr Jungen, schließt die Reihen gut, ein Toter führt uns an. Er gab für Österreich sein Blut, ein wahrer deutscher Mann. Die Mörderkugel, die ihn traf, die riss das Volk aus Zank und Schlaf ...« Amanshauser wagte es, leise, aber doch deutlich hörbar statt »die Mörderkugel, die ihn traf« »der Zwetschkenknödel, der ihn traf« zu singen, was für mich eine Blasphemie unvorstellbaren Ausmaßes darstellte und mir höchste Bewunderung abrang. Bei der Vorbereitung auf die Erstkommunion erwies sich mein Banknachbar hingegen als weniger schneidig. Es wurde uns eingeschärft, ja nicht auf die Hostie zu beißen, die uns der Priester auf die Zunge legen würde, da sonst »das Blut des Herrn herausrinnen« könnte. Ich hatte damit kein Problem, aber der sensiblere Amanshauser wurde bei dem Gedanken, den Mund voller Blut zu haben, ohnmächtig.

Meine religiösen Handlungen beschränkten sich auf den Besuch der Sonntagsmesse und das Sammeln von Stanniolpapier, das, zu Kugeln gerollt, beim Katecheten abzuliefern war, der sie für die Bekehrung armer Heidenkinder brauchte: »Auch für uns Mohren ist Jesus geboren.« Außerdem musste ich wie alle Schüler an der Fronleichnamsprozession teilnehmen, die sich im Salzburger Nonntal besonders lang hinzog und von einem barbarischen Böllerschießen vor jedem Altar untermalt wurde.

An unserer Schule gab es zwei Religionslehrer. Der eine war ein gutmütiger alter Kanonikus, der in seinem Tiroler Dialekt immer denselben faulen Witz machte, wenn ein Schüler aufzeigte und sich für eine Fehlstunde entschuldigte. Der zweite, ein junger Vikar namens Strasser, hielt uns einmal einen Vortrag über die Zehn Gebote. Dabei kam er mit seiner schnarrenden Stimme auch auf das Sechste zu sprechen:

»Wer Unkeusches tut in Gedanken, Worten und Werken, der wird dereinst in der Hölle in einen Pfuhl geworfen, wo er nackt liegt und Schlangen, Molche, Kröten und ekles Gewürm über ihn kriechen.«

Das ging mir nicht aus dem Kopf. Kaum war ich zu Hause, lief ich zu meinem Vater, der gerade einen Artikel in seine Schreibmaschine hämmerte.

»Was ist Unkeuschheit?«, fragte ich ihn.

»Was, Unkeuschheit? Das geht dich gar nichts an. Wieso fragst du?«

»Weil der Vikar Strasser uns heute erklärt hat, wer Unkeusches tut in Gedanken, Worten und Werken, der kommt nackt in einen stinkenden Pfuhl.«

Es gibt Menschen, die werden, wenn sie sich ärgern, rot im Gesicht. Dann gibt es diejenigen, die aus dem gleichen Grund kreidebleich werden. Mein Vater fiel in diese Kategorie. Er sprang auf, stürzte aus dem Haus, warf sich im Laufen seine Pelerine über, weil es wie fast immer in Salzburg gerade regnete, schwang sich aufs Fahrrad und radelte erbost in die Stadt. Dort läutete er den Vikar Strasser heraus und sagte zu ihm:

»Passen S' auf, wenn Sie den Kindern noch einmal so einen

Blödsinn erzählen, dann beschwere ich mich über Sie beim Unterrichtsminister persönlich.«

Das dürfte seine Wirkung nicht verfehlt haben, denn zu meiner grenzenlosen Enttäuschung habe ich nie wieder etwas von dem Pfuhl und vom Nacktliegen und von der Unkeuschheit gehört.

Einmal gab mir die Bestrafung eines Unschuldigen zu denken: Wir hatten einen Aufsatz zum Thema »Ein Frühlingsspaziergang« schreiben müssen. Die Lehrerin kam mit den korrigierten Hausübungsheften unter dem Arm in die Klasse gestürzt, warf die Hefte auf das Pult und rief den Namen unseres Mitschülers Karl Wimmer. »Wimmer, aufstehen. Wimmer, in die letzte Reihe. Niederknien!« Was hatte er ausgefressen? Alle bekamen seine Schandtat zu sehen, Wimmers Heft mit dem Blatt, auf dem unter der Überschrift »Ein Frühlingsspaziergang« ein einziger Satz stand: »Ich ging am Samstagnachmittag mit meiner Tante in Morzg spazieren.« Nicht genügend, drei Ausrufezeichen. Dazu eine Schimpfkanonade. Ich kannte damals natürlich noch nicht Wittgensteins Sentenz: »Wovon man nicht sprechen kann, darüber muss man schweigen«, die ganz gut zum Anlass der allgemeinen Entrüstung gepasst hätte, aber immerhin durchfuhr mich der Gedanke, dass mein in der letzten Bankreihe kniender Mitschüler mit seinem Ein-Satz-Aufsatz der einzige normale Mensch in diesem Narrenhaus war. Ich hingegen hatte mir zum gestellten Thema den aberwitzigsten Stuss ausgedacht, von dem ich ahnte, dass er der Lehrerin gefallen würde. Wimmer machte mir meine Charakterlosigkeit bewusst. Eigentlich sollte er für seine Kürze belobigt werden, dachte ich. Stattdessen musste er zur Strafe hundertmal einen Satz aus dem Lesebuch abschreiben, und alle Kinder lachten ihn aus. Nur ich hielt mich hier sehr stark zurück.

Meine Mutter war auch in Salzburg rührend um das Wohlerge-
hen ihrer Söhne bemüht. Das führte dazu, dass sie zeitweise von
mir versklavt wurde. Entweder musste sie an meinem Bett sitzen,
wenn ich wieder einmal Grippe oder Keuchhusten hatte, oder mir
helfen, die Zeichenbretter aufzustellen, damit ich riesige Germa-
nenschlachten zeichnen konnte. Sie hatte auch die Aufgabe, mich
einmal in der Woche mit dem Fahrrad von der Volksschule abzuholen. Sonst ging ich immer zu Fuß, der Schulweg dauerte ungefähr eine halbe Stunde, aber mein Lieblingsprogramm bei Radio
Wien begann Punkt vier Uhr, und ich hätte den Anfang verpasst,
wenn ich nicht wie ein geölter Blitz aus dem Schultor geflitzt
wäre, vor dem meine Mutter abfahrbereit zu warten hatte. Ich
sprang auf den Gepäckträger ihres Fahrrads und trieb sie mit den
Rufen »Schneller, schneller!« zu größerer Eile an. Alles nur, damit
ich zu der Sendung mit den Loewe-Balladen zurechtkam – »Der
Nöck«, »Archibald Douglas«, »Edward«, »Tom der Reimer« … –,
von denen ich, in der Interpretation des Baritons Heinrich Schlus-
nus, nicht genug kriegen konnte. »Du bist die Himmelskönigin!
Du bist von dieser Erde nicht!« Kein Mensch kümmert sich heutzutage um Loewes Balladen. Ich war süchtig nach ihnen. Nicht
minder versessen war ich auf die österreichischen Volkslieder, die
der Lehrer Karl Magnus Klier in seiner Sendung vorstellte. »A
Schüsserl und a Reindl is all mei' Kuchlg'schirr …« Aus mir wäre
unter normalen Umständen ein Sangesbruder geworden. Dass
ich's nicht werden konnte, habe ich zutiefst bedauert. Hitler hat es
wie so vieles in meinem Leben verhindert.

Mein Vater rückte auch in Salzburg nicht von seinen Erzie-
hungsprinzipien ab, die darin bestanden, seine Kinder von allem,
was die Welt für sie bereithält, abzuschirmen. So kommt es, dass
ich mich eigentlich an keine Bubenstreiche, keine Abenteuer, keine Spiele mit Gleichaltrigen erinnern kann. Ich erlebte nichts,

oder fast nichts, von dem, was ein normales Kind im Alter von sechs bis zehn Jahren außerhalb der Schule erfährt. Ich bin in der Früh in die Schule gegangen und am Nachmittag wieder nach Hause getippelt. Andere Kinder wurden dort nicht geduldet. Offenbar hielt mein Vater sie für giftig.

Die Isolation, in der wir uns befanden, hatte aber auch noch einen anderen Grund. Denn Salzburg war in einem seltsamen Zustand: nach außen hin katholisch und österreichtreu, im Kern völlig von den Nazis unterwandert. Niemand wusste vom andern, ob er nicht schon insgeheim Mitglied der Nazipartei war. Die Rassenfrage wurde hochgehalten, das sogenannte Judenproblem, was besonders lächerlich war, weil es in Salzburg, wenn es hochkommt, hundert Juden gab. Auf alle Fälle war es eine Frage des Geruchssinns. Die Katholiken erschnupperten einander, die Nazis, die Arbeitslosen sowieso. Das Elend war sichtbar. In unserer Schule gab es Kinder, die sogar im Winter barfuß und mit zerrissenem Gewand in die Schule kamen. Die Bessergestellten, zu denen außer Gerhard Amanshauser und mir noch Kinder von Rechtsanwälten, Ärzten oder Geschäftsleuten gehörten, wurden aufgefordert, für die Bedürftigen ein zusätzliches Jausenbrot mitzubringen. Mit dem Spürsinn, den sie ausgebildet hatten, witterten die Leute jedenfalls, dass mit uns – also mit mir, meinem Bruder und meinen Eltern – etwas nicht stimmte. Wir waren getaufte Katholiken, wir waren sogar fromme Katholiken. Und wir hatten immerhin so viel Geld, dass wir in geregelten Verhältnissen leben, uns sogar ein eigenes Haus leisten konnten. Das alles nützte angesichts der schiefen Optik gar nichts: Da ist ein Ehepaar mit zwei Kindern, das im Jahr vierunddreißig beschließt, aus Deutschland – dem Land, in dem im Jahr zuvor die Sonne des Führers aufgegangen war – zu emigrieren und nach Österreich zu ziehen. Mit denen stimmt etwas nicht, nämlich mit ihrem Ariernachweis, auf alle Fälle sind sie nicht nationalsozialistisch gesinnt. Bei meinem Vater war das auch deutlich zu sehen, denn er markierte den österreichpatriotischen kaisertreuen Landedelmann und lief in einem Steireranzug herum, an dessen Rock das Signum-Laudis-Zeichen aus dem Ersten Weltkrieg steckte, vielleicht sogar das Emblem der Vaterländischen Front. Deshalb fand ich auch keine Spielgefährten. Wäre es mit rechten Dingen zugegangen, hätte Amanshausers Vater irgendwann gesagt: »Pass auf, Gerhard, sag doch deinem Sitznachbarn, dem Schönwald Rudi, er soll einmal zu uns auf den Nonnberg kommen, da könnts miteinander spielen.« Oder umgekehrt hätte mein Vater diesen Vorschlag machen können. Das ging aber schon deshalb nicht, weil der Vater des Gerhard Amanshauser der Obernazi von Salzburg war und die Familie Schönwald jüdisch versippt. Nur wir Kinder wussten das nicht. Weder wussten wir, was Arier sind, noch hatten wir je davon gehört, dass wir Juden waren oder für solche gehalten wurden. Das Thema existierte in unserer Familie nicht. Zumindest wurde es von mir und meinem Bruder ferngehalten.

Über die Tätigkeit meines Vaters wusste ich hingegen Bescheid. Er schrieb Theaterkritiken und Aufsätze für die katholische, munter antisemitische Tageszeitung *Salzburger Chronik*. Ob er die Familie davon ernähren konnte, wage ich zu bezweifeln. Eher vermute ich, dass unser Unterhalt vom Erbe meiner Mutter bestritten wurde. Mein Breslauer Urgroßvater Fedor Pringsheim, Bankier, Mitglied des Breslauer Stadtrats und Vorsitzender der Breslauer Kultusgemeinde, hatte einst das stolze Wort gelassen ausgesprochen, dass noch die Urenkel von seinem Vermögen zehren würden. Er hat sich zwar gehörig getäuscht, aber etwas von seinem Geld war noch vorhanden, und so konnte mein Vater frei von finanziellen Nöten ein umfangreiches Werk verfassen, an dem er in unseren Salzburger Jahren fleißig arbeitete. Es hieß *Spiel und*

Maske in Salzburg. Vom barocken Schauplatz bis zu den Salzburger Festspielen, wurde vom Anton Pustet Verlag zum Druck angenommen und vom Unterrichtsministerium mit einer Subvention gefördert. Bevor es erscheinen konnte, marschierte die Deutsche Wehrmacht in Österreich ein, und das Buch des Halbjuden Dr. Ludwig Schönwald verschwand aus dem Verlagsprospekt.

Nach 1945 hat sich kein Verlag für dieses Manuskript interessiert. Es war für die damalige Zeit offenbar zu wissenschaftlich, das Barocktheater in Salzburg lockte keinen Hund mehr hinter dem Ofen hervor. Die Leute wollten lieber etwas über die Amouren und Lemuren der Salzburger Festspiele lesen, über die Salzburger Nockerln, den Salzburger Schnürlregen, den Salzburger Trachtenjanker, die Salzburger Haferlschuhe, die Kragenweite des Jedermann, den Busen der Buhlschaft, die Wespentaille der Opernsängerin Maria Cebotari, den Taktstock des Dirigenten Clemens Krauss, die faden Witze des Komponisten Richard Strauss. Das Buch meines Vaters war definitiv keine Fremdenverkehrswerbung, die man ja wieder sehr intensiv betrieben hat, damit Geld ins Land kommt.

Mein Vater hatte die Angewohnheit, sich mit allen Leuten zu überwerfen. Mit seinen Nachbarn tobte er immer im Garten herum, dabei ging es um irgendwelche Sträucher, die schon wieder zu uns rübergewachsen waren, oder ähnliche Kindereien. Er hatte kaum Freunde, die wenigen konnte man an den Fingern einer Hand abzählen. Ich erinnere mich, dass er im Wohnzimmer abends oft mit einem ungarischen Edelmann, dem Baron Erös von Bethlenfalva, zusammensaß und politisierte. Dabei war meine Gegenwart selbstverständlich unerwünscht. Aber altklug, wie ich war, lauschte ich heimlich ihren Gesprächen. Daladier wird sich das sicher gut überlegen, Chamberlain wird schon wissen, was er tut ... Offensichtlich gaben sich beide der Illusion hin, dass die Westmächte oder irgendwelche höheren Gewalten die Annexion Österreichs verhindern würden. Hitler wird Österreich nicht einfach schlucken können, davon waren sie überzeugt. Sie wurden bitter enttäuscht. Daladier tat gar nichts, Chamberlain schon überhaupt nichts. Hitler ist einmarschiert, niemand hat es verhindert.

Der zweite Gesprächspartner meines Vaters war ein durchaus friedfertiger, gutmütiger Geistlicher namens Pater Virgil Redlich, Sohn des bekannten Historikers Oswald Redlich. Er war ebenfalls Geschichtsprofessor, Mönch im Benediktinerstift St. Peter, später Prior in der Abtei Seckau in der Steiermark, veröffentlichte ein Buch über *Meßfeier als Lebensquell* und ein zweites über *Religiöse Lebensgestaltung,* und mehr ist über ihn nicht zu sagen.

Ferner machte uns ein Graf Schaffgotsch des Öfteren seine Aufwartung. Er war nicht identisch mit seinem Namensvetter Franz Xaver Schaffgotsch, dem Schriftsteller und Übersetzer von Tolstoi und Gogol, der aus der russischen Kriegsgefangenschaft 1920 als glühender Kommunist zurückgekehrt war und sich als Kofferträger am Wiener Westbahnhof in Milena Jesenská verliebte, nachdem er von seiner adeligen Familie enterbt worden war. Diesen Graf Schaffgotsch habe ich später einmal kennengelernt, zu meinem großen Vergnügen, denn er war eine ausgesprochen originelle Erscheinung. Der Salzburger Graf Schaffgotsch jedoch, auch Franz mit Vornamen, war Maler, Grafiker und Bühnenbildner am Salzburger Marionettentheater. Als ergebener Anhänger des Ständestaatregimes hatte er im Juli 1934 den Naziputsch in seiner Heimatgemeinde Lamprechtshausen niedergeschlagen und auch nachher noch dem einen oder anderen illegalen Böllerwerfer zu einem blauen Auge verholfen. Er versuchte immer wieder, meinen Vater davon zu überzeugen, dass mein Bruder und ich den Ostmärkischen Sturmscharen beitreten sollten, stieß aber auf taube Ohren. Zu seinem Glück befanden sich der Graf und seine jüdische Frau Hedwig im März 1938 gerade auf einer Italienreise, sonst hätten ihn die Nazis sicher erschlagen. Von seinem späteren Schicksal – er kam 1942 unter ungeklärten Umständen in Dubrovnik ums Leben, in einem deutschen Internierungslager – erfuhr ich erst aus den Lebenserinnerungen seiner Frau, die die Naziherrschaft in Kroatien überlebt hatte.

Ansonsten erinnere ich mich noch verschwommen an den Schriftsteller Heinz Jonke-Zellhof, den mein Vater frei nach Homer »den göttlichen Sauhirten« nannte. Der saß polternd gelegentlich bei uns herum. Eines von seinen Theaterstücken wurde auf einer Freiluftbühne am Fuß des Untersberges aufgeführt, ich sah eine Vorstellung, kann mich aber nicht mehr an Einzelheiten erinnern. Sooft ich später nach Salzburg kam, erkundigte ich mich nach Jonke-Zellhof. Niemand vermochte mir je etwas über ihn zu sagen.

Ja, und dann gab es noch die wenigen Nachbarn, mit denen sich mein Vater nicht zerstritten hatte. Einer war der Herr Häufler, ein Nazi, aber ein harmloser, was wir ihm nach dem Krieg auch bescheinigt haben. Er hatte eine Tochter in meinem Alter, war Geschäftsmann, fuhr einen tschechischen Tatra und genoss meine Wertschätzung, weil er mich gelegentlich darin mitnahm. Der zweite hieß Hödlmoser und war der pensionierte Dorfgendarm von St. Gilgen, von meinem Vater wegen seiner Haarfarbe als »der rote Bazi« bezeichnet. Hödlmoser war auch ein Nazi und hatte unglaublich krumme Beine, mit denen er auf dem Fahrrad in die Stadt strampelte. Seine Frau, die für die Nazis nichts übrig hatte, stammte aus dem Waldviertel. Manchmal kam sie uns besuchen, unterhielt sich mit meiner Mutter und erzählte uns Buben wunderschöne Geistergeschichten, so dass sie von mir heiß geliebt wurde.

Zu den erfreulichsten Begebenheiten meiner Kindheit gehörten zwei Ferienaufenthalte an der Ostsee. Salzburg hatte damals ein furchtbares Klima, die meiste Zeit regnete es, und die Temperaturen stiegen oder fielen von einer Minute auf die nächste wie die Aktienkurse einer Scheinfirma auf den Kaimaninseln. Mein Bruder und ich husteten zum Gotterbarmen.

»Die Kinder müssen dringend ans Meer!«

An die Ostsee deshalb, weil unsere Eltern noch das Haus in Reinbek besaßen, das vermietet war, ehe es schließlich verkauft werden musste. Die Mieteinnahmen durften nicht nach Österreich ausgeführt werden. Also fuhr unsere Mutter mit meinem Bruder und mir im Sommer 1935 und nochmals im Jahr darauf mitten hinein ins Nazideutschland, um das Guthaben zu verprassen. Ich wäre an ihrer Stelle ja nicht hingefahren, aber sie kannte offenbar keine Berührungsängste. Mein Vater war nicht dabei, der musste das Haus hüten, in dem zur Festspielzeit zwei italienische Sängerinnen abstiegen. Halb Salzburg lebte vom Vermieten von Salons, Schlafzimmern und Abstellkammern an Akteure und Gäste der Festspiele.

Dass mein Vater nicht mitgekommen war, erwies sich als Glücksfall, denn er war im Allgemeinen unerträglich. Entweder bekam er einen Anfall übertriebener Fröhlichkeit. Dann war er imstande, ganze Eisenbahnwaggons voller Passagiere zu unterhalten. Oder er verfiel in tiefe Trauer und sprach tagelang kein Wort. War er schlecht aufgelegt, brüllte er herum. Bipolare Störung nennt man das heute. Jetzt war er einmal sechs Wochen weg. Das war lustig, meine Mutter ließ uns freie Hand, wir fuhren mit kleinen Schiffen, ritten auf kleinen Pferden, sahen den Fischern beim Fischen zu, pritschelten im seichten Wasser der Lübecker Bucht und wälzten uns im Sand. Gesund wurden wir auch. Mit dem Husten hatte es ein Ende. Wenn es darum ging, ihren

Kindern etwas Gutes zu tun, war auf meine Mutter Verlass. Das möge ihr nicht vergessen werden.

Mein Vater, der Haustyrann, hatte auch seine guten Seiten. Und seine komischen. Mein Bruder und ich mussten um acht Uhr im Bett sein. Natürlich schliefen wir nicht, sondern schlugen Polsterschlachten oder erzählten uns Geschichten. Mein Vater war ständig bemüht, uns in flagranti zu ertappen. Das gelang ihm jedoch nie, weil die Treppe ins Obergeschoß bei jedem Schritt knarrte, egal, wie leise er auftrat. Sobald wir hörten, dass er im Anmarsch war, stellten wir uns schlafend. Er wiederum wusste, dass wir noch gar nicht schliefen, fand aber keine Gelegenheit, uns zu überführen. Denn wenn er gesagt hätte: »Ihr schlafts ja gar nicht«, hätten wir geplärrt: »Jetzt hast du mich aufgeweckt, dabei habe ich schon so gut geschlafen«, und ihm wäre nichts anderes übriggeblieben, als schuldbewusst wieder abzuhauen. Er stand also jeweils stumm vor unseren Betten, starrte eine Weile ins Dunkel und murmelte im Weggehen immer die gleichen Worte: »Falsche Jesuiten.«

Obwohl er uns Kindern und vor allem meiner Mutter jede Freude vergällte, schätzte, ja verehrte ich meinen Vater auch. Er konnte nämlich etwas, das ich über alle Maßen schätze, er konnte ausgezeichnet vorlesen. Meistens lehnte er meine Bitte ab, aber hin und wieder ließ er sich doch erweichen. Die »Hexenküche« und »Auerbachs Keller« aus Goethes *Faust* konnte ich gar nicht oft genug hören. Mein absolutes Lieblingsstück war jedoch *Der Barometermacher auf der Zauberinsel* von Ferdinand Raimund. Auch Heines Gedicht »Die Wallfahrt nach Kevlaar« konnte er wunderschön vortragen. Ich zweifle nicht daran, dass er uns im Grunde seines Herzens mochte. Speziell mit mir war er durchaus einverstanden, als er feststellte, dass ich gewisse Interessen zeigte, die sich mit seinen Vorlieben trafen: läppische Versuche meinerseits, Gedichte zu schreiben, oder das absurde Detailwissen, das ich mir über die Wappen der Salzburger Erzbischöfe aneignete. Damit protzte er dann vor dem schon erwähnten Pater Virgil Redlich, dem vor all den Löwen, Hüten und Quasten, die ich ihm in allen Einzelheiten beschrieb, das große Gähnen kam. Die Tatsache, dass wir aufgrund seines unerklärlichen Widerwillens von anderen Kindern ferngehalten wurden, sollte sich für uns bald als vorteilhaft erweisen. Denn als wir darauf angewiesen waren, uns allein durchzuboxen, spürten wir keinen Verlust, weil wir das Alleinsein gewohnt waren.

Spazierengehen gehörte nicht zu meinen Lieblingsbeschäftigungen. Hierfür war ich zu faul und körperlich zu träge. Trotzdem sind wir mit meiner Mutter an die frische Luft gegangen, meistens am Gaisberg, auf die Judenalm, wo Segelflieger von Mannschaften mit langen Gummiseilen in die Luft katapultiert wurden. Zufällig waren wir auch an jenem geschichtsträchtigen Tag auf der Judenalm unterwegs, an dem die Wehrmacht in Salzburg einmarschierte. Die Sonne schien, kein Hauch regte sich, und von der Stadt herauf war ein vielstimmiges Gebrüll zu hören, wie bei einem Fußballspiel nach dem Goal, nur ohne Unterbrechung. Das war umso auffälliger, als aus dieser griesgrämigen Stadt, auf die tagein, tagaus der Regen runtertropfte, nie ein lauter Ton gedrungen war. Außer »Grüß Gott« oder »Na ja« oder »Wissen S' eh, wie's halt so geht« war nichts zu hören gewesen. Auf einmal öffneten sich also die Herzen der schlecht gelaunten Lodenmantelbesitzer ebenso wie die der nicht minder verdrossenen, armselig gekleideten Arbeitslosen. Aus der Nähe konnte ich den Rauschzustand, in den sie durch den Einmarsch der deutschen Truppen versetzt worden waren, nicht beobachten, denn in diesen entscheidenden Stunden war ich nicht am Domplatz.

Salzburg im Flaggenschmuck. Ich sehe vor mir noch die Staatsbrücke mit den vielen Hakenkreuzfahnen. Die hatten sie auf einmal alle. Jeder trug auch schon sein Parteiabzeichen auf dem Revers. Unser Oberlehrer Hans Jöchl, ein Tiroler, der als frommer Katholik jeden Sonntag in der Franziskanerkirche die Messe dirigierte, hatte schon vor dem Einmarsch ein Hitlerlied gedichtet und komponiert, das er nun flugs aus der Schreibtischlade zog, um es mit uns Schulkindern einzustudieren. Wir mussten es auswendig lernen, und wie alles Überflüssige ist es mir bis heute im Gedächtnis geblieben: »Wacht auf, wacht auf, ein Wunder ist geschehen. Wir sind befreit von aller Not und Qual. Im ganzen Lande Hitler-Fahnen wehen und Herzen brennen lodernd ohne Zahl ...« Das wurde also gesungen, die Melodie in Moll, was eigentlich ungewöhnlich war, weil die Nazilieder für gewöhnlich einen eher optimistischen Ton hatten. Der Herr Oberlehrer war vielleicht gar kein so schlechter Musiker, ich weiß es nicht.

Außer mit dem Singen derart erhebender Weisen waren wir in der Schule jetzt hauptsächlich mit dem Aufsatzschreiben zum Thema »Der Führer kommt nach Salzburg« beschäftigt. Ich entwickelte eine gewisse Spottlust. Zum Beispiel erschien mir ein Mädel in unserer Klasse als äußerst lächerlich, das auf die Frage, was es am sechsten April auf dem Residenzplatz erlebt habe, mit versagender Stimme und gesenktem Blick zur Antwort gab: Der Führer habe ihre Wange getätschelt. Das wurde mit Ergriffenheit zur Kenntnis genommen. Ich seh sie heute noch vor mir, ein eher hässliches Mädchen, die einzige Protestantin in der Klasse, und die Handbewegung, mit der sie sich in einer Mischung aus Demut und Stolz eine Haarsträhne hinters Ohr strich. Ich dachte, jetzt wirst du dich wahrscheinlich nicht mehr waschen oder dir ein Taferl um den Hals hängen. Aber ganz wohl war mir nicht bei dem Gedanken. Irgendwie ahnte ich, dass es anfing, ungemütlich zu werden.

Ich habe mir oft den Kopf darüber zerbrochen, wieso man über etwas Bescheid weiß, das einem nie jemand erklärt hat. Wieso erfasst man einen Sachverhalt, obwohl einem die Zusammenhänge unklar sind, und wieso vermag man aus dieser Unklarheit die richtigen Schlüsse zu ziehen? Bis jetzt war Antisemitismus nie an mich herangetragen worden. Von Juden wusste ich nicht mehr als die etwas verwirrende Kunde, dass sie Jesus gekreuzigt hatten, der aber selbst ein Jude gewesen war. Ich wäre sehr erstaunt gewesen, wenn man mir gesagt hätte, dass es Juden nicht nur in Jerusalem gibt. Dass jemand bald nach dem Einmarsch das Wort »Juden« auf unser Gartentor geschmiert hatte, nahm ich nicht persönlich. Von Hitler wusste ich zwar, dass er was Schlimmes bedeutete, aber was genau und warum, das hatte mir nie jemand dargelegt. Bei einem Aufmarsch, bei dem wir zwei Stunden lang vergeblich auf sein Erscheinen gewartet hatten, ehe wir durchfroren und patschnass nach Hause geschickt wurden, beschlich mich jedoch auf einmal das Gefühl, bei einer Sache mitzumachen, bei der ich nichts verloren hatte. Deshalb war ich auch nicht besonders überrascht, als mich meine Eltern Anfang Mai oder Ende April aus der Schule nahmen. Du kommst jetzt weg, hieß es, in ein Internat. Wie sie sich darüber verständigt hatten, weiß ich nicht. Jedenfalls war klar, dass unsere Zeit in Salzburg abgelaufen war. Ich verließ die Stadt ohne Bedauern und trotz meines verfrühten Abgangs mit dem Abschlusszeugnis der vierten Klasse Volksschule, lauter Einser bis auf einen Zweier in Leibesübungen. Mein Bruder sollte noch das Schuljahr zu Ende bringen, dann würde er mir folgen.

In ganz Deutschland einschließlich der Ostmark hätte uns kein Gymnasium mehr aufgenommen. Daran war der fehlende Ariernachweis schuld. Aber in St. Blasien im Schwarzwald gab es seit 1934 ein großes Knabeninternat mit angeschlossener Oberschule, das von deutschen Jesuiten geführt wurde, die über unser angebliches Judentum einfach hinwegsahen. Es war 1934 als Dependance des weithin bekannten Jesuitenkollegs Stella Matutina von Feldkirch gegründet worden, das wegen der von Hitler verhängten Tausend-Mark-Sperre Schülern aus Deutschland nicht mehr offen gestanden war. Wahrscheinlich hatte mein Vater seine katholischen Beziehungen spielen lassen, damit ich und bald nach mir auch mein Bruder in St. Blasien zugelassen wurden, was in seinem Fall besonders großzügig war, weil er nur drei Klassen Volksschule absolviert hatte.

Zunächst war ich in St. Blasien stockunglücklich. Ich erinnere mich an Weinkrämpfe nachts, wenn ich im großen Schlafsaal in meinem Alkoven lag. Offenbar machte ich einen völlig hilflosen Eindruck, da ich aufgrund der Isolation, in der mich mein Vater gehalten hatte, beim besten Willen nicht wusste, wie ich agieren sollte, um Freunde zu gewinnen. Wobei ich betonen muss, dass die anderen Kinder in den ersten Tagen sehr nett zu mir waren. Erst als sie merkten, dass mit mir überhaupt nichts anzufangen war, trat eine gewisse Entfremdung ein. Kein Wunder, ich war in meiner Not völlig auf mich gestellt und den Präfekten und Lehrern des Ordens ausgeliefert. Die Erziehung war streng, hielt sich aber im Rahmen des Erträglichen. Den Jesuiten war ja nicht daran gelegen, die Buben zu frommen Kerzenschluckern zu dressieren, sie folgten vielmehr dem Ideal der Manneszucht: Reife, Würde, Ehre, um junge Menschen heranzubilden, durch die sie später auf Politik und Wirtschaft Einfluss nehmen konnten. Deshalb verwehrten sie den Buben auch nicht, eigene Initiativen zu ergreifen und sich einmal am Tag auszutoben. Ich beobachtete meine Mitschüler bei ihren Spielen und Klüngeln, war aber vorerst unfähig, daran teilzunehmen. Dann fing ich an, mich aufzurappeln. Nicht immer in meinem Leben bin ich so zielstrebig vorgegangen wie in St. Blasien, wo mir mit einem Mal fixe Vorstellungen von meiner Zukunft kamen. Meine Absicht war, ein, zwei Jahre lang durchzuhalten, bis ich kein Außenseiter mehr wäre. Allmählich freundete ich mich sogar mit dem einen oder anderen Buben an.

Die Nachmittage verbrachte man hauptsächlich im sogenannten Studium. Das war der Saal, in dem die Aufgaben gemacht werden mussten. Jeder Schüler hatte sein eigenes Pult, so dass immer dieselben Buben einer Abteilung – meine umfasste die erste, zweite und dritte Klasse – nebeneinandersaßen. Ich kam ausgerechnet neben Maria Emanuel Markgraf von Meißen und Kronprinz von Sachsen zu sitzen, also dem zukünftigen Haupt des Hauses Wettin und König von Sachsen, nur dass es das Königreich Sachsen schon seit längerem nicht mehr gab. Um polnischer König zu werden, war August der Starke seinerzeit zum Katholizismus übergetreten, was von seinen protestantischen Untertanen toleriert wurde, seine Nachfahren blieben katholisch, und deshalb wurden die Prinzen in einem Jesuiteninternat erzogen.

Maria Emanuel saß im Studium also neben mir und war hauptsächlich damit beschäftigt, Lampensysteme zu installieren, damit rotes Licht aufleuchtete, wenn jemand sein Pultfach öffnen wollte, in dem er Modelleisenbahnen im Kreis fahren ließ. Ich kann mich nicht erinnern, dass er je ein Heft oder ein Buch in die Hand nahm oder seine Rechenaufgaben machte. Er war zwei Jahre älter als ich, mir also körperlich überlegen, und wirkte eigentlich recht bürgerlich, wenn man von seiner Rauflust und seinem Jähzorn absieht. Mir brachte er durchaus Sympathien entgegen. Sooft mich jemand verprügeln wollte, baute er sich mit dem drohenden Ruf »Dixi steht unter Naturschutz!« vor dem Angreifer auf. Das hieß, Dixi – also ich – durfte nicht verdroschen werden. Einmal ermahnte ich ihn, wenigstens ein bisschen was zu lernen, denn es ging schon auf Ostern zu, davor gab es die Prüfungen, und wer durchfiel, wurde nicht versetzt. Es war natürlich streng verboten, sich im Studium miteinander zu unterhalten, und so murmelte er nur: »Wenn du glaubst, dass die Pfaffen mich durchfallen lassen werden, dann irrst du dich.« Ich irrte mich tatsächlich, die Pfaffen haben ihn nicht durchfallen lassen.

Jahrzehnte später las ich in einer Zeitung, dass er 1943, als Siebzehnjähriger, wegen Wehrkraftzersetzung und Rundfunkverbrechen verhaftet wurde und der Todesstrafe nur durch Zufall – der für seinen Volksgerichtsprozess vorgesehene Blutrichter Roland Freisler war bei einem Bombenangriff umgekommen – und wegen guter Beziehungen seines Vaters zu hochrangigen Nazifunktionären entging. Ein anständiger Bursche also. Maria Emanuel ist uralt geworden, und Freunde in Sachsen haben mich immer wieder aufgefordert, meinem Berufskollegen – er betätigte sich nach dem Krieg als Maler und Grafiker – doch einen Brief zu schreiben. Das habe ich nicht getan, er hätte sich gedacht, was will dieser Schnorrer von mir, und zu einem Wiedersehen anlässlich des fünfzigjährigen Bestehens von St. Blasien, 1984, ist es aus privaten Gründen nicht gekommen.

Wie schon erwähnt, legte ich im Internat eine gewisse Zielstrebigkeit an den Tag, die mir in meinem späteren Leben wieder abhandengekommen ist. Ich wollte mich behaupten und traf dafür auch die richtigen Entschlüsse. In der Zuversicht, zum allgemeinen geistigen Aufschwung etwas beitragen zu können, verfiel ich auf den Gedanken, dem sogenannten Geheimklub beizutreten. Ihm gehörte die Elite der Jesuitenzöglinge an, eine dünne Bubenoberschicht, die im Schwarzwald eine eigene Hütte besaß. Wehe, man kam ihr zu nahe, dann flogen einem die Tannenzapfen um die Ohren. Damals gab es noch Tannen im Schwarzwald, heute gibt's nur noch Fichten. Nun konnte man dem Geheimklub aber nicht einfach beitreten, sondern musste von einem Mitglied vorgeschlagen werden. Es verstand sich von selbst, dass Maria Emanuel diesem Klub angehörte. Und so, wie ein Fabrikdirektor einen anderen Fabrikdirektor um dessen Unterstützung bittet, um bei den Freimaurern aufgenommen zu werden, trug ich ihm mein Anliegen vor. Nachdenklich meinte Maria Emanuel, dass in zwei Wochen ohnehin die Generalversammlung anstehe, dort werde er meinen Antrag zur Abstimmung bringen, aber ich möge mir keine Hoffnungen machen, ich würde nicht genug Stimmen bekommen. Trotz dieser Auskunft war ich auf das Ergebnis neugierig. Es war, wie mir Maria Emanuel nach vierzehn Tagen mitteilte, zwar so ausgefallen, wie er es prophezeit hatte, allerdings hätte ich mehr Stimmen als von ihm erwartet bekommen. Deshalb könne ich mir gute Chancen ausrechnen, im nächsten Jahr in den Geheimklub aufgenommen zu werden. Dann musterte er mich kurz und sagte: »Na ja, so viel dran ist an dir ja auch nicht.« Einer musste es mir endlich sagen.

Das war also mein vergeblicher Versuch, den Geheimklub zu unterwandern. Im Jahr darauf gab es ihn nicht mehr, und auf den Grund hierfür werde ich gleich zu sprechen kommen. Zuvor erwähne ich noch ein anderes Ziel, das ich mit ähnlich großem Ehrgeiz verfolgte. Ich bekam Klavierstunden beim Musiklehrer des Internats, Herrn Böllinger, der in der Stiftskirche – einem architektonischen Glanzstück mit der drittgrößten Kuppel Europas – die Orgel spielte und den Chor leitete, in dem ich unbedingt mitsingen wollte. Herr Böllinger stand meinem Ansinnen eher skeptisch gegenüber, aber ich fiel ihm so lange lästig, bis er sagte: »Na gut, in Gottes Namen«, und mich in den Altstimmen einreihte. Er studierte mit uns seltene Choräle ein, alte Musik, oft noch aus dem Mittelalter. Manchmal ließ er uns auch seine eigenen Kompositionen singen, die Vertonung eines Morgenstern-Gedichts zum Beispiel, bei der sich meine Begeisterung in Grenzen hielt. Über Hitler wurde uns im Übrigen nichts mitgeteilt. Wir waren beschäftigt mit der Verehrung der hehren Himmelskönigin Stella Matutina und beharrten darauf, dass Christus – und nicht Hitler – der »Herrscher auch unserer Zeit« ist. »Wir sind bereit, rufet es weit, Christus ist Herrscher auch unserer Zeit«, das war eines der Lieder, die leicht provokant gesungen wurden. Ich habe es nach meinen anfänglichen Schwierigkeiten in St. Blasien recht gut ausgehalten.

Einmal wurde die Alltagsroutine durch einen unerwarteten Vorfall unterbrochen, in dessen Mittelpunkt ein etwas verstört wirkender, dicklicher, unbeholfener Bub namens Hildebrandt stand. Er war nicht imstande, auch nur die geringste Ordnung zu halten. Das Durcheinander in seinem Pult spottete jeder Beschreibung. Dagegen sollten Erziehungsmaßnahmen gesetzt werden. Die Aufgaben von Erziehern und Psychologen wurden von jungen Patres übernommen, die dafür nicht ausgebildet waren und außerdem durch das Studium, das ihnen viel Arbeit abverlangte, das Zölibat und ähnliche Beschwerden überfordert waren. So verfielen sie dem Irrglauben, den hilflosen Hildebrandt besonders streng bestrafen zu müssen, sonst würde er sich's nicht merken.

Strafen wurden in St. Blasien folgendermaßen vollzogen: Der Präfekt schrieb die Missetat, die der Schüler begangen hatte, auf Latein auf einen Zettel. Mit diesem Zettel in der Hand klopfte er an die Tür des Pater Generalpräfekt. Der Pater Generalpräfekt öffnete, las den Zettel und rief den Missetäter zu sich: »Ist das wahr, was hier steht, dass du das und das getan hast?« Der Missetäter, der als echter deutscher Junge nicht lügen wollte, erwiderte: »Ja, das ist wahr, das habe ich getan.« Worauf – das könnte man jetzt natürlich etwas ausschmücken – in der kargen Mönchszelle, in der nur ein eisernes Bett stand und ein Kruzifix an der Wand hing, der hohlwangige Mönch mit den schwarzen, stechenden Augen einen Rasierriemen vom Haken riss und damit auf das Patschhändchen des Delinquenten einschlug. Das tat weh. Und damit war man auch schon wieder aus der Zelle entlassen. Der Jesuitenschüler James Joyce hat diesen Vorgang sehr anschaulich beschrieben.

Eine »Tatze«, darüber brauchte man kein Wort zu verlieren. Eine zweite hat schon irgendwie Wirkung gezeigt. Drei Tatzen habe ich nie gekriegt, ich weiß daher nicht, wie sich das angefühlt hat. Und vier Tatzen, die es in ganz schweren Fällen gab, hätten ausgereicht, um das Kriegsverbrechertribunal in Den Haag anzurufen. Der Pater Generalpräfekt führte diese Exekutionen sehr ungern durch, weil er sich – wie ich später erfahren habe – vor den Kindern fürchtete und froh war, als er feststellte, dass sie sich vor ihm fürchteten.

Man musste gelegentlich bestraft werden, das heißt, man legte es darauf an, von den Pfaffen aufgeschrieben zu werden, andernfalls hätte man als Schlappschwanz gegolten. Wer es nicht darauf anlegte, das war der arme Hildebrandt, der vollkommen hilflos und mehr oder weniger unzugänglich war und wegen irgendwelcher Schlampereien zum Pater Generalpräfekt geschickt wurde. Eines Tages kam er heulend aus der kargen Mönchszelle heraus und in das Studium hereingelaufen, wo er seine roten geschwollenen Finger von sich streckte. Er hatte vier Tatzen auf jede Hand gekriegt.

Nun gab es in der Bibliothek – also dort, wo man sich Karl-May-Romane ausborgen konnte, die mich viel weniger interessierten als die Seeräubergeschichten von Robert Louis Stevenson und Friedrich Reck-Malleczewen – einen Briefkasten für Anregungen und Beschwerden, von dem ich leider keinen Gebrauch machte. Denn am Abend nach Hildebrandts Bestrafung geschah Folgendes: Alle Schüler versammelten sich im Speisesaal und warteten, dass die große Glastür aufgehen und ein Laienbruder namens Sämli einen Kessel mit heißer Suppe auf Rädern hereinrollen und die Suppe austeilen würde. Aber nichts dergleichen geschah, die Glastür blieb verschlossen. Unser Präfekt Pater Hänsli, ein aus der Schweiz stammender, etwa dreiundzwanzigjähriger Jesuit, stand mit versteinerter Miene auf einer Art Podest und sagte: »Alle aufstehen, keiner bleibt sitzen!« Wir erhoben uns. »Bevor wir essen, muss noch etwas abgehandelt werden. Ich hab hier eine Menge Briefe bekommen, die lese ich jetzt vor. Erster Brief: ›Das ist eine Gemeinheit mit dem Hildebrandt. Sie müssten doch wissen, dass der nicht so kann und dass er nicht so ist wie wir. Eine Schweinerei.‹ Der zweite: ›Ein aufgelegter Schwachsinn. Hildebrandt darf in dieser Weise nicht bestraft werden. Man weiß ja, dass der einen guten Willen hat, aber einfach keine Ordnung halten kann. Schämt euch!‹« So ging das weiter, ungefähr zehn Briefe, die ganz oder teilweise verlesen wurden. Dann sagte Pater Hänsli: »Ich will wissen, wer die Briefe geschrieben hat.« Denn sie waren anonym. »Bevor ich das nicht erfahre, gibt's nichts zu essen.« Sitzen durfte man auch nicht, alle Buben standen an ihren Tischen, Hänsli auf seinem Podest. Hinter der Glastür wurde die Suppe des Sämli kalt. Wir standen fünf Minuten, zehn Minuten, fünfzehn Minuten, zwanzig Minuten. Dann ging ein Bub von seinem Tisch weg, auf den Präfekten zu und sagte: »Pater Hänsli, Sie können uns auch noch bis nach Mitternacht stehen lassen, und Sie werden nicht erfahren, wer die Briefe geschrieben hat.« Der Mann überlegte kurz, dann sagte er: »Setzen!« Sämli kam rein mit der kalten Suppe, es wurde gegessen und nie wieder ein Wort über die Angelegenheit verloren.

Zu meiner Schande war ich nicht unter den Briefeschreibern gewesen. Das hätte ich eigentlich auch tun sollen, dachte ich. So lernte ich langsam dazu, und an der nächsten Aktion hätte ich mich wahrscheinlich beteiligt. Aber dazu kam es genauso wenig wie zur nächsten Generalversammlung des Geheimklubs, denn die Nazis hatten sich spät, aber doch entschlossen, das Internat aufzulösen. Die Jesuiten kämpften mit allen ihnen zur Verfügung stehenden Mitteln um seinen Erhalt. Dabei kam es zu einer seltsamen Personalunion. Aus taktischen Gründen hatte sich der Pater Direktor zum HJ-Führer des Internats aufgeschwungen. Ich erinnere mich, dass einmal die Hitlerjugend im Hof aufmarschiert ist, in glühender Hitze, und sich auf der zum Hitlergruß erhobenen rechten Hand des Direktors eine grüne Schmeißfliege niedergelassen hat. Das war wahrscheinlich der Teufel. Genützt hat auch der nichts, die Nazis waren nicht davon abzuhalten, das Internat zu schließen. Zu Ostern 1939 mussten wir unsere Koffer packen.

In der Zwischenzeit hatten meine Eltern das Haus in Salzburg vermietet und waren anschließend nach Hamburg gezogen, wo sich meine Mutter endlich von meinem Vater trennte. Vielleicht hätte sie seinen Hirngespinsten weiterhin nachgegeben. Aber wenn es um ihre Kinder ging, wurde sie zur Löwin. Als Erstes setzte sie sich über sein Verbot hinweg und nahm Verbindung zu ihrer Mutter Lilly Pringsheim in Breslau und zu deren Bruder Franz Hutter in den Vereinigten Staaten auf, der als Verleger außerordentlich erfolgreich war, schon mit siebenundzwanzig Jahren eine Direktorenstelle bei Ullstein bekleidet hatte, nach dem Ersten Weltkrieg von England aus in die USA gegangen war und unter dem anglisierten Vornamen Francis im Presseverlag McCall Corporation Karriere machte. Er war sofort bereit, sie in ihrem Vorhaben, meinen Bruder und mich außer Landes zu bringen, finanziell zu unterstützen. Emigrieren kostete Geld, das wird heute vielfach übersehen, und deshalb haben fast immer nur die Begüterten und Einflussreichen ihre Haut retten können. Jedenfalls gelang es ihr mit seiner Hilfe, in England eine Familie aufzutreiben, die bereit war, uns aufzunehmen. Wir hatten auch schon die erforderlichen Papiere sowie zwei Schiffskarten für einen Passagierdampfer, der in der dritten Septemberwoche im Hamburger Hafen vor Anker gehen und uns nach England bringen sollte. Nur ist am ersten September 1939 mit dem deutschen Überfall auf Polen der Zweite Weltkrieg ausgebrochen und deshalb hat kein britisches Schiff mehr in Hamburg angelegt.

Wir lebten mit meiner Mutter in einer Pension, die von zwei unverheirateten Schwestern, Anna und Klärchen Lehmann, geführt wurde. Die beiden waren schon um die siebzig, hatten ein großes Mundwerk, einen scharfen Verstand und einen dicken, trägen und süffelnden Bruder, den Onkel Richard, dem man nie etwas Jüdisches angemerkt hätte. Die Pensionsgäste standen entweder im Begriff zu emigrieren oder bemühten sich noch um ein Visum. Der Pension Lehmann war eine Privatschule angeschlossen, in der ein Fräulein Bernauer mehr schlecht als recht jüdische Kinder unterrichtete. Wie das im Einzelnen vor sich ging, weiß ich nicht mehr. Ein Ereignis ist mir jedoch in Erinnerung geblieben, die Aufführung eines Einakters, den mein Vater für die Kinder geschrieben hatte, in Versen, so etwas konnte er von einem Tag auf den andern aus dem Ärmel schütteln. Mein Bruder gab darin das Schulteufelchen. Ich fing damals an, selbst Stücke für ein Kasperltheater zu verfassen, drapierte Puppen mit Stoffresten, entwarf auch das Bühnenbild und führte Regie. Meine Glanzleistung war die Dramatisierung des Märchens *Das kalte Herz* von Wilhelm Hauff, das von mir und meinem Bruder aufgeführt wurde. Die Pensionsgäste waren davon sehr angetan. Unter ihnen befand sich ein sehr netter Arzt, der Herr Dr. Goldschmidt, der meinem Bruder und mir – wir waren damals zehn bzw. elf Jahre alt – die erste Zigarette unseres Lebens schenkte. Eine besonders schöne, mit einem goldfarbenen Mundstück. Wir standen hustend und qualmend, aber der Bedeutung des Augenblicks durchaus bewusst in einer Ecke, als wir vom Dienstmädchen aufgescheucht wurden, das vor Entsetzen über unser ruchloses Tun die Hände über dem Kopf zusammenschlug. Goldschmidt war Kettenraucher und Herzspezialist. Dass das eine das andere eigentlich ausschloss, schien ihn nicht zu beunruhigen.

Jetzt war also Krieg. Onkel Richard kakelte mit Hamburger Akzent, dass er kein gutes Ende nehmen werde. Überhaupt war die Stimmung flau, nicht nur in unserer Pension. Für die anglophilen Hanseaten in den Villenvierteln war es klar, dass man gegen England keinen Krieg gewinnen konnte. Ich schnappte Gerüchte auf, dass man schleunigst die Luftschutzkeller aufsuchen solle, weil die Royal Air Force Angriffe auf Hamburg fliegen werde. Es wäre interessant zu erfahren, woher diese Idee kam, denn es gab damals noch keine Bombardements von Städten, außer von Guernica und anderen spanischen Ballungszentren durch die Legion Condor oder die italienische Luftwaffe, und dann natürlich Warschau. Jedenfalls waren die Hamburger nicht gerade kriegsbegeistert und begannen, Vorkehrungen zu treffen. Meine Mutter beispielsweise kaufte drei Kilo Mehl, zwei Liter Öl und sechs Seifen, etwa in dieser Größenordnung, denn der Krieg werde ja nicht lange dauern. An diese Prophezeiung erinnere ich mich auch deshalb, weil mein Bruder und ich gehalten waren, hin und wieder unseren Vater zu besuchen, der irgendwo in der Stadt in einem großen finsteren Untermietzimmer hauste, wirres Zeug redete, ständig in die Kirche rannte, Gedichte schrieb und uns in unnatürlichen Anfällen von Fröhlichkeit zum Sekttrinken aufforderte. Sicher hat ihn meine Mutter erhalten. Er verfügte über keine Fertigkeiten, mit denen er sich in dieser Notlage behaupten hätte können. Dass er im Ersten Weltkrieg Leutnant und dann Oberleutnant gewesen war, interessierte niemanden, und vom Schreiben konnte er nicht leben, dafür hätte er der Reichsschrifttumskammer beitreten müssen, was ihm als Halbjuden verwehrt war.

Ich erinnere mich noch an dunkle Gespräche in diesem dunklen Zimmer, alles furchtbar unheimlich, und wie er einmal sagte: »Passt auf, der Krieg ist sehr bald vorbei.« Ein deutscher Panzerkreuzer sei in einem Seegefecht mit britischen Schiffen manövrierunfähig geschossen und, mit Plachen abgedeckt, von Schleppern in den Hamburger Hafen gezogen worden. Diese heimlich verbreitete Nachricht wurde von meinem Vater in letzter Verzweiflung als deutliches Zeichen der unmittelbar bevorstehenden Niederlage des Deutschen Reichs kolportiert.

Zum Jahreswechsel 1939/40, zwischen Weihnachten und Neujahr, beschloss er, sich umzubringen. Er schrieb einen Abschiedsbrief, steckte seinen Weltkriegsrevolver ein, ging in den Sachsenwald, in dem er seinerzeit seine Dogge herumgeführt hatte, und schoss sich eine Kugel in den Kopf. Seine Leiche wurde erst im Frühjahr gefunden, identifiziert und auf dem schön gelegenen Friedhof von Aumühle verscharrt. Die Verlesung seines Abschiedsbriefes durch meine Mutter ist mir in bitterer Erinnerung geblieben. Den Inhalt habe ich allerdings vergessen, ich weiß nur, dass er seinen Entschluss sehr ausführlich begründet hat. Meinem Bruder und mir hatte er ein zweites Schreiben hinterlassen, mit der merkwürdigen Begründung, dass nach seinem Opfertod für uns alles besser werden würde. Dieser Brief machte uns noch lange zu schaffen.

Ungefähr zur selben Zeit oder ein paar Monate früher, zu

Kriegsbeginn, gestand Lilly Pringsheim ihrer Tochter, also meiner Mutter, dass diese nicht von ihrem vermeintlichen Vater Otto Pringsheim gezeugt worden sei, sondern das Ergebnis eines Ehebruchs sei, den Lilly mit einem Arier – nämlich dem Schriftsteller Carl Hauptmann – begangen habe. Die Brüder Hauptmann, Carl und Gerhart, gehörten wie der Soziologe Werner Sombart, der Architekt Hans Poelzig und der Eugeniker Alfred Ploetz zu Otto Pringsheims Freundeskreis, der in seiner Breslauer Wohnung oft zusammengekommen war. Es ist also durchaus denkbar, dass die Behauptung meiner Großmutter zutraf, zumal mir später zu Ohren kam, dass Otto Pringsheim, was Damen anbelangt, äußerst zurückhaltend war, was noch zu seinen Lebzeiten wilde Spekulationen über den wirklichen Vater genährt hatte. Ich nehme an, dass Carl Hauptmann tatsächlich der leibliche Vater meiner Mutter war, denn wer meine Großmutter kannte, der wusste, diese Frau kann sich keine Lüge ausdenken. Im Übrigen ist es für mich im Brecht'schen Sinne vollkommen belanglos, wer ein Kind zeugt, entscheidend hingegen, wer es großzieht. Und ich wäre glücklich, hätte ich je meinen Großvater kennengelernt, der ein bedeutender, marxistisch geschulter Nationalökonom und nach allem, was ich über ihn herausfinden konnte, ungemein nett, gescheit, großzügig und auf eine sympathische Art weltfremd gewesen ist.

Aber Otto Pringsheim war schon 1923 gestorben, zwei Jahre nach Carl Hauptmann, der nun plötzlich als arischer Vater meiner Mutter in Frage kam. Das bedeutete, dass sie Chancen hatte, von der Volljüdin zur Halbjüdin aufzusteigen, vorausgesetzt, dass ein deutsches Gericht die vorgelegten Beweismittel anerkannte. Dazu bedurfte es zweierlei: erstens eines geschickten Rechtsanwalts, weil eine solche Eingabe ja nicht einfach durchzubringen war, und im weiteren Verlauf auch eines verständigen Richters, der nicht gerade ein fanatischer Nazi war. Beides traf zu, und so erging das Urteil, demzufolge meine Mutter wegen ihres arischen Vaters als Halbjüdin anzusehen sei. Mein Vater hatte von Haus aus als Halbjude gegolten. Nach Adam Riese hätte das bedeutet, dass auch ihre Söhne Halbjuden waren.

Dem war aber nicht so. Denn hier lag ein Fallstrick in den Nürnberger Rassengesetzen. Darin hieß es zwar: »Jude ist, wer von mindestens drei der Rasse nach volljüdischen Großeltern abstammt«, womit mein Bruder und ich eigentlich aus dem Schneider gewesen wären, weil wir nur mit unseren beiden jüdischen Großvätern aufwarten konnten, von denen der eine, Otto Pringsheim, nebenbei gesagt ganz und gar glaubenslos war. Aber es fand sich auch folgende Bestimmung: »Als volljüdisch gilt ein Großelternteil ohne weiteres, wenn er der jüdischen Religionsgemeinschaft angehört hat.« Das bedeutete, dass meine tschechische Großmutter in Wien sowohl die arische Mutter ihres Sohnes als auch die jüdische Großmutter ihrer Enkel war, weil sie für die Trauung den Glauben ihres Mannes angenommen hatte. Mein Bruder und ich galten demnach als Volljuden. Die Nürnberger Gesetze wurden übrigens von Hans Globke paraphiert, der unter Adenauer zum Chef des Bundeskanzleramtes aufstieg, ich könnte ihm für sein Unvermögen, ein in sich logisches Gesetzeswerk zustande zu bringen, heute noch in den Arsch treten.

Im Lauf der Zeit dämmerte den Nazibehörden, dass die Nürnberger Gesetze in dieser Hinsicht reformbedürftig waren. Aber sie umzuschreiben, das durfte unmöglich geschehen, da konnte nur der Führer Abhilfe schaffen. Deshalb trudelten Zehntausende Gesuche in der Reichskanzlei ein, er möge den Bittstellern doch ihre arische Großmutter lassen und gnädig darüber hinwegsehen, dass diese bei ihrer Heirat zum Judentum übergetreten war. Der Führer ließ sich mit der Erledigung dieser Gesuche viel Zeit. Wir zogen inzwischen von der Pension Lehmann in eine andere Pension, dann in ein Untermietzimmer, saßen die längste Zeit lesend auf verschlissenen Ottomanen, mit Schulbesuch war ja nichts, und dann beschloss meine Mutter, mit uns nach Wien zu fahren, zu unserer tschechischen Großmutter Betty, einer geborenen Marek, aus der durch die Rassengesetze eine volljüdische Arierin geworden war.

Wir machten einen Umweg über Breslau, wo wir für drei Wochen in der großen Wohnung unserer anderen Großmutter abstiegen, die mein Bruder und ich bis dahin nicht gekannt hatten. Lilly Pringsheim stammte ursprünglich aus Saybusch, dem heutigen Żywiec, in Galizien, war aber wie ihr Bruder, der erfolgreiche Verlagsdirektor, schon in Wien aufgewachsen, wo sie vermutlich auch Otto Pringsheim kennenlernte, dem sie dann nach Schlesien folgte. Bald nach der Hochzeit beschloss mein Großvater, einen landwirtschaftlichen Betrieb nach alternativen Anbaumethoden und mit gerechter Entlohnung aller Bediensteten zu führen, und erwarb zu diesem Zweck das Gut Kryschanowitz, das in der Nähe von Breslau lag und auf dem auch ihr einziges Kind, meine Mutter Isolde, geboren wurde. Das Experiment scheiterte, es wurde wohl auch von den benachbarten Großgrundbesitzern hintertrieben, die zu Recht befürchteten, dass Pringsheim ihnen die Landarbeiter abspenstig machen könnte, und so kehrte die Familie nach Breslau zurück.

Lilly Pringsheim war das, was man in alten Zeiten eine Melancholikerin nannte. Heute würde man sagen, sie litt unter schweren Depressionen. Das war auch für mich ersichtlich, denn sie ließ sich während unseres Aufenthalts tagelang nicht blicken und wirkte völlig antriebslos. Was in der Welt vor sich ging, nahm sie nicht zur Kenntnis. Ich mochte sie trotzdem, weil sie viel von Malerei verstand und sich mit mir darüber unterhielt. Sonst hatte sie nichts anderes im Sinn, als mit mir den Klavierpart im Quartett für Pianoforte, Violine, Viola und Violoncello von Arcangelo Corelli einzustudieren. Erstens war das viel zu schwer für mich, und zweitens interessierte es mich nicht. Sie befasste sich ihr Leben lang mit Kunst, las viel und spielte aberwitzig schlecht Klavier, zwar nur ein Stück, nämlich das Regentropfen-Präludium von Chopin, aber das jeden Abend.

Die Gelegenheit, ihr Leben zu retten, hatte sie nicht zu nutzen verstanden. Denn nachdem Hitler Reichskanzler geworden war, holte Francis Hutter seine Schwester zu sich nach New York. Dort hatte sie nichts weiter zu tun, als ihrer uralten Stiefmutter tagsüber Gesellschaft zu leisten. Das gefiel ihr auf Dauer nicht, sie zerkrachte sich mit der Familie ihres Bruders und kehrte nach drei oder vier Jahren nach Deutschland zurück. Alle Warnungen vor den Judenverfolgungen schlug sie in den Wind. »Ach was, einer alten Frau tut man nichts.« So alt war sie noch gar nicht, sechsundsechzig, als sie im Juni 1942 – zwei Jahre nach unserem Besuch – in das zum Sammellager umfunktionierte Kloster Grüssau, hundert Kilometer südwestlich von Breslau, deportiert wurde. Eine Überlebende berichtete später, dass sich meine Großmutter, also diese vollkommen passive und an ihrer Schwermut leidende Person, in Grüssau in eine resolute Organisatorin verwandelt und Optimismus verbreitet hätte. »Kopf hoch, Kinder, wir werden das schon irgendwie durchstehen.« Ihre Zuversicht sollte sich leider als unbegründet erweisen, denn am 14. September 1942 ist sie im Lager Theresienstadt oder während des Transports in ein Vernichtungslager umgekommen.

Zurück ins Jahr 1940, in dem mein Bruder und ich zum ersten Mal nach Wien kamen. Von Salzburg aus wäre die Stadt leicht zu erreichen gewesen, aber mein Vater hatte es nicht für nötig erachtet, uns das Riesenrad oder den Prater oder die Ringstraße zu zeigen. Er hatte ein gestörtes Verhältnis zu Wien, ein schwer gestörtes, was vor allem mit seinem Vater zu tun hatte, dem er seine jüdische Abstammung nie verziehen hat. Das war auch für viele seiner Zeitgenossen ein Lebensproblem, mit dem sie nie fertig wurden.

In Wien kamen wir bei unserer tschechischen Großmutter Betty Schönwald unter. Sie lebte von einer bescheidenen Witwenrente, der kleine Zuverdienst kam ihr gelegen. Die Wohnung in der Billrothstraße 31, im dritten Stock eines Gründerzeithauses, war vollkommen veraltet, die Möbel stammten aus dem neunzehnten Jahrhundert, seit dem Tod meines Großvaters Anfang der dreißiger Jahre waren keine Anschaffungen mehr getätigt worden. Es gab kein Badezimmer, was für Wien nicht ungewöhnlich war, dafür eine Zinkwanne, die jeden Samstag gefüllt wurde, darin wuschen wir uns der Reihe nach, dann wurde das Wasser wieder ausgeschöpft. Meine Großmutter unterschied sich in nichts von einer Wienerin, was schon darin zum Ausdruck kam, dass sie sich für ihre tschechische Herkunft genierte und vehement bestritt, ihre Muttersprache zu beherrschen. Da sie schwerhörig war und mein Kommen deshalb nicht bemerkt hatte, erwischte ich sie einmal dabei, wie sie sich mit dem Hausmeister, Herrn Wuchty, fließend auf Tschechisch unterhielt.

»Großmutter«, sagte ich nachher, »ich habe immer geglaubt, du kannst kein Böhmisch.«

Sie erschrak und antwortete: »Na, i kann's eh net, und der Wuchty kann's a nimmer, wir ham halt a bissl geblödelt.«

Mein Großvater war nach ihrer Beschreibung ein baumlanges, kraftstrotzendes Mannsbild, das »kaan Juden gleich g'schaut« habe. Auf die Frage, wie sie es mit den jüdischen Speisevorschriften gehalten hatten, erhielt ich die Auskunft: »Na jo, am Schabbes hat der Poldi kaa Schweinernes g'essen.«

Von meiner Großmutter erfuhr ich einiges über die Familie Schönwald. Den Rest brachte Jahrzehnte später mein Bruder in allerlei Archiven zum Vorschein. Unser Vater hatte zwar hin und wieder Anekdoten aus seinem früheren Leben zum Besten gegeben, aber da er dazu neigte, erfundene Geschichten für wahr auszugeben und wahre Geschichten zu verheimlichen, war ich aus ihnen nie klug geworden. Er war das mittlere von drei Kindern meiner Großeltern, alles Buben, von denen der ältere, Fritz, mit einundzwanzig Jahren an einer Lungenentzündung starb, die er sich beim Fußballspielen auf der Hohen Warte, auf dem Vienna-Platz, zugezogen hatte. Der jüngste, Walter, war das Sorgenkind der Eltern, seit er während seines Militärdienstes auf Wache so tief geschlafen hatte, dass ihm der inspizierende Offizier unbemerkt das Gewehr wegnehmen konnte. Ein klarer Fall fürs Militärgericht, das nur durch Bestechung des Herrn Hauptmanns abgewendet werden konnte. Der Zwischenfall war Walter keine Lehre, er führte ein sorgloses und genussreiches Leben, brachte sein Geld beim Wirten, bei den Huren und bei den Fiakern durch, und als sich die Schuldenlöcher durch Zuwendungen der Familie nicht mehr stopfen ließen, kaufte man ihm eine Schiffskarte nach Übersee. Das war damals üblich: Da hat einer nicht gutgetan, weg mit ihm nach Amerika! Dort stöberte ihn mein Vater irgendwann in den zwanziger Jahren auf. Walter hauste in Manhattan allein in einem verluderten Zimmer und wünschte seinen Bruder zum Teufel. Unbekannt, wie und wann er gestorben ist.

Mein Vater hatte an der Universität Wien Philosophie studiert, war aber, meiner Großmutter zufolge, die längste Zeit in Kaffeehäusern herumgesessen. Das kann nicht ganz stimmen, immerhin verfasste er eine Dissertation über »Das Interesse an der Kant'schen Philosophie und das Eindringen seiner Ideen nach Österreich im josephinischen und franziszeischen Zeitalter« und wurde sub auspiciis Imperatoris promoviert, eine Auszeichnung, die es in ihrer republikanischen Version – sub auspiciis praesidentis – heute noch gibt.

Keine drei Wochen nach seiner Promotion brach der Erste Weltkrieg aus. Er wurde eingezogen, war Reserveleutnant, wie fast jeder Akademiker damals, geriet in Serbien in Gefangenschaft und verschwand für sechs Jahre in Russland. Was er dort die ganze Zeit getrieben hat, wird sich kaum mehr in Erfahrung bringen lassen. Meine Großmutter bewahrte eine Postkarte von ihm auf. Sie zeigte eine Art Stempel mit Zelten und Kamelen am Horizont und Eingeborenen in wallenden Gewändern und war adressiert an Herrn Leopold Schönwald, Wien 19., Billrothstraße 31: »Lieber Vater, hier siehst du einen Tadschiken mit seinen fünf Frauen. Was der eine zu viel hat, hat der andere zu wenig. Dein Sohn Ludwig.« Das war die einzige Nachricht, die er aus der Kriegsgefangenschaft nach Hause schickte.

1920 kehrte er auf Umwegen, über Wladiwostok und Japan, und mit Hilfe des dänischen Roten Kreuzes nach Wien zurück. Es war Inflationszeit, also kein günstiger Moment, um von der Philosophie zu leben. Mein Vater erfuhr, dass die Wiener Börse die Stelle eines Sensals ausgeschrieben hatte – eines Brokers, würde man heute sagen. Er hatte keine Ahnung von diesem Beruf, entwickelte aber einen ungeheuren Ehrgeiz, lernte von früh bis spät und setzte sich bei der Prüfung gegen hundert Mitbewerber durch. Dass er Börsensensal geworden war, erfüllte ihn mit tiefer Befriedigung, denn nun konnte er seinen Vater kommandieren, der als Unterläufel seines reichen Bankierbruders Adolf Schönwald an der Börse Finanzgeschäfte tätigte. Ludwig konnte also auf einer Brüstung erscheinen und laut »Schönwald!« rufen, worauf Vater Leopold herbeizueilen hatte, um seine Weisungen entgegenzunehmen.

Nach dem Wiener Börsenkrach vom März 1924 wurden Sensale nicht mehr gebraucht. Mein Vater wechselte vom Wertpapier- in den Kunsthandel, kam dabei weit herum, bis New York, wie schon gesagt, und eines Tages eben auch nach Den Haag, in jene Galerie, in der meine Mutter Büroarbeiten verrichtete. Sie verliebte sich in den gutaussehenden, sprachgewandten, aber wesentlich älteren Mann – er war Jahrgang 1890, sie 1905 –, und nun, zwölf Jahre später, kämpfte sie um ihre zu Volljuden erklärten Söhne. Eile war geboten, denn die Wiener Juden wurden aus ihren Wohnungen in den bürgerlichen Bezirken geworfen, zuerst in Sammelwohnungen gepfercht und dann bis zu ihrer Deportation in der Leopoldstadt interniert. Davon wäre nicht sie, wohl aber mein Bruder und ich betroffen gewesen. Dieses Schicksal konnte sie abwenden, solange der Führer über ihr Gesuch nicht entschieden hatte. Und er ließ sich weiterhin Zeit. Offenbar leuchtete sogar der Gestapo ein, dass es sich hier um einen komplizierten Fall handelte, bei dem der Entscheidung des Führers nicht vorgegriffen werden dürfe. Denn mindestens einmal wurde meine Mutter von der Gestapo vorgeladen. In der Zentralstelle für jüdische Auswanderung gab es ein Ressort, das für die Internierungen in der Leopoldstadt zuständig war und von einem der berüchtigten Gestapo-Brunner – Anton, dem weniger bekannten – geleitet wurde. Dass sie sich mit ihm herumschlagen musste, ist mir deshalb in Erinnerung geblieben, weil sie sich damals eine langwierige Nervenentzündung zuzog, die sie nach ihrem Verursacher und dem befallenen Körperteil »meine Brunner-Schulter« nannte.

Jedenfalls blieb vorläufig alles beim Alten, mein Bruder und ich durften weiterhin in der Billrothstraße wohnen, wenn auch in der wachsenden Gefahr, von einem Tag auf den andern von unserer Mutter getrennt zu werden, und mit der zusätzlichen Erschwernis, dass wir vom Schulbesuch ausgeschlossen waren. Wären wir im zweiten Bezirk einquartiert worden, hätten wir noch eine Schule für jüdische Kinder besuchen können. Aber gerade das, die Übersiedlung dorthin, musste unter allen Umständen verhindert werden.

Bald nach unserer Ankunft in Wien hatte uns meine Mutter zum Privatunterricht bei Rita Drucker angemeldet, einer jungen, etwa dreißigjährigen Gymnasiallehrerin für Latein und Griechisch, die mit dem Frauenarzt Leo Turnheim liiert war, den sie dann auch geheiratet hat. Beide waren Halbjuden. Drucker hatte deshalb Berufsverbot und schlug sich mit Stundengeben durch, während Turnheim – ein ehemaliges Mitglied der »Achtzehner«, einer besonders aufmüpfigen Sektion der Vereinigung sozialistischer Mittelschüler – in einem Betrieb arbeitete, wie ich glaube, sogar als Arzt.

So fuhren mein Bruder und ich zwei Jahre lang fast täglich von Döbling nach Mariahilf, um von Rita Drucker in der Wohnung ihrer Eltern in Deutsch, Latein, Englisch und ein, zwei anderen Fächern unterrichtet zu werden. Wir nahmen zuerst die Straßenbahnlinie 38 und stiegen dann in den Zweierwagen um. Sooft die Tramway in die Schwarzspanierstraße einfuhr, blickte ich erwartungsvoll aus dem Fenster, um nur ja nicht die Frauenfigur zu verpassen, die in einer Nische im ersten Stock eines Wohnhauses stand. Die Statue regte mich an und auch auf, weil sie splitternackt war. Sowas war eher selten zu sehen. In der Gumpendorfer Straße stiegen wir aus und tippelten in die Stiegengasse, zu unserer Lehrerin und ihren Eltern, einem jüdischen Vater und seiner arischen Frau, die sehr anständig war, sich nicht scheiden ließ und ihm damit das Leben rettete.

Die Privatstunden bei Rita Drucker und das Aufgabenmachen ließen mir genug Zeit, meinen Neigungen nachzugehen. Wie fast alle Maler, die ich später kennenlernen sollte, begann ich mich schon als Kind mit Kunst zu beschäftigen. Ich trachtete danach, möglichst viel über Gegenwartsmalerei zu erfahren, und vertiefte mich in die wenigen Kunstbände, die es bei uns zu Hause gab. Ich erinnere mich an ein Buch mit vielen Abbildungen, vom Kubismus bis Paul Klee, dessen Autor mir entfallen ist, an einen von Hildebrand Gurlitt herausgegebenen Almanach, der ebenso ergiebig war, und an das Werk von Fritz Karpfen über *Österreichische Kunst*. In der Kurzbiografie eines Künstlers las ich den Satz:»Darum, lieber Leser, nimm Dir ein Beispiel an meinem verpfuschten Leben und lasse die Hände von der Kunst!« Ich nahm mir diesen Rat nicht zu Herzen, sondern besuchte fleißig alle Ausstellungen, von denen ich Kenntnis erhielt, und bewunderte Maler wie Josef Dobrowsky und Oskar Laske, deren Bildern anzumerken war, dass sie mit der völkischen Kunstdoktrin nicht übereinstimmten.

Der Name des Kärntner Malers Anton Kolig war mir durch die Lektüre dieser Bücher geläufig, in denen aber keine Abbildung seiner Gemälde zu finden war. Kolig wurde zwar nicht den»Entarteten« zugerechnet, durfte jedoch im Dritten Reich nicht ausstellen. Irgendwie muss ich herausgefunden haben, dass in der Galerie Welz – der ehemaligen Galerie Würthle, die der Salzburger Kunsthändler Welz arisiert hatte – ein großes Bild von ihm hing. Eines Tages ging ich in die Galerie und bat sehr höflich, es mir ansehen zu dürfen. Mein Auftreten und meine Bitte waren so ungewöhnlich – ich war ja erst zwölf oder dreizehn Jahre alt –, dass die anwesenden Frauen sich längere Zeit flüsternd berieten. Wahrscheinlich hatten sie mich im Verdacht, ein Hitlerjunge zu sein, der sie auf höheren Befehl provozieren sollte. Endlich einigten sie sich darauf, dass ich völlig harmlos sei, und zogen einen Vorhang hoch, hinter dem sich das Gemälde befand. Es war ein lebensgroßer männlicher Akt. Ich war davon schwer beeindruckt. Kolig konnte mit Farbe hervorragend umgehen. Im Dezember 1944 wurde er bei einem Bombenangriff, bei dem sein Malerfreund Franz Wiegele ums Leben kam, in Nötsch im Gailtal schwer verletzt. Davon sollte er sich nie mehr erholen. Er starb, von der Kunstwelt halb vergessen, fünf Jahre nach der Befreiung.

Meine zweite Leidenschaft war das Theater, nur ist es mir nicht immer gelungen, eine Vorstellung zu sehen. Ich erinnere mich an zwei Aufführungen, die mich nachhaltig beeindruckt haben. Zum einen Schillers *Maria Stuart* am Burgtheater, mit Raoul Aslan als Lord Shrewsbury, Judith Holzmeister als Elisabeth und einer erheblichen Zahl von Nazigegnern im Publikum. Denn an der Stelle, an der Lord Shrewsbury zu Elisabeth sagt: »Die Gegnerin ist tot. Du hast von nun an nichts mehr zu fürchten, brauchst nichts mehr zu achten«, brandete Beifall auf. Das andere Stück war Gerhart Hauptmanns Revolutionsdrama *Florian Geyer*, über den gleichnamigen fränkischen Reichsritter, der im Deutschen Bauernkrieg von 1525 die Führung über den Schwarzen Haufen, einen besonders schlagkräftigen Trupp des Bauernheeres, übernommen hatte und durch Verrat ums Leben gekommen war. Ich konnte längere Passagen aus dem Stück auswendig aufsagen, weil ich es in Hauptmanns *Gesammelten Werken* immer wieder gelesen habe.

Ein Erlebnis eigener Art war das Puppentheater Figurenspiegel von Richard Teschner, einem noch aus dem Jugendstil kommenden Künstler, der in allen Sparten beschlagen war. In seinem Haus in Währing hatte Teschner einen Theaterraum geschaffen, in dem hinter einer runden Glasscheibe die schönsten Stabfiguren auftraten, die man sich nur vorstellen kann. Sie wurden nach dem Vorbild des javanischen Mythentheaters vom Meister selbst angefertigt und in kostbare Stoffe gekleidet. Teschner schrieb auch die Stücke, komponierte die Begleitmusik, schuf das Bühnenbild und führte die Puppen. Am liebsten wäre ich jeden Tag im Figurenspiegel gesessen. So etwas möchte ich auch einmal machen, dachte ich, Marionetten basteln und mit ihnen die Menschen verzaubern.

Von den wenigen Konzerten, die ich vom Stehplatz aus miterleben durfte, war ich hellauf begeistert. Bruckners neunte Symphonie, gespielt von den Wiener Philharmonikern. Mehrere Klavierabende des jungen Pianisten Gilbert Schuchter, mit dessen Schwester sich meine Mutter in Salzburg angefreundet hatte. Dann ein ganz ausgefallenes Konzert, in dem der Schweizer Dirigent Ernest Ansermet, der das Orchestre de la Suisse Romande geleitet hat, mit den Philharmonikern ein Werk des Komponisten Arthur Honegger zur Aufführung brachte. Ich war mir sicher, das wird die Nazikulturfritzen auf die Palme bringen.

Zur standesgemäßen Ausbildung eines Bürgerbubis, der ich nun einmal war, gehörte der Klavierunterricht. Herr Böllinger in St. Blasien hatte mich mit Ach und Krach so weit gebracht, dass ich mit meinem Bruder – beide mit Schellen an den Händen – die »Russische Schlittenpost« von Johann Nepomuk Hummel halbwegs erkennbar spielen konnte. In Wien sollte es nach dem Wunsch meiner Mutter musikalisch weiter aufwärtsgehen, und zu diesem Zweck mietete sie ein Klavier, auf dem mir ein Herr Friedrich mehr schlecht als recht Unterricht erteilte. Eines Tages blieb er plötzlich weg. Gewisser Andeutungen wegen, die er ihr gegenüber gemacht hatte, nahm meine Mutter an, dass er untergetaucht oder ins Ausland geflohen war.

Später zahlte sie mir Klavierstunden bei dem Pianisten Viktor von Ebenstein, der als Halbjude seine Professur an der Musikakademie losgeworden war. Er lebte allein in einer Wohnung, in der nichts als ein Konzertflügel stand, und war von der ständigen

Furcht geplagt, dass man ihm »Gesindel mit Kindern« hinein-
setzen werde. Um nicht zu verhungern, musste er einem Arm-
leuchter wie mir die »Sonata facile« von Mozart beibringen. Mein
Geklimper bereitete ihm physische Qualen. Ich fing nur deshalb
an, fleißig zu üben, weil ich ihm diese Tortur ersparen wollte.
Im letzten Jahr trafen wir ein Übereinkommen, von dem meine
Mutter nichts wissen durfte: Er spielte mir eine Dreiviertelstun-
de lang vor, was ich hören wollte, und ich erzählte ihm anschließend, was Radio London am Abend zuvor gemeldet hatte. Er wagte es nicht, den Sender zu hören, wir trauten uns, auch weil unsere Nachbarn relativ harmlos waren. Die Wohnung konnten sie
nicht bekommen, weil die Hauptmieterin, meine tschechische
Großmutter, eine Arierin war, so dass es keinen Grund gab, uns
zu vernadern. Nazis waren sie trotzdem, aber keine bösartigen.

Nach den ersten Monaten in Wien hatte meine Mutter Zuflucht und wohl auch Zuspruch in der katholischen Kirche gesucht und deshalb Verbindung zu Priestern des Benediktineror-
dens im Schottenstift aufgenommen. Mein Bruder und ich wurden für die Pfarrjugend requiriert, und zwar als Ministranten, die
damals ziemlich rar waren, weil sich in Wien nur wenige Menschen bereitfanden, ihr Christentum öffentlich zu bekennen. Wir
mussten also oft früh aufstehen, um rechtzeitig in der Kirche zu
sein, und den anderen Messdienern unseren halblegalen Status
verschweigen. Sooft sie uns fragten, in welche Schule wir gingen, nannten wir ein Gymnasium oder eine Realschule in einem
Außenbezirk. Als Ministranten waren wir unserer Verlässlichkeit
wegen ziemlich beliebt, ich stieg als Akolyth sogar in eine gehobe-
ne Position auf und durfte bei Pontifikalämtern, die hin und wieder gefeiert wurden, die Fackel vorantragen. So kam es, dass ich
bei einer Heiligen Messe im Schottenstift vor dem Kardinal Erz-
bischof Theodor Innitzer niedergekniet bin und ihm den Fischer-

ring geküsst habe. Letzteres wollte er verhindern, indem er mir die Hand entzog, aber ich war schneller. Dann segnete er mich, dieser persönlich vollkommen harmlose Sprössling eines sudetendeutschen Handwerkers, der politisch Fürchterliches angerichtet hat, in seiner reaktionären Verblendung die Zerstörung der Demokratie durch Kanzler Dollfuß begrüßt und sich vor der Volksabstimmung vom zehnten April 1938 öffentlich für den Anschluss Österreichs an das Deutsche Reich ausgesprochen hat. Trotz dieses Kotaus vor dem neuen Regime war er im Dritten Reich völlig kaltgestellt. Als ich mich, Jahre später, verächtlich über ihn äußerte, meinte der katholische Geistliche Otto Mauer: »Na ja, Schönwald, gerade Sie sollten wissen, dass Innitzer der einzige deutsche Kirchenfürst gewesen ist, der in seinem Palais eine Hilfsstelle für getaufte Juden eingerichtet hat.« Das stimmt, und es ist nicht zu leugnen, dass Innitzer sich mit seinen Aktivitäten, zeitweise zumindest, in Lebensgefahr gebracht hat. Am Abend des siebten Oktober 1938 predigte er vor Tausenden Jugendlichen, die sich zum Rosenkranzfest im Stephansdom versammelt hatten, dass ihr Führer niemand anderer als Jesus Christus sei, und entschuldigte sich bei ihnen für sein Anbiedern an die Nazis. Tags darauf stürmten Trupps der Hitlerjugend das Erzbischöfliche Palais und warfen den Domkuraten Johannes Krawarik zum Fenster hinaus; Innitzer selbst entging in einem Versteck ihrer Rache.

Je weiter die Zeit voranschritt, umso ungemütlicher wurde es. In der Sowjetunion wüteten Wehrmacht und SS, aus Westeuropa bekam des Soldaten Weib, wie es bei Brecht heißt, in rascher Folge ein Paar Stöckelschuhe, ein Leinenhemd, einen Pelzkragen, einen Hut, ein Seidenkleid. Aus Russland den Witwenschleier, darauf hofften wir, ohne diese Hoffnung auszusprechen. Wir lebten in der Billrothstraße in einer Art Halbillegalität, aber genau ge-

nommen – wie mein Bruder einmal gesagt hat – in der Todeszelle. Nur der Scharfrichter kam nicht. Dass die Juden deportiert
wurden, wusste man. Um kein Aufsehen zu erregen, kamen die
Ausheber unter Führung eines Scharführers meistens um vier
Uhr früh. Die Möbel wurden zur freien Entnahme auf die Straße
gestellt, Küchenkredenzen, Stockerln, abgestoßene Sessel, durch-
gewetzte Sofas. Die frei gewordenen Wohnungen wurden je nach
Lage, Größe und Beschaffenheit an Bedürftige und Privilegierte
vergeben. Die in ihr gelebt hatten, lösten sich wie im Salzburger Barocktheater einfach in Rauch auf. Offiziell galten sie als
Umgesiedelte. Wer sich nach ihnen erkundigte, erhielt die Auskunft, dass er Fragen besser unterlassen solle. Der Druck des Re-
gimes war so gewaltig, dass er schon der nächsten Generation
nicht mehr verständlich gemacht werden konnte.

1942 reisten wir viel. Einmal nach Salzburg, wo das Haus meiner Eltern nach ihrer Abreise nicht beschlagnahmt worden war.
Offenbar wurde übersehen, dass es Juden gehörte, so dass meine
Mutter weiterhin als seine Eigentümerin aufschien. Sie hatte einen berühmten Untermieter, den Komponisten Cesar Bresgen,
der es immer verstand, seine Fahne nach dem Wind zu drehen,
unter den Nazis beim Reichssender München beschäftigt war,
1939 eine Professur am Mozarteum bekam und zahlreiche Vo-
kalwerke für die Hitlerjugend komponierte. Ich lernte ihn in jenem Jahr kennen, bei einer Stippvisite, bei der ich meine Mutter
begleitete, er wollte in ihrem Haus eine Orgel einbauen lassen,
wogegen sie keine Einwände erhob. Interessant war, von ihm zu
hören, dass der Krieg verloren sei. Es war das erste Mal, dass mir
das jemand sagte. Bresgen hatte eine hübsche Frau, die hübsche
Frau einen nicht ganz so hübschen Säugling, der uns stolz als
Stammhalter vorgestellt wurde. Bresgens späteres Schicksal zu
schildern, seine Flucht kurz vor Kriegsende nach Mittersill, wo

er sich an den unglücklichen und hundertmal bedeutenderen Anton Webern heranpirschte, erspare ich mir ebenso wie die Darstellung seiner Karriere, die sich in der Zweiten Republik bruchlos fortgesetzt hat.

Nach unserem Ausflug nach Salzburg, schon zum Jahreswechsel 1942/43, versuchte meine Mutter, beim Reichssippenamt eine für ihre Söhne positive Entscheidung herbeizuführen. Wir stiegen in Berlin bei der Witwe eines jüdischen Verwandten ab, die zwei Jahre später mitten in der Stadt verhungern sollte. Berlin war damals von Bombenangriffen noch ziemlich verschont geblieben, machte aber einen kläglichen Eindruck. Alle Männer im wehrfähigen Alter steckten in Uniformen, schlugen grüßend ständig die Hacken zusammen oder wurden von anderen Männern auf die gleiche Art gegrüßt. Die Luft war zum Schneiden. Schroffe Auskünfte, gegenseitiges Anschnauzen, Grobheiten in allen Schattierungen. Die Zivilbevölkerung wirkte niedergedrückt, unterernährt, vom langen Anstehen vor den Geschäften erschöpft. Viel ärger als in Wien. Der totale Krieg war ausgebrochen, in dieser finsteren, deprimierenden Stadt, in der alles noch intakt war, vor allem die Reichskanzlei, die ich mir natürlich anschauen wollte. Um sie herumzugehen, dafür brauchte ich eine halbe Stunde. So hat mich Berlin trotzdem fasziniert, während meine Mutter in der Reichsstelle für Sippenforschung mit irgendwelchen uniformierten Tröpfen Verhandlungen führte, die ergebnislos endeten.

Auf der Rückfahrt nach Wien hatten wir ein Erlebnis, das meine Mutter und uns Brüder richtiggehend beglückt hat. Mit uns stiegen Wiener Arbeiter in den Zug, die in Siemensstadt, einem Ortsteil von Spandau, in der Rüstungsindustrie arbeiteten und während der Fahrt ein großes Spektakel abzogen. Gut aufgelegte Wiener Proleten mit großen Goschen, die den ganzen Eisenbahnwagen lautstark, mit absolut lästerlichen Reden und regimefeindlichen Äußerungen in Beschlag nahmen. »Da rennen's herum in ihren vergoldeten Uniformen, und für das Volk haben s' net ameu mehr Schuachbandln.« In diesem Ton ging es dahin. Meine Mutter sagte ein ums andere Mal: »Ich fleh euch an, hört auf, ihr seid ja wahnsinnig.« Aber sie ließen sich nicht beirren: »Aber nix do, is jo woa!« Dann nahmen sie sich einen ältlichen Soldaten vor, der einen Weihnachtsbaum in der Hand hielt: »Voda, ans is sicher: Mit dir g'winnen s' den Krieg, aber ohne di geht goa nix. Voda, moch kaane G'schicht'n, mit dir g'winnan s'« oder »Ihr g'winnts den, do kaunst Gift drauf nehma«, wobei bemerkenswert war, dass sie sich selber nie zu den Gewinnern zählten. Die Appelle meiner Mutter, doch endlich Vernunft anzunehmen, verhallten ungehört. Die Gefahr, in die sie sich brachten, war ihnen egal, gut gelaunt fuhren sie in den Weihnachtsurlaub.

Kaum waren wir in Wien eingetroffen, machten wir uns auf die nächste Reise. Wieder ging es nach Norden, ein Stück weiter ostwärts, ins Riesengebirge zum großen Dichterfürsten. Meine Mutter hatte sich schriftlich an Gerhart Hauptmann gewandt, der sich an sie erinnerte, als sie noch ein Kind gewesen war und er mit seinem Freund Otto Pringsheim sozialistische Ideen gewälzt hatte. Sie hoffte, dass er sich bei hochgestellten Repräsentanten des Naziregimes, mit denen er sich gern abbilden ließ, für uns verwenden würde, wobei sie ihm selbstverständlich verschwieg, dass sein Bruder vom Gericht als unser Großvater anerkannt worden war. Hätte er davon erfahren, wäre er vor Wut oder Angst zersprungen.

Unsere erste Station war Hirschberg, das heutige Jelenia Góra, wo eine Schulfreundin meiner Mutter ein Haus hatte. Dort wollten wir übernachten und am nächsten Tag nach Agnetendorf weiterfahren. Es lag tiefer Schnee, als wir bei ihr anklopften. Im Haus fand gerade eine größere Gesellschaft statt. Einige junge Offiziere waren anwesend, offensichtlich die Verehrer der Hausfrau, einer sehr mondänen Dame. Unser unerwartetes Eintreffen zeitigte eine überraschende Wirkung. Es war deutlich zu erkennen, dass wir keine normalen Besucher waren. Betretene Stimmung machte sich breit, das Gelächter verstummte, die Gäste hatten es plötzlich eilig, nach Hause zu kommen. Die Leutnants holten ihre Mäntel, setzten ihre Kappen auf und verabschiedeten sich der Reihe nach. Blitzschnell hatten sie erkannt, da war jetzt eine Jüdin mit ihren Kindern aufgetaucht, die einen Unterschlupf sucht. Die Hausfrau war von alledem keineswegs irritiert, sie nahm uns freundlich auf und unterhielt sich mit meiner Mutter noch stundenlang, nachdem ihre galanten Gäste so schnell das Weite gesucht hatten.

Am nächsten Morgen trafen wir in Agnetendorf ein. Wir waren angemeldet, Hauptmann wusste von unserem Kommen und empfing uns in seiner burgähnlichen Villa. Eine imposante Erscheinung, schlohweißes Haar, mir fiel seine etwas gerötete Gesichtshaut auf, man sagte ihm eine Vorliebe für französische Rotweine nach. Seine Frau Margarete, eine Cellistin, half ihm noch beim Überstreifen eines dicken weißen Rollkragenpullovers, dann begab er sich mit meiner Mutter in den verschneiten Garten. Mein Bruder und ich wurden in den großen altertümlichen Salon geführt, der mit den sehr farbenfrohen Wandmalereien des expressionistischen Künstlers Johannes Maximilian Avenarius ausgestattet war. Avenarius war Hauptmanns Freund, meine Mutter kannte ihn auch, sie korrespondierten nach dem Krieg miteinander, und er vermachte mir seine Radierwerkzeuge, die ich noch heute in Ehren halte. Nun saßen mein Bruder und ich ziemlich verloren an einem riesigen Tisch. Margarete Hauptmann, die sehr freundlich zu uns war, bewirtete uns mit warmem Kakao. Ich erinnere mich, in der etwas überladenen Halle des

Hauses Arbeiten mehrerer Nazikünstler gesehen zu haben, unter ihnen eine Statue des Bildhauers Josef Thorak und ein Porträt des Schriftstellers von Paul Mathias Padua. Es war nicht zu übersehen, dass Hauptmann einen etwas merkwürdigen Kunstgeschmack hatte.

Inzwischen trug ihm meine Mutter unseren Fall vor. Er leugnete keineswegs, dass er mit ihrem Vater eng befreundet gewesen war, erklärte aber, dass er sich außerstande sehe, für uns ein gutes Wort einzulegen, da dies seine Möglichkeiten bei weitem überschreite. Gerhart Hauptmann war ein ziemlicher Angsthase, dafür war er bekannt, und fürchtete sich vor allem Möglichen, Kugelblitz, Spinnen, Kreuzottern, in erster Linie natürlich vor dem Regime, das ihm seit Jahren huldigte. Die Hoffnung, dass er für uns intervenieren werde, möge sie sich bitte aus dem Kopf schlagen, das gehe beim besten Willen nicht. Immerhin schenkte er ihr eine Stunde seiner kostbaren Zeit. Als sie verstrichen war, wurden mein Bruder und ich von ihm mit Handschlag und den aufmunternden Worten »Kinder, die Ohren steifhalten!« entlassen. Wir verließen Agnetendorf, begaben uns wieder nach Wien und bemühten uns redlich, die Ohren steifzuhalten.

Das Jahr 1943 hatte begonnen. Und mit ihm die Katastrophe von Stalingrad. Bis Anfang Februar war die gesamte Sechste Armee in der Kesselschlacht vernichtet worden. Von einigen pathetischen Nachrufen abgesehen, schafften es nicht einmal die Wehrmachtsberichte, die Niederlage zu beschönigen. Die Reaktion des darüber schlecht gelaunten größten Feldherrn aller Zeiten bestand darin, sämtliche Gesuche von Geltungsjuden um Anerkennung ihrer arischen Großeltern abzulehnen. Das bedeutete, dass unser ohnehin prekärer Status ein jähes Ende gefunden hatte. Gegenüber der Gestapo ließ sich nun nicht mehr mit der ausständigen Entscheidung des Führers argumentieren. Außerdem waren mein Bruder und ich in ein Alter gekommen, in dem es nicht mehr genügte, bei Zugreisen oder Straßenkontrollen den Ausweis der Mutter herzuzeigen. Mit vierzehn hörte sich das auf, da brauchte es eigene Papiere, die wir zwar hatten – jeweils eine Kennkarte mit einem aufgedruckten J und dem obligatorischen zweiten Vornamen Israel –, aber gerade das bedeutete eine zusätzliche Gefährdung. Aus unbekannten Gründen geriet mein Bruder in die Kartei des HJ-Bann Wien-Nord und bekam laufend Vorladungen mit schrecklichen Androhungen für den Fall, dass er beim nächsten Heimabend nicht erscheinen sollte. Es wurde also eng für uns, was nicht heißt, dass wir ständig Angst hatten. Schiss kriegten wir nur dann, wenn jemand die Vermutung äußerte, dass es sich bei uns um Juden handelte. Einmal flüsterten wir im Kino zu laut miteinander, da drehte sich eine Nazifurie nach uns um und zischelte: »Ich werde mich mal nach eurem Arierpass erkundigen.« Das hatte einen kurzen Panikanfall zur Folge. Sonst hat man in dem Alter ja das unbegründete Gefühl, es geht schon gut aus: Man bekommt zu essen, man hat ein Bett zum Schlafen, warum soll es am nächsten Tag anders sein.

Meine Mutter, die ja selbst nicht deportiert worden wäre, war inzwischen als Halbjüdin dienstverpflichtet worden. Sie arbeitete von acht Uhr früh bis fünf Uhr abends in einer Stempelfabrik am Gürtel, eine harmlose Beschäftigung, die keiner wirklichen Zwangsarbeit entsprach. Sofort nach Erhalt des abschlägigen Bescheids schmiedete sie Pläne, wie wir verschwinden könnten. Es gab im Grunde nur eine Möglichkeit. Italien war zu weit weg, wahrscheinlich wären wir schon auf dem Weg dorthin festgenommen worden. Die ungarische Grenze aber war nahe. Sie wurde auch nicht streng bewacht, da Ungarn ein militärischer Bündnispartner Deutschlands war und kaum jemand von hier dorthin fliehen wollte. Und dann gab es Schlepper, die einen für viel

Geld hinüberbrachten. Sobald man dreißig Kilometer im Landes-inneren war, durften die ungarischen Gendarmen einen nicht mehr zurückschicken. Andererseits wussten wir, dass Abertau-sende Flüchtlinge aus den von Deutschland besetzten Ländern illegal in Ungarn lebten, polnische und vor allem slowakische Ju-den, von denen die meisten die Landessprache beherrschten. Ge-naueres darüber, wie es den ungarischen Juden erging, konnten wir nicht in Erfahrung bringen. Es gab Judengesetze, also anti-jüdische Gesetze. Die Juden wurden drangsaliert. Wie und in wel-chem Umfang, auch das war uns unbekannt. Hingegen wussten wir, dass aus Ungarn keine Juden nach Osten deportiert wurden, in die Vernichtungslager, deren Existenz sich damals schon her-umgesprochen hatte, auch in Wien. Deshalb war uns klar, was als Nächstes anstand.

2

Eines Nachmittags Ende Mai 1943 schulterten wir unsere Rucksäcke, verabschiedeten uns von meiner Großmutter und marschierten in Begleitung eines wortkargen Ungarn namens Imre zum Ostbahnhof. Der Personenzug in Richtung Mattersburg war nur schütter besetzt, und auch an der Haltestelle einer kleinen burgenländischen Ortschaft, an der wir als Einzige ausstiegen, war kaum jemand zu sehen. An sich waren wir ziemlich auffällig, eine Frau mit ihren zwei Söhnen und einem Schlepper. Aber keiner im Ort beachtete uns, und der Dorfgendarm saß offenbar schon vor dem zweiten Krug Wein. In der Dämmerung gingen wir die Straße hinunter, bogen dann nach links in einen Feldweg ein, der nach ein paar hundert Metern in einen Wald führte. Inzwischen war es Nacht geworden, und wir liefen im Gänsemarsch hinter dem Schlepper her, als plötzlich Schritte zu hören waren. Obwohl wir nie darüber gesprochen hatten, wussten wir, was uns im Fall einer Festnahme blühte, und waren zu Tode erschrocken. Es erschien aber kein Grenzsoldat und auch kein Polizist, sondern ein ungarischer Schmuggler, der in die Gegenrichtung unterwegs war. Grußlos hastete er, bis obenhin mit Salami, Kaffee oder Nylonstrümpfen beladen, an uns vorüber. Lange nach Mitternacht gelangten wir zu einer Scheune, in der wir zwei Stunden schliefen. Bei Sonnenaufgang krochen wir aus dem Heu und trotteten wieder hinter unserem einsilbigen Führer her, bis er uns schließlich am Bahnhof einer ungarischen Kleinstadt absetzte. Dort nahmen wir den Frühzug nach Budapest, in dem müde Menschen saßen, die uns mit keinem Blick bedachten.

Am Südbahnhof angekommen, fragten wir uns zur Adresse eines weitschichtigen Verwandten durch, den meine Mutter nur ein einziges Mal, und das war Jahre her, gesehen hatte. Er hieß Dr. Georg Mauksch, arbeitete als Redakteur der in Budapest erscheinenden Wirtschaftszeitung *Südost-Economist* und war mit einer Berliner Arierin verheiratet. Die beiden hatten einen Buben im Alter meines Bruders. Mauksch war von unserem Kommen völlig überrascht. Da wir kein Wort Ungarisch sprachen und uns auch sonst alle Voraussetzungen für ein Leben im Untergrund fehlten, sah er keine andere Möglichkeit, als dass wir uns der Polizei stellten.»Die wird euch erst mal internieren, und dann sehen wir weiter.«

So geschah es auch. Wir zottelten samt unserem Gepäck zur Fremdenpolizei, die auf Ungarisch die klangvolle Bezeichnung *Külföldieket Ellenőrző Országos Központi Hatóság* trug und in einem riesigen Gebäude direkt an der Donau untergebracht war. Dort standen oder saßen Dutzende Beamte herum, teils in Zivil, teils in malerischen Uniformen, die noch aus der Zeit der Donaumonarchie stammten. Ich fühlte mich in eine Lehár-Operette versetzt. Die Polizisten empfingen uns mürrisch, aber ohne feindseliges Gehabe, nahmen zu Protokoll, dass wir illegal die Grenze überschritten hatten, wobei sie keine Fragen nach den näheren Umständen stellten, und machten sich sofort daran, unsere Vornamen zu magyarisieren. Ich hieß von nun an Rezső, mein Bruder bekam ein diakritisches Zeichen verpasst, Péter, und weil Frauen in Ungarn bei der Heirat den Namen ihres Ehegatten annehmen, wurde meine Mutter als Schönwald Lajosné, Frau des Ludwig Schönwald, registriert. Hierauf brachte uns ein Wachmann mit der Straßenbahn in ein finsteres Quartier im verwinkelten Judenviertel, das von oben bis unten mit Betten vollgestellt war. Von diesem Lager mitten in der Stadt, dessen Insassen hauptsächlich ältere Juden waren, ist mir eigentlich nur der Waschraum in Erinnerung geblieben, in dem sich, nebst einigen Duschen, eine Mikwe befand, ein jüdisches Tauchbad also, in dem verheiratete Frauen sich alle vier Wochen der rituellen Reinigung zu unterziehen haben. Offenbar war es schon lange nicht mehr benutzt worden, denn in seinem Wasser schwammen zwei dicke Karpfen, die dem Rabbiner gehörten.

Wie alle Flüchtlinge hatten wir es darauf abgesehen, in Budapest zu bleiben. Hier konnte man Nachrichten, Briefe, Fresspakete empfangen und sich der trügerischen Hoffnung hingeben, im Notfall schnell untertauchen zu können. Aber der Versuch meiner Mutter, den Lagerältesten mit einem wertvollen Schmuckstück zu bestechen, scheiterte kläglich. Er steckte ihre Brosche wortlos ein und teilte uns gleich darauf für den nächsten Transport in die Provinz ein. So wurden wir nach einigen Tagen auf einem Lastwagen zum Westbahnhof gebracht, einem der großen Bahnhöfe der Stadt, auf dem eine ganze Polizeikompanie mit Gewehr und aufgepflanztem Bajonett Aufstellung genommen hatte, um harmlose Flüchtlinge – und nicht, wie von den neugierigen Passanten erwartet, aneinandergekettete Schwerverbrecher – zu einem Zug zu eskortieren, der nach Sátoraljaújhely abging, einer Kreisstadt nahe der slowakischen Grenze. Dort mussten wir in die Schmalspurbahn nach Ricse umsteigen, wo auf dem Gelände eines ehemaligen Gendarmerieübungsplatzes zwei oder drei Jahre zuvor ein großes Lager errichtet worden war, das aus niedrigen Baracken, wackligen Bettgestellen, durchgelegenen Strohsäcken, einer unbestimmten Anzahl von Flüchtlingen sowie etlichen Millionen Wanzen und Läusen bestand.

Ricse selbst war ein typisch ungarisches Dorf mit armseligen

Bauernkaten beiderseits der staubigen Hauptstraße, auf der man bei Regen im Schlamm versank, Scharen von Gänsen, Landarbeitern in selbstgewebten Gewändern, Juden, Zigeunern und Gendarmen sowie dem etwas ramponierten Schloss eines Grafen, das durch Hecken und Laubbäume vor zudringlichen Blicken geschützt war. In der Ortschaft stand auch eine große Dampfmühle, die zu meiner Zeit nicht mehr in Betrieb war. An der Frontseite des Gebäudes konnte ich noch die verblassten Buchstaben mit dem Namen der früheren Besitzer sehen: CUKOR. Einer ihrer Nachkommen hatte es als Produzent von Hollywoodfilmen unter dem Namen Adolph Zukor zu Weltruhm gebracht. Aber das sollte ich erst später erfahren, aus Ilja Ehrenburgs Roman *Die Traumfabrik*, dessen Lektüre sich für mich allein deshalb lohnte, weil er dieses entlegene Dorf im ungarisch-slowakischen Grenzland erwähnt, das mir so fremdartig erschien wie ein Lamakloster im hintersten Tibet.

Ricse wird in der einschlägigen Literatur als Konzentrationslager geführt, und tatsächlich muss es dort grauenhaft zugegangen sein. Aber bei unserem Eintreffen hatte sich mit der sowjetischen Gegenoffensive, der Vernichtung der Zweiten Ungarischen Armee am Don und der Landung amerikanischer Truppenverbände auf Sizilien die Kriegslage entscheidend verändert, so dass es der Regierung in Budapest nicht geraten erschien, die antijüdischen Maßnahmen zu verschärfen. Sie stellte sich darauf ein, dass der Krieg verlorengehen würde, begann vorsichtig von ihrem Bündnispartner abzurücken und setzte sich angesichts des Heranrückens der Roten Armee das heimliche Ziel, einen Separatfrieden mit den westlichen Alliierten zu schließen. Dieser Versuch einer politischen Kehrtwendung kam uns zugute. Denn anders als in einem deutschen KZ wurden die Internierten weder geprügelt noch schikaniert oder gar umgebracht. Die Polizisten, die das Lager bewachten, verhielten sich insofern zivilisiert, als sie uns die meiste Zeit in Ruhe ließen. Sporadische Versuche ihrerseits, ein kleines Zusatzeinkommen zu erzielen, indem sie uns zu Zwangsarbeiten heranzogen, wurden von den vorgesetzten Stellen rasch wieder unterbunden. Ich erinnere mich, dass wir ein paar Tage lang mit einer Metallzwille gekochte Weidenruten schälen mussten, was in der glühenden Hitze kein vergnüglicher Zeitvertreib war. Gelegentlich wurden wir dazu angehalten, Kürbisfelder zu gießen oder Hauswände mit Kalkfarbe zu weißen. Das Essen war schlecht, die Unterkunft miserabel, aber wir verhungerten nicht, und allmählich gewöhnten wir uns sogar an das Ungeziefer, das nachts über uns herfiel und juckende Hautausschläge hervorrief.

Das Lager war zweigeteilt, in einen Männer- und einen Frauensektor. Mein Bruder wurde noch als Kind angesehen, so dass er jederzeit die Seiten wechseln konnte. Bei mir hing es davon ab, welcher Polizist gerade Dienst machte. Der eine hielt mich noch für ungefährlich, der andere schon für mannbar genug, um Schande und Verderben über die weiblichen Gefangenen zu bringen. Mit unserer Mutter standen wir jedenfalls in ständigem Kontakt. Sie hatte sich mit Gerda Nemetschek angefreundet, einer waschechten Berlinerin aus der Chodowieckistraße, die wegen ihrer Ehe mit einem Arier eigentlich geschützt gewesen wäre. Aber dann war Gerdas Mann, einem Jazzgitarristen, nichts Gescheiteres eingefallen, als sich von ihr scheiden zu lassen, und sie hatte es gerade noch geschafft, vor der anstehenden Deportation nach Ungarn zu entkommen. Sie war rundlich, drollig und trotz der erlittenen Kränkung von überschäumender Lebensfreude. Eine andere Bekannte meiner Mutter war Rosi Burger, von der wir erfuhren, dass sie in Polen eine Massenerschießung überlebt hatte. Sie hatte sich totgestellt, war in der Nacht nach dem Massaker aus der Grube gekrochen und davongelaufen. Sogar eine Vollarierin gab es im Lager, die mit ihrem Freund, einem langweiligen Juden aus Piefkonien, zusammenlebte. Das war Fräulein Patumeleid, ein Name, den es nur in Ostpreußen gibt, und er war ein Blödmann, mit dem ich in derselben Baracke schlafen musste, Herr Lerdau, so einen vergisst man nicht. Er und Fräulein Patumeleid. Zwei von den fünf- oder sechshundert Gespenstern, die es nach Ricse verschlagen hat.

Einige Frauen hatten kleine Öfen, auf denen sie sich im Freien die Mahlzeit aufwärmen oder die Wäsche auskochen konnten. Die Männer spielten die meiste Zeit Karten oder widmeten sich dem Schleichhandel. Woher sie die Waren bezogen, blieb mir unbekannt. Vier oder fünf von ihnen hatten sich das Kaffeemonopol gesichert. Sie mahlten den ganzen Tag Bohnen und schenkten den Kaffee in großen Kannen aus. Einmal gab es einen Kabarettabend, an dem sogar Wienerlieder vorgetragen wurden. Ansonsten war es um Abwechslung schlecht bestellt. Genau genommen wussten wir nicht, womit wir uns die Zeit vertreiben sollten und wie es mit uns weitergehen würde.

Mein großes Interesse galt nach wie vor der bildenden Kunst, nur traute ich mir nicht zu, je von der Malerei leben zu können. An meinen Selbstzweifeln war nicht nur Amanshauser mit seinen Buntstiftsonnenuntergängen schuld gewesen, sondern noch ein anderer Mitschüler, der Schlager Rudi, der schon gegen Ende meiner Volksschulzeit die Staatsbrücke in Salzburg höchst stimmungsvoll mit Wasserfarben gemalt hatte. Wie ich neiderfüllt feststellen musste, hätte es sein Bild wegen der Licht- und Schattenreflexe des Wassers, auf dem sich die Kandelaber und Hakenkreuzfahnen spiegelten, mit jedem impressionistischen Gemälde aufnehmen können. Der Schlager Rudi, von dem ich ansonsten keinerlei Erinnerung bewahrt habe, hatte mir also meine Grenzen aufgezeigt. Aber mit etwas Glück, so war meine Überlegung, könnte ich es immerhin zu einem Gebrauchsgrafiker bringen. Deshalb lag es nahe, dass ich mich im Lager an den Lithografen und Werbegrafiker Bobby Pick heranmachte, einen Kommunisten, der mit seiner Frau Lilly ebenfalls aus Wien geflüchtet war. Ich kannte von ihm nur zwei Bilder, vom Heiligen Stephan und von der Heiligen Elisabeth, die er für die Kapelle gemalt hatte, in der jeden Sonntag ein Gottesdienst für die katholischen Internierten und natürlich auch für die Lagerpolizei abgehalten wurde. Aus der Beschaffenheit der Heiligenbilder folgerte ich, dass es sich bei Bobby Pick um einen bedeutenden Vertreter seines Fachs handeln musste, und löcherte ihn mit Fragen über das Kunstschaffen im Allgemeinen und sein Schaffen im Besonderen. Erst zierte er sich, dann ließ er sich doch herab, mir sein Meisterwerk zu beschreiben. Er habe, so erzählte er mir, im Auftrag der Ankerbrot-Werke ein Plakat entworfen, das für eine Werbekampagne anlässlich des Jahreswechsels 1937/38 bestimmt war und folgendermaßen aussah: Es war zweigeteilt und trug im oberen, annähernd quadratischen Feld die Zahl 1938, die in einem flammenden, an sozialistische Transparente erinnernden Rot gehalten war. Darunter stand auf dunkelblauem Grund in großen weißen, serifenlosen Blockbuchstaben, die ebenfalls politischen Aufrufen nachempfunden waren, das Wort ANKERBROT. Nichts sonst, kein Anker, kein Zunftzeichen, nicht die Andeutung einer Backstube oder eines Bäckerbuben mit Buckelkorb. Ich war begeistert. Ein Werbeplakat so zu gestalten, dass es wie ein Aufruf zur Revolution wirkt, das musste einem erst einmal einfallen. Dieser Kerl war eine Hochbegabung!

Bobby Pick konnte nicht wissen, dass mir das Plakat nicht aus dem Kopf gehen würde. Jahrzehnte später fand ich es genau so, wie er es mir beschrieben hatte, in einem Bildband über die Klassiker der österreichischen Gebrauchsgrafik abgebildet. Zu meiner Verblüffung stammte es jedoch nicht von ihm, sondern von einem anderen jüdischen Grafiker, einem Genie der Plakatkunst namens Julius Klinger, der just zur selben Zeit, in der Pick sich als Hochstapler betätigte, im Juni 1943, aus Wien nach Minsk deportiert und in Maly Trostinec ermordet wurde. Bobby Pick und seine Frau, eine Modezeichnerin, überlebten den Krieg in Ungarn, kehrten 1945 nach Wien zurück, emigrierten wenig später nach Stockholm, verbrachten aber immer wieder Wochen oder Monate in Wien, wo sie mir ein paarmal über den Weg liefen. Wer lügt, kriegt eine weiße Nase, pflegte mein Vater zu sagen. An Bobby Picks Riechorgan war nichts dergleichen festzustellen. Es kam mir nie in den Sinn, ihm seinen Schwindel vorzuhalten. Schließlich war ich es gewesen, der ihn durch meine Fragerei in Verlegenheit gebracht hatte, und außerdem war der Kontakt zu ihm das Einzige, das mich die Lagertristesse vergessen ließ. Es gab zwar ein paar nette Leute, vor allem aus der Slowakei und aus Polen, aber mir fehlte der Wille, mich mit ihnen anzufreunden.

Im September 1943 erhielten wir einen Brief aus Budapest. Unser Verwandter teilte darin mit, dass Jugendliche aufgrund einer neuen gesetzlichen Bestimmung das Lager verlassen durften, sofern ein ungarischer Staatsbürger, unbescholten natürlich, sie bei sich aufnehmen und für sie garantieren würde. Mauksch war es gelungen, einen solchen Menschen aufzutreiben. Er hieß Sándor Gergely und führte einen der drei berühmtesten Modesalons von Budapest, was für diese mondäne Stadt doch sehr außergewöhnlich war. Tatsächlich traf auch bald Gergelys Verpflichtungserklärung ein, und so nahm ich Abschied von meiner Mutter und meinem Bruder, der zwei Wochen später ebenfalls freikommen sollte.

Die Abreise aus Ricse gestaltete sich wie eine Szene aus einer

Joseph-Roth-Verfilmung. Ein baumlanger Polizist in Ausgehuniform bestieg mit mir einen Zweispänner, in dem uns ein stoppelbärtiger Fuhrmann, vorbei an weiten Getreidefeldern und armseligen Dörfern, die Ricse wie aufs Haar glichen, nach Sátoraljaújhely kutschierte. Dort nahmen wir den D-Zug nach Budapest. Uns gegenüber im Sechserabteil saßen zwei Frauen, resolute Kleinbürgerinnen aus der Provinz, deren Blicke zwischen dem Polizisten und mir hin- und hergingen. Wenn sie mich ansahen, lächelten sie, sobald sie den Polizisten ins Auge fassten, verfinsterten sich ihre Mienen. Bald fingen sie an, auf ihn einzureden. Obwohl ich immer noch kein Wort Ungarisch verstand, wusste ich genau, was sie sagten.

»Unschuldige Kinder verhaften, das könnt ihr, aber die Verbrecher lasst ihr frei herumlaufen. Eine Gemeinheit ist das!«

Der Polizist versuchte sich herauszureden, »ich führe nur einen Befehl aus«, was einen neuerlichen Wortschwall unserer Mitreisenden zur Folge hatte. Dann packten die Frauen ihren Proviant aus und fingen an, mich zu füttern, hier eine Pogatsche, da eine dicke Scheibe von der Paprikawurst, und dazu tröstende Worte – »Mach dir nix draus, bist eh brav!« –, ehe sie wieder auf den Polizisten loshackten. Von den Attacken im Zugabteil sichtlich gezeichnet, führte er mich nach unserer Ankunft zu einer Entlausungsanstalt. Anschließend begab er sich, davon bin ich überzeugt, ohne weiteren Umweg in die Magyar utca, die Puffgasse von Budapest, in der er das Ungemach unserer Reise im Schoß einer mit großstädtischen Reizen ausgestatteten Gunstgewerblerin vergessen wollte.

Entlausungsanstalten waren damals allgemein üblich, vor allem wegen der Soldaten, die vollkommen verlaust von der Front kamen. Man musste sich nackt ausziehen und alle Kleidungsstücke in einen Kessel legen, wo sie eine halbe Stunde lang mit kochend heißem Wasserdampf berieselt wurden – so lange eben, bis die Läuse ihres Lebens überdrüssig geworden waren. Dann wurde der Deckel angehoben, und nun konnte man das glutheiße Gewand aus dem Kessel nehmen, das noch dampfte und meistens ein paar Brandflecken abbekommen hatte. Bis es so weit war, stand man splitternackt unter einer Dusche, aus der das Wasser nur tröpfelte. Bei mir waren es Landstreicher und andere Obdachlose, die diese Prozedur über sich ergehen lassen mussten. Mit einem von ihnen kam ich ins Gespräch. Er sprach ein vorzügliches Deutsch, erwies sich als außerordentlich gebildet, unterhielt sich mit mir ohne jede Anzüglichkeit und bat mich zum Abschied, nur ja nicht die Zuversicht zu verlieren. Seine Bitte rührte mich umso mehr, als er für sein eigenes Leben offensichtlich jede Hoffnung aufgegeben hatte. Ich meine mich zu erinnern, dass mir erst dort, in der Entlausungsanstalt, die Kluft zwischen Arm und Reich voll zu Bewusstsein kam. Unter welch schrecklichen Verhältnissen Menschen in diesem Land leben müssen, dachte ich.

Nun hatte ich also wieder meine Klamotten. Die Begegnung mit dem intellektuellen Landstreicher hatte mir Auftrieb gegeben. Ich verlor meine Scheu und fand mich im nächsten Lager, in dem ich die Zeit bis zu meiner endgültigen Freilassung überbrücken sollte, gut zurecht. Wenn Ricse im Vergleich zu einem deutschen KZ als Erholungsheim durchgehen konnte, dann war dieses Lager als Luxushotel der Extraklasse einzustufen. Es bestand nicht aus Baracken, sondern war in einem gut erhaltenen, geräumigen Ziegelbau mit Stuckfassade in der Nähe des Westbahnhofs untergebracht. Auf eine strikte Trennung zwischen Frauen und Männern wurde kein Wert gelegt, die Betten standen in einem passablen Abstand zueinander, von einer Ungezieferplage war nichts zu spüren.

Ich freundete mich mit polnischen Juden an, zumeist jungen Männern, die mit nichts als einem Gebetsmantel geflohen waren und durchwegs Jiddisch sprachen, was mein Interesse weckte und die Verständigung ungemein erleichterte. Außerdem steckte in mir immer noch das Verlangen, meine Sangeslust zu stillen. Jetzt ergab sich die Gelegenheit, mit ihnen jiddische Lieder zu singen, sehr zum Missfallen einer höhergestellten Dame im Lager, die mich eines Tages darauf aufmerksam machte, dass diese Leute kein Umgang für mich seien, ich solle mich doch von ihnen fernhalten. Hier zeigte sich der alte Gegensatz zwischen den assimilierten Juden und denen, die aus dem Schtetl kamen. Aber für die Assimilierten brachte ich kein Interesse auf, sie waren zum Großteil Geschäftsleute, mit denen ich nichts anzufangen wusste. Von den Juden aus dem Osten konnte ich hingegen allerhand lernen. Lieder auf Jiddisch eben, wie die »Klage eines Idioten«, der in ergreifenden Worten darum fleht, dass ihn seine tote Mutter zu sich nehmen möge, oder das Schandlied auf einen Rebbe, der sich heimlich mit einer Schickse vergnügt: »In an schtetl nit weit von dannen, oj oj oj, is a Rebbe noch vorhanden, oj oj oj...« Wir sangen auch ein inzwischen berühmt gewordenes Lied, das Mordechaj Gebirtig – wie ich später erfuhr – schon 1936 nach dem Pogrom von Przytyk geschrieben hatte: »'s brent, briderlech, 's brent! Oj, undser orim schtetl nebbech brent!«

Meine neuen Bekannten hatten einen wie mich noch nie zu Gesicht bekommen: einen getauften Katholiken, den man als Juden verfolgt, obwohl er nicht einmal beschnitten ist und kein einziges jüdisches Gebet aufsagen kann. Der Hitler ist wirklich meschugge, sagten sie und bestaunten mich wie einen exotischen Vogel in einer Voliere. Ihr Wohlwollen verwandelte sich in Begeisterung, als ich eines Tages aus purem Übermut eine Hitlerrede imitierte: »Wenn die feintliche Presse schreipt, sie wird das teutsche Reichsgepiet angreifen, so sage ich, werfen sie tausent Kilo Pompen, so werfen wir zehntausent Kilo Pompen ...« Von nun an musste ich beim täglichen Mittagessen im Speisesaal aufstehen, eine Führerrede halten und dabei mit Armen und Fäusten fuchteln, zum großen Vergnügen der Flüchtlinge, denen Lachtränen über die Wangen kullerten. Wie ich waren sie der Meinung, dem Zugriff Hitlers entronnen zu sein.

Der liebe Gott, der ohnedies selten zuhört, wenn Juden zu ihm beten, hört schon gar nicht zu, wenn sie nicht mindestens zu zehnt sind. Erst wenn eine Minje – hebräisch Minjan – zusammenkommt, also zehn oder mehr Männer, kann aus der Thora gelesen oder das Schmone Esre, das Achtzehnbittengebet, gesprochen werden. Diese Vorschrift brachte meine jüdischen Lagerkumpane in größte Verlegenheit. Neun brachten sie allemal zusammen, beim zehnten spießte es sich. So trafen mich begehrliche Blicke, und selbst meine glaubhafte Versicherung, dass es sich bei mir um einen geschmatteten Katholiken handle, fruchtete nichts. »Jid genug, sonst wärst du ja nicht hier.« Das war ein triftiges Argument, das ich nicht entkräften konnte. Damit startete meine kurze und durchaus erfolgreiche Karriere als Minjemann. Da ich nicht einmal einen Hut hatte, bekam ich als Kopfbedeckung ein Taschentuch mit vier verknoteten Zipfeln, stellte mich in die Reihe der Betenden, schaukelte mit dem Oberkörper vor und zurück und fiel in eine Art Singsang, wobei ich mich bemühte, hebräisch klingende Laute auszustoßen. Das Gute an der Sache war, dass es niemanden störte, wenn man mittendrin zu beten aufhörte, mit dem Nebenmann zu tratschen anfing, dann wieder in das Gebet einfiel und nach einer Weile weitertratschte. Keiner zischelte »Pssst!« oder mahnte zur Ruhe oder schaute einen böse an. Und der Herr, gepriesen sei er, erhörte offenbar gerade meine stümperhaften Gebete, denn es steht zu befürchten, dass außer mir kaum einer aus dieser Minje überlebt hat, im Jahr darauf, als die Massendeportationen aus Ungarn erfolgten.

Anfang Oktober, schon kurz vor meiner Entlassung aus dem Lager, verfiel ich auf den wunderlichen Gedanken, die orthodoxen Juden zu missionieren. Sie feierten gerade Sukkot, das Laubhüttenfest, und hatten von der Lagerverwaltung die Erlaubnis erwirkt, an der am wenigsten geeigneten Stelle – neben dem Ausguss, wo es erbärmlich stank – aus Weidenruten und belaubten Ästen kleine provisorische Unterkünfte zu errichten. Dort saßen sie, beteten und meditierten, in jeder Hütte ein paar, und ich wusste nichts Besseres zu tun, als mich vor ihnen aufzupflanzen und ihnen mitzuteilen, dass der Messias, um dessen Erscheinen sie beteten, bereits geboren sei. Er heiße Jesus von Nazareth, sei für unsere Sünden in Jerusalem gekreuzigt worden und habe durch seinen Opfertod die Welt erlöst. Nun liege es an ihnen, sich diesem Erlöser zuzuwenden. Während ich noch am Predigen war, kam mir der naheliegende Gedanke, dass sie mir jetzt eigentlich ein paar Watschen runterhauen müssten, und ich begann deshalb zu stottern, aber sie schauten mich nur an, mehr prüfend als unwirsch, ehe sich einer erhob und mir höflich zu verstehen gab, dass sie nicht weiter gestört werden wollten.

Die Kunde von meinem Bekehrungsversuch muss sich im Lager wie ein Lauffeuer verbreitet haben, denn schon am nächsten Tag erschienen bei mir der Reihe nach drei Abgesandte des Judentums, die allesamt fließend Deutsch sprachen. Der erste war ein kultiviert wirkender älterer Herr mit grauem Bart. »Wir haben gehört, was du in den Laubhütten verkündet hast«, sagte er, »und wir wollen dir in deinen Glauben nicht dreinreden, den hast du nun mal. Nur eines sollst du dir merken. Jesus von Nazareth war nicht der Messias. Wahrscheinlich hat er es selber auch gar nicht behauptet. Er hat's nicht sein können, die Bedingungen hierfür waren nicht vorhanden. Das heißt, ihr beruft euch auf falsche Übersetzungen oder falsche Auslegungen.« Den Rest seiner Ausführungen, warum die christliche Lehre in die Irre führe, habe ich vergessen, nicht aber das Angebot, mich im Bedarfsfall weiter aufzuklären. »Du bist doch ein ganz aufgewecktes Jüngel. Wenn dich diese Dinge interessieren, können wir uns einmal länger darüber unterhalten. Dann werden wir dir Verschiedenes vor Augen führen, was du nicht weißt oder wo du der Meinung bist, dass es anders ist. Nur das, was du behauptest, stimmt nicht. Das musst du einfach zur Kenntnis nehmen.«

Kaum war er weg, tauchte der zweite Abgesandte auf, ein junger Mann, der einen durchaus sympathischen Eindruck auf mich machte. Er teilte mir mit, dass die Sache mit der Religion und ihrer Auslegung im Moment ohne jede Bedeutung sei. »Du siehst ja selber, wir sitzen hier in der Scheißgassen, und wenn wir je wieder rauskommen, was ich hoffe, dann gibt's für uns nur ein Ziel, nämlich einen eigenen Staat zu schaffen, damit wir nicht länger verfolgt, erniedrigt und hingemetzelt werden. So ein Staat muss erkämpft werden, der wird uns nicht geschenkt. Also wenn du ein bissl Verstand hast, dann kümmere dich einmal nicht um die Religion, kümmere dich nicht um die Bibel und wie sie auszulegen ist, sondern kämpfe mit uns um den Judenstaat. Wir haben hier im Lager eine Organisation, bist herzlich eingeladen, bei uns mitzumachen, brauchst dich nur bei mir zu melden, wir reden bei nächster Gelegenheit noch einmal darüber.«

Das Aussehen des dritten und letzten Abgesandten habe ich merkwürdigerweise nicht in Erinnerung behalten, obwohl er den stärksten Eindruck auf mich hinterließ. Es war ein jüngerer Mann, glaube ich, der danach wie vom Erdboden verschluckt war, jedenfalls habe ich ihn im Lager nicht mehr gesehen. Als Erstes machte er mir klar, dass ich alles, was mir die beiden anderen erzählt hatten, getrost vergessen könne.«Das Erscheinen des Messias schert uns genauso wenig wie das Gerede von der jüdischen Nationalität und vom Kampf um einen Judenstaat. Als wenn es auf der Welt nicht schon genug Nationalstaaten gäbe! In Wirklichkeit kommt es auf etwas ganz anderes an, nämlich darauf, die herrschende Gesellschaftsordnung zu zerstören, die auf der Ausbeutung der Arbeitenden beruht, auf ihrer Unterdrückung, und auf dem Profit derer, die sich an ihrer Arbeit bereichern. Diese herrschende Ordnung, der Kapitalismus, bringt immer wieder Kriege hervor, und die Kriege werden abgelöst von Wirtschaftskrisen, und die Wirtschaftskrisen bringen neue Kriege hervor. Nur der Sozialismus kann diese Kette aus Not und Überfluss, Krieg und Krise durchbrechen und in weiterer Folge die Klassenherrschaft beseitigen ...« Mit diesen oder ähnlichen Worten lieferte er mir eine leicht fassliche Grundlage des Kommunismus, wobei er mich in die Pflicht nahm, seinen Standpunkt nicht nur für richtig zu erachten, sondern auch die Konsequenzen daraus zu ziehen:»Deine Aufgabe als denkender Mensch ist es erstens, dich theoretisch mit diesen Dingen auseinanderzusetzen. Dazu musst du dich mit den Lehren von Marx, Engels, Lenin beschäftigen, das lässt sich einrichten. Und das Zweite ist, dass du aktiv für unsere Sache eintrittst. Wer nicht für den Sozialismus kämpft, stützt das herrschende Unrecht. Überleg es dir. Wir können dir behilflich sein. Es gibt ein paar unter uns, die sich in der Materie sehr gut auskennen. Den Kontakt zu ihnen kann ich jederzeit herstellen.«

Wie schon erwähnt, hatte mich der Auftritt des letzten Abgesandten am meisten beeindruckt. In einem Judenstaat sah ich für mich keine Zukunft, und der Streit um den rechten Glauben, den ich während des Laubhüttenfestes selbst provoziert hatte, kam mir nun wie üble Haarspalterei vor. Die Idee des Sozialismus leuchtete mir jedoch ein. Es schien mir wert, länger über den Versuch nachzudenken, Gerechtigkeit in eine ungerechte Welt zu bringen, die eine Katastrophe nach der anderen hervorrief. Ich verließ das Lager, in dem ich kaum drei Wochen zugebracht hatte, mit dem befriedigenden Gefühl, die Zeit gut genutzt zu haben. Ich war als Minjemann eingesprungen, ich hatte jiddische Lieder gesungen, ich hatte jüdische Flüchtlinge dazu gebracht, über Hitler Lachtränen zu vergießen, und ich war auf dem besten Weg, ein Kommunist zu werden.

Viel wichtiger war aufs Erste jedoch, dass ich als ein mit einer gültigen Aufenthaltsgenehmigung ausgestatteter Schneiderlehrling in Sándor Gergelys Modesalon eintrat. Er befand sich in der prächtigsten Einkaufsstraße von Budapest, der Váci utca, und bestand aus einer großen Werkstatt, an die sich eine ebenso weitläufige, opulent eingerichtete Wohnung anschloss. Darin lebten außer meinem Bürgen noch sein Lebensgefährte Maxi Wiesengrund, seine Mutter und zwei Dienstmädchen. Gergely war unsympathisch, lasterhaft und hochbegabt. Ein jüdischer Schneidermeister mit magyarisiertem Namen, der sein Handwerk von der Pike auf gelernt hatte, mit nichts anderem als mit Damenmode beschäftigt war und die von ihm entworfenen Kleider selbst zuschnitt. Was sein berufliches Können betraf, kannte meine Bewunderung keine Grenzen. Überhaupt rang mir das Schneiderhandwerk höchsten Respekt ab. Ich erkannte, wie viel Wissen, Fleiß und Geschicklichkeit erforderlich war, um dieses Metier wirklich zu beherrschen. Was Gergelys ausnehmend attraktiver und liebenswürdiger Freund untertags trieb, konnte ich nie herausfinden. Er stammte aus einer reichen Familie und war angeblich sogar Schweizer Staatsbürger. Die beiden liefen abends in kurzen weißen Nachthemden herum und schliefen in einem Ehebett.

Die Woche begann jeden Montag sehr zeitlich in der Früh,

wenn sich die Tür zur Schneiderwerkstatt öffnete, in der die zwölf oder fünfzehn Angestellten – bis auf einen jungen Mann lauter Frauen – zur Arbeit angetreten waren. Herein taumelte ein Gespenst, eingewickelt in Wollschals, heiser, kreidebleich im Gesicht, mit dunklen Schatten unter den Augen, verkatert, unausgeschlafen und schlecht gelaunt. Das war der vergötterte Modeschöpfer Gergely Sándor. Er hielt einen Zettel in der Hand, auf dem er die Maße seiner Kundinnen notiert hatte, stellte sich mit Kreide und Maßband vor die Reihen der Arbeitstische und räusperte sich. Wehe, wenn daraufhin nicht völlige Stille eintrat. Nun zerschnitt er binnen Sekunden ein vor ihm liegendes Tuch in mehrere Teile, griff nach einem Stoffballen, brüllte den Namen einer Schneiderin, »Juci!«, warf den Knäuel nach hinten, Juci musste ihn auffangen. Damit hatte sie jetzt eine Woche lang zu tun. Gleich darauf war die nächste an der Reihe. »Nusi!« In Windeseile hatte er alle Modelle zugeschnitten. Dann wankte er hinaus. Zwischendurch hatte man ihm schwarzen Kaffee bringen müssen, sonst wäre er zusammengebrochen.

Der Haushalt wurde von seiner Mutter bestritten, einer bösartigen Furie, Tochter des Tempelschames von Nitras, die von der Wahnidee besessen war, von jedermann betrogen zu werden, und über die beiden Dienstmädchen, über mich und bald auch über meinen Bruder ein Schreckensregiment führte. In der Werkstatt durfte sie sich nicht blicken lassen, seit es wegen ihrer Herrschsucht zu einem regelrechten Aufstand der Schneiderinnen gekommen war. Ihren Mann, Gergelys Vater, hatten sie in ein kleines Häuschen weit draußen in der Vorstadt abgeschoben, wo er aus Gram über dieses unausstehliche Frauenzimmer seine Rente versoff. Ich habe ihn einmal kennengelernt, einen gutmütigen alten Schneidermeister, der mir viel besser gefiel als sein exzentrischer Sohn. Allerdings ist dem jungen Gergely hoch anzurechnen, dass er sich meines Bruders erbarmt hat. Peter war nach seiner Entlassung in ein katholisches Internat gesteckt worden, in dem es wie in einer von deutschen Feldwebeln befehligten Besserungsanstalt zuging. Davon erzählte er, als er mich eines Tages in der Váci utca 37 besuchen kam. Er war gerade vierzehn geworden, sah aber viel jünger und entsprechend hilfsbedürftig aus. Deshalb fanden die Schneiderinnen diesen Märchenzwerg so allerliebst, dass sie ihren Patron bedrängten, ihn als Lehrling aufzunehmen.

Von nun an teilten wir uns das mir zugewiesene Kabuff, in dem gerade zwei Matratzen Platz hatten. Die Nächte waren kurz, weil wir von der alten Gergely in aller Herrgottsfrühe aufgescheucht wurden und bis elf Uhr nachts in der Werkstatt mit Aufräumen, Zusammenkehren und Aufwischen beschäftigt waren. Es war eine schwere und freudlose Arbeit. Aufstehen, in die Markthalle einkaufen gehen, Schlange stehen, um das Frühstück für den Herrn Chef heranzuschaffen, mich dann in der Werkstatt bereithalten, um Botendienste zu erledigen, die mich den ganzen Tag auf Trab hielten. Waren zufällig keine Kleider zuzustellen oder Pakete abzuholen, wurde ich dem Handwerk zugeteilt, lernte aber in der ganzen Zeit nichts weiter als Schulterwatte einzulegen. Sie musste nach dem jeweiligen Kostümentwurf geformt werden, flach oder etwas höher, und nach der Anprobe war immer noch etwas aufzunähen. Eine primitive Arbeit, die einzige, die man mir anvertraut hat. Es war auch niemand daran interessiert, mir sonst etwas beizubringen, weil letzten Endes klar war, dass aus mir kein Schneider werden würde. Außerdem war es für Gergely viel bequemer, mich als Lieferanten einzusetzen. Diese Tätigkeit brauchte mir niemand zu zeigen, und ich stand ihm nicht im Weg, äugte bestenfalls durch ein Guckloch, das als Bild getarnt war, wenn er an seinen im Negligé dastehenden Kundinnen Maß nahm, reichen Frauen aus dem gehobenen Bürgertum, adeligen Damen und berühmten Sängerinnen und Schauspielerinnen wie Klári Tolnay, dem Star des ungarischen Nationaltheaters, oder Vali Rácz, einer Chansonette, die im Hangli Kioszk auftrat, einem gusseisernen Konzertsaal an der Donau. Dort konnte ich einem Liederabend von ihr beiwohnen, dieser bildhübschen tapferen Frau, die nach dem deutschen Einmarsch in ihrer Villa fünf Juden und einen Widerstandskämpfer versteckte, von der Geheimpolizei verhaftet, aber von einem einflussreichen Filmregisseur aus dem Gefängnis geholt wurde, ehe sie nach der Befreiung von Budapest ihrer Hinrichtung als angebliche Nazikollaborateurin durch die Intervention eines sowjetischen Offiziers entging, der während des ganzen Krieges ein Bild von ihr mit sich herumgetragen hatte.

Das also waren die Kundinnen des Modesalons Gergely, denen ich die fertigen Kleider, Mäntel und Kostüme zustellte. Auch Frauen aus der Halbwelt gehörten zu ihnen, Kurtisanen, die ihren Freiern teuer zu stehen kamen, weil ein neues Gergelymodell alle vierzehn Tage offenbar in ihrem Honorar inkludiert war. Eine von ihnen, der ich besonders oft etwas liefern musste, lebte in einer verschwenderisch ausgestatteten Wohnung. Sie bot mir jedes Mal einen Kaffee an, fragte mich auch, ob ich hungrig sei, und gab mir ein großes Trinkgeld. Ihr glatzköpfiger Liebhaber war sichtlich verärgert darüber, dass sie zu einem armen Teufel so nett war. Denn so einer war ich unter der Fuchtel der alten Gergely, die außer meinen Bruder und mich auch die beiden Dienstmädeln quälte, wann immer sie konnte, so dass sich die im Lager empfangene kommunistische Lehre in meiner Praxis als Schneiderlehrling verfestigte, und zwar rapid. Bestätigt wurde ich in meinem steigenden Ingrimm durch Arbeiter, die im Haus die elektrischen Leitungen erneuern oder schadhafte Rohre ersetzen mussten, etwas in der Art, und dabei sowohl über ihren Chef als auch über die Kundschaft herzogen, was für erbärmliche Ausbeuter sie seien, und dass auch ich ausgebeutet würde, was gestimmt hat, obwohl es eigentlich nicht zu sehen war, da ich zumindest dem Erscheinungsbild nach immer noch ein Bürgerbubi war, unterernährt zwar, weil wir in diesem aufwendig geführten Haushalt kaum was zu essen bekamen, aber städtisch gekleidet, während die ärmsten Leute in Ungarn vom Land kamen, sowohl die Dienstmädchen als auch die Taglöhner, und anders angezogen waren und ganz anders aussahen.

Es gibt einen tieftraurigen, hervorragend geschriebenen Roman, bei dessen Lektüre ich unweigerlich an Judith und Bözsi denken musste, die beiden Dienstmädchen im Hause Gergely. Er heißt *Édes Anna*, also »Anna Süß« oder »Süße Anna«, und stammt von Dezső Kosztolányi, einem Schriftsteller, der hierzulande so gut wie unbekannt, in Ungarn aber eine Berühmtheit ist. Was in dem Buch erzählt wird, habe ich mitangesehen und mitangehört. Kosztolányi schreibt, dass die Dienstmädchen in Budapest wie Tiere gehalten werden und die Besenkammer, die ihnen zum Schlafen zugewiesen wird, bei Bedarf sogar mit Tieren teilen müssen, wie eben seine Protagonistin Anna, in deren Verschlag den Winter über zwei Hühner hocken, am Fußende des Bettes, auch als sie den Besuch eines Liebhabers empfängt, der es in diesem Hühnerbett mit ihr treibt. Absolut gespenstisch, so wie die Budapester Bürgerweiber gespenstisch waren, die den ganzen Tag lang über nichts anderes tratschten als über ihre Dienstmädchen, mit denen sie ewig unzufrieden waren, vor allem natürlich über deren Liebesleben, das es zu verhindern galt, aber nicht immer verhindert werden konnte.

Nicht besser als dieser Anna ist es Gergelys Dienstmädchen ergangen, von denen mir speziell Judith in Erinnerung geblieben ist, eine aufgeweckte, hübsche, schwarzhaarige Rumänin mit dunklem Teint. Sowohl sie als auch Bözsi waren gewitzt genug, es nicht zum Beischlaf kommen zu lassen. Dabei hatten sie durchaus ihre Verehrer, entweder einen Tramwayschaffner oder einen Unteroffizier, ein Uniformierter musste es jedenfalls sein. Der holte sie am Sonntagnachmittag ab, und dann gingen sie tanzen oder ins Kino. Ein Kinobesuch war die Volksbelustigung schlechthin, der dunkle Saal eignete sich fürs Schmusen und andere, schon etwas gewagtere vorkoitale Betätigungen, die nie so weit gehen durften, dass eine Schwangerschaft drohte. Das hätte sie völlig ins Elend gestürzt. Von diesen Liebesabenteuern zehrten sie den Rest der Woche, wobei sie das Blaue vom Himmel herunterlogen, wer sie aller verehrt habe und wie fesch der Oberwachtmeister sei, der ihnen an der Schießbude eine Rose geschossen habe. Das war Ungarn damals, ein reines Monarchiemuseum, und so kann ich mit Fug und Recht behaupten, die Donaumonarchie noch erlebt zu haben, obwohl ich erst zehn Jahre nach ihrem Zerfall auf die Welt gekommen bin. Die gebügelten Uniformen, die leeren Illusionen und das klägliche Leben der armen Leute.

Weil Gergelys Kundinnen oder Geschäftspartner wie der freundliche Kürschnermeister Aron Gewürc – der mir einmal sein Handwerk erklärt hat – oft in entlegenen Stadtteilen gewohnt und gearbeitet haben, war ich die meiste Zeit mit der Straßenbahn unterwegs. In jedem Waggon hingen die gleichen Plakate. Auf dem einen standen drei Wörter: *Nem, nem, soha!* »Nein, nein, niemals!« Sie bezogen sich auf den Friedensvertrag von Trianon vom vierten Juni 1920, durch den Ungarn zwei Drittel seines Territoriums und ein Drittel seiner Bevölkerung verloren hatte. Auf dem anderen war folgende Litanei zu lesen: »Ich glaube an einen Gott. Ich glaube an meine Heimat. Ich glaube an die göttliche Gerechtigkeit. Ich glaube an die Auferstehung Ungarns.

Amen.« Unter solchen Losungen legte ich weite Strecken zurück, allein unter Fremden und ohne Ansprache, weil es lange dauerte, bis ich Ungarisch zumindest radebrechen konnte. Deshalb vertrieb ich mir die Zeit damit, im Kopf einen Fortsetzungsroman zu konzipieren. Er handelte von jungen Männern, die als Partisanen irgendwo in den Alpen gegen Wehrmacht und SS kämpfen. Der Held war ein Berliner Kommunist namens Artistides Kowalski, eine Mischung aus Tom Mix und Till Eulenspiegel, und sein bester Freund ein Aristokrat, den ich Von Dahrenfels nannte. Der tollkühne, dabei pfiffige Kowalski hatte immer die besten Einfälle, wenn es darum ging, die Gestapo an der Nase herumzuführen, belastende Dokumente zu vernichten oder in falscher Uniform bis in das Hauptquartier des Feindes vorzudringen.

Auf diesen nur ausgedachten, nie zu Papier gebrachten Roman bin ich heute noch stolz. Und zwar deshalb, weil sich meine Phantasien teilweise mit der Realität deckten und es mir sogar gelang, einige Aspekte des Widerstands gegen Hitler vorwegzunehmen: in der Person des adeligen Dahrenfels, der mir im Vergleich zu Kowalski eher blass geriet, Stauffenberg und das Attentat vom zwanzigsten Juli 1944, im alpinen Schauplatz die Operations- und Rückzugsgebiete der Widerstandskämpfer in der Obersteiermark und im Ausseerland. Möglich, dass ich in Ricse etwas über die Partisanentätigkeit aufgeschnappt hatte, es gab ja einige Jugoslawen im Lager, aber Details waren dabei sicher nicht zur Sprache gekommen. Und so stellt sich auch hier wieder meine Lebensfrage, wieso man etwas weiß, das einem nie jemand gesagt hat. Ich erinnere mich zum Beispiel – ein Sprung zurück in das Jahr 1939 – an ein Zusammensein mit meinen Eltern. Das Internat in St. Blasien war gerade geschlossen worden, sie hatten meinen Bruder und mich abgeholt, und wir saßen in einer Pension, nicht mehr im Schwarzwald und noch nicht in Hamburg. Auf alle Fälle waren beide Elternteile anwesend, und es ging um die Frage, was aus uns Kindern werden sollte. Da sagte mein Vater, ja, es bestehe noch eine Möglichkeit, aber dafür müssten wir Ordensgeistliche werden. »Es gibt da eine Schule, und um in ihr aufgenommen zu werden, muss man sich von vornherein dafür entscheiden, in den Orden einzutreten.« Franziskaner, glaube ich, waren gemeint. Meine Mutter schaute ganz entsetzt und wollte ihn einbremsen, und obwohl ich absolut ahnungslos war, welche Konsequenzen das Ordensleben haben würde, und Mönche und Geistliche eher bewunderte, empfand ich plötzlich einen tiefen Hass auf meinen Vater. Das war der Gedanke, der mir durch den Kopf ging: Der will mich unter allen Umständen zugrunde richten! Das ist für einen Elfjährigen, der nichts vom Leben mitbekommen hat und nicht einmal weiß, wie die Hunde vögeln, eine bemerkenswerte Erkenntnis. Und so bin ich im Lauf meines Lebens und vor allem während des Krieges immer wieder in Situationen geraten, in denen ich Dinge gewusst habe, die ich eigentlich nicht wissen konnte, weil sie mir niemand gesagt hat.

Zu lesen gab's kaum was. Ich erinnere mich, wie glücklich ich war, als ich in einem der Lager ein zerfleddertes, völlig durchnässtes Buch fand, dem noch dazu der Einband und die ersten hundert Seiten fehlten. Ich ließ die Blätter in der Sonne trocknen, dann las ich die Geschichte sozusagen von der Mitte weg. Im Nachhinein bin ich draufgekommen, es muss sich um Mark Twains Roman *Prinz und Bettelknabe* gehandelt haben. In meiner Zeit als Schneiderlehrling war schon gar nichts Gedrucktes mehr zu bekommen, jedenfalls nicht auf Deutsch, außerdem wäre mir das Lesen schlecht bekommen, denn dann hätte mich die alte Gergely mit dem Rohrstock verprügelt.

Gelegentlich kriegte ich Ausgang. Einmal besuchte ich meine alten Freunde im Lager, die mich schon am Tor stürmisch begrüßten und auf Schultern in den Speisesaal trugen, wo ich gleich wieder eine Führerrede halten musste. Hin und wieder nahm sich Maukschs Bruder meiner an, ein kauziger, humorloser Schulmeister, und führte mich in ein Konzert oder für zwei, drei Stunden in ein Museum, was meinen Neigungen entgegenkam. Ungarische Malerei des neunzehnten und frühen zwanzigsten Jahrhunderts. Die Begegnung mit Bobby Pick hatte mir ja Auftrieb gegeben, und die Arbeit im Modesalon ermunterte mich, wieder zu zeichnen. Ich fertigte Kostümentwürfe an, die der ansonsten ekelhafte Gergely zu meinem Erstaunen gar nicht so schlecht fand. Ich versuchte eben unter allen Umständen, Anteil an meiner Umgebung zu nehmen, und Zeichnen war ein Ausdruck dieses Bemühens, aus der eigenen Gedankenwelt auszubrechen. Sonst waren die Möglichkeiten sehr begrenzt, erstens einmal, weil man unendlich lang betteln musste, bis einem erlaubt wurde, am Sonntag für ein paar Stunden wegzugehen, und zweitens, weil die Trinkgelder gerade ausreichten, um ein paar Äpfel zu kaufen, mit denen sich die schmale Kost aufbessern ließ. Ganz selten gab ich der Versuchung nach, mir am Kiosk die *Neue Zürcher Zeitung* zu besorgen, die in Budapest vertrieben wurde, wenngleich viele Spalten ganz oder teilweise geschwärzt waren. Es stellte sich jedoch heraus, dass die Zensurbehörde mit mir und meinesgleichen Erbarmen hatte, denn sie verwendete zum Schwärzen Wasserfarbe statt Ölfarbe. Man musste die Zeitung nur kurz unter den Wasserhahn halten, schon lösten sich die schwarzen Balken auf. Trocknen lassen, dann konnte man Artikel lesen, die keineswegs regierungskonform waren.

Überhaupt war die Stimmung in Budapest nicht gerade kriegerisch. Die Stadt war voll von Männern im wehrfähigen Alter, die vom Militär freigestellt worden waren und in Zivil herumliefen, durch die Straßen flitzten kleine Fiat-Autos, an den Tankstellen gab's Benzin, von Verdunkelung war keine Rede, die Geschäfte waren gut bestückt und die Restaurants gut besucht. In einem Café sah ich die erste Espressomaschine meines Lebens, die zischte und dampfte und von Geschäftsleuten umlagert war, jungen Spunden, feschen jungen Frauen, die einen Espresso nach dem andern inhalierten. Dabei war der Krieg noch in vollem Gang, und als einem Verbündeten des Dritten Reiches stand Ungarn das Schlimmste noch bevor. Aber davon war wenig zu merken. Viele junge Leute fühlten sich bei allem patriotischen Überschwang durch den Krieg belästigt und verhielten sich so, als lebten sie in Friedenszeiten.

Ungarns Staatschef – »Reichsverweser« eines Königreichs, das es de facto nicht mehr gab – war seit März 1920 Admiral Nikolaus von Horthy. Horthy Miklós, für die Ungarn. Er hatte mit Unterstützung ultrakonservativer Adeliger, Militärs und hoher Beamter die Reste der revolutionären Räterepublik zerschlagen, die im Rumänisch-Ungarischen Krieg besiegt worden war, und deren Parteigänger in Massenhinrichtungen und Pogromen niedergemetzelt. Dieser von ihm entfesselte »weiße Terror« richtete sich gleichermaßen gegen Kommunisten wie Juden, denen durch antisemitische Verordnungen der Zugang zum Hochschulstudium erschwert und eine Beschäftigung im Staatsdienst praktisch unmöglich gemacht wurde. Sein außenpolitisches Hauptziel, die Revision der im Vertrag von Trianon festgelegten Grenzen, führte das autokratische, halbfeudale Regime dazu, an der Seite Deutschlands am Krieg gegen Jugoslawien und die Sowjetunion teilzunehmen und dort auch Gräueltaten an der jüdischen Bevölkerung zu begehen. Allerdings schreckte es davor zurück, die auf der Wannsee-Konferenz beschlossene »Endlösung der Judenfrage« im eigenen Land zu exekutieren. Die ungarischen Juden wurden drangsaliert, aber nicht deportiert. Sofern sie es sich nicht, wie Gergely, richten konnten, mussten die Männer zum waffenlosen Arbeitsdienst einrücken. Eine gelbe Armbinde wies sie als Juden aus, auf dem Kopf trugen sie eine reguläre Militärmütze mit der aufgenähten Kokarde in den Nationalfarben Rot, Weiß, Grün. Fünfzigtausend von ihnen wurden in Arbeitsbataillonen an die Ostfront geschickt, wo sie unter entsetzlichen Bedingungen Schützengräben ausheben, Panzersperren errichten, Leichen einsammeln und Minen suchen mussten, was die wenigsten überlebten. Aber das war noch vor unserer Zeit geschehen. Als wir in Ungarn eintrafen, hatte sich mit dem Amtsantritt von Premierminister Miklós Kállay die Lage der im Land verbliebenen jüdischen Zwangsarbeiter verbessert. Während Horthy von Hitler immer vehementer gedrängt wurde, mit den ungarischen Juden nach deutschem Vorbild zu verfahren, führte die Regierung die bereits erwähnten Geheimverhandlungen mit den westlichen Alliierten, um Ungarn aus dem Krieg herauszuhalten. Das blieb dem deutschen Oberkommando nicht verborgen, und so marschierte die Wehrmacht in der Nacht auf den 19. März 1944 in Ungarn ein.

Plötzlich war Budapest voll von deutschen Soldaten. Mein Bruder und ich wussten, dass unser Leben – und das unserer Mutter – damit an einem dünnen Faden hing. Ich erinnere mich, dass am Tag des Einmarsches, an einem sonnigen, wolkenlosen Sonntag, mein Bruder einen Soldaten der Wehrmacht oder der Waffen-SS fragte, wann sie denn weitermarschieren würden. Noch hofften wir, dass sie in Ungarn nur eine Zwischenstation eingelegt hatten. »Du Dummi«, meinte der Landser gemütlich, »wir sind doch gerade erst angekommen, da werden wir nicht gleich wieder weggehen!« Die bisherige Regierung wurde abgesetzt und durch eine neue ersetzt, deren Bündnistreue zu Deutschland über jeden Zweifel erhaben war. Staatsoberhaupt blieb aber weiterhin

Nikolaus von Horthy. Zwei Tage nach dem Einmarsch kam Adolf Eichmann nach Budapest, wo er im Hotel Astoria das Sondereinsatzkommando zur Vernichtung der ungarischen Juden leitete. Mit tatkräftiger Unterstützung der lokalen Behörden gelang es ihm und seinen Mitarbeitern, binnen weniger Wochen – von Mitte Mai bis Anfang Juli 1944 – 440 000 Juden aus der Provinz in die Vernichtungslager zu deportieren. Die Insassen des Flüchtlingslagers in Ricse waren unter den ersten, die nach Auschwitz transportiert wurden. Aber das sollte ich erst viel später erfahren.

Bis zum deutschen Einmarsch hatten mein Bruder und ich die Verbindung zu unserer Mutter aufrechterhalten können. Ungefähr alle drei Wochen schrieben wir ihr, schrieb sie uns einen Brief. Einmal war ihr auch ein zweitägiger Urlaub bewilligt worden, an dem sie uns in Budapest besucht hatte. Von dieser letzten Begegnung auf lange Zeit ist mir nicht mehr in Erinnerung geblieben, als dass sie sich und uns keinen Rat wusste.»Jaja...« Sie sah blass und erschöpft aus, aber das traf auch auf uns zu. Die letzte Nachricht von ihr war ein Brief, den sie während eines kurzen Halts auf einer Brücke aus dem Viehwaggon geworfen hatte. Jemand hatte ihn gefunden und eine Briefmarke auf das Kuvert geklebt. Sie schrieb, dass sie mit unbekanntem Ziel unterwegs sei.»Kopf hoch, lasst euch nicht unterkriegen.«

Die letzte gute Tat unseres unguten Arbeitgebers bestand darin, dass er sich über die Bestimmungen der deutschen Rassengesetze hinwegsetzte, die ab dem einunddreißigsten März auch in Ungarn galten, indem er meinem Bruder und mir das Tragen des Judensterns ersparte. Im Gegensatz zu den deutschen Behörden fand er es einleuchtend, dass die Sprösslinge halbjüdischer Eltern keine Volljuden sein konnten. Trotzdem war unsere Lage mehr als ungemütlich. Wäre ich auf meinen Botengängen in eine Polizeikontrolle geraten, hätten mich die ungarischen Beamten der Gestapo übergeben, mit den bekannten letalen Folgen. Dazu kam, dass ich wegen meiner rötlichen Haare dem ungarischen Klischeebild vom roten Juden entsprach. Das merkte ich schon daran, dass mir gelegentlich nachgeplärrt wurde, wo denn mein gelber Stern sei. Die Gefahr war mir also durchaus bewusst, hinderte mich aber nicht daran, mich auch freiwillig, aus Neugier oder zur Verfolgung persönlicher Ziele, in der Stadt herumzutreiben. Dabei fiel mir auf, dass sich unter den deutschen Truppen besonders viele Einheiten der SS und des Sicherheitsdienstes befanden.

Eines Tages fassten mein Bruder und ich den Entschluss, zur Beichte zu gehen und anschließend die Kommunion zu empfangen. Im katholischen Glauben erzogen, fühlten wir uns verpflichtet, wenigstens einmal im Jahr – nämlich in der vorösterlichen Zeit – die religiösen Vorschriften zu befolgen. Die alte Gergely hörte sich unser Anliegen hasserfüllt an, ehe sie uns strikt untersagte, in die Kirche zu gehen. Sie ahnte nicht, dass sie sich ein halbes Jahr später, und in meiner Gegenwart, in einer Kapelle taufen lassen würde, um im Päpstlichen Schutzhaus Zuflucht finden zu können – eine Überlebenschance, nebenbei gesagt, die sich nur ganz alten und ganz jungen getauften Juden bot. Das Verbot hielt uns nicht davon ab, unsere Absicht in die Tat umzusetzen. Beichten, dann zur Kommunion gehen. Die einzige Möglichkeit war, uns möglichst früh aus der Wohnung zu stehlen, um fünf oder halb sechs, denn um sechs sperrten die Kirchen auf, eine war gleich ums Eck, die Elisabeth-Kirche, die nächste lag ein paar Schritte weiter. Da wir keinen Wecker hatten, lösten wir uns in der Nachtwache ab. Zwei Stunden schlief der eine, die nächsten zwei Stunden der andere. Wie wir das bis zum Morgengrauen durchhielten, ist mir heute ein Rätsel, wir hatten ja nichts, nicht einmal ein Gebetbuch, um gegen den Schlaf anzukämpfen. Trotzdem klappte alles wie geplant, wir schlichen uns heimlich aus dem Haus und zogen gemeinsam in die Kirche, wo wir brav Sünden aufzählten, die wir wahrscheinlich gar nicht begangen, sondern uns nur eingebildet hatten. Unsere Ungarischkenntnisse hätten dazu nicht ausgereicht, aber es genügte, den Geistlichen im Beichtstuhl zu fragen, ob man deutsch sprechen dürfe, was in Budapest prinzipiell bejaht wurde. In der ganzen Stadt gab es nicht einen Studierten, der zugegeben hätte, sich auf Deutsch nicht verständigen zu können. Wir beichteten also, bekamen die Absolution, blieben zur Frühmesse, gingen zur Kommunion und kehrten zum großen Ärger der alten Gergely und ausgestattet mit den Heiligen Ostersakramenten in die Werkstatt zurück, in der wir weiterhin schikaniert wurden.

In dieser Zeit, Ende März oder Anfang April 1944, ging ich einmal auch ins Kino. Ausgerechnet den Film *Hitlerjunge Quex* hatte ich mir ausgesucht! In der Reihe hinter mir saßen sechs Offiziere der Waffen-SS, die während der Vorführung laut schwadronierten. Von ihrem Gequatsche abgesehen, ist mir der Film deshalb in Erinnerung geblieben, weil sich darin zwei prominente Schauspieler prostituierten, die seinerzeit mit den Kommunisten sympathisiert hatten, nämlich Heinrich George, der nach dem Krieg bestritten hat, sich unter den Nazis für Politschund hergegeben zu haben, obwohl jedermann wusste, dass er im *Hitlerjungen Quex* einen ständig betrunkenen, seinen Sohn im Takt der Internationale prügelnden Parteigänger der KPD gespielt hatte, sowie Hermann Speelsman, der einen kommunistischen Agitator sehr unsympathisch darstellen musste. Die Handlung selbst machte auf mich trotz der Lagerfeuerromantik keinerlei Eindruck, ich fand sie widerlich, verlogen und absolut hirnrissig.

Inzwischen lief der Betrieb im Modesalon Gergely in unvermindertem Tempo weiter. Die Kundinnen erwiesen sich als durchaus anhänglich, störten sich nicht daran, dass der Chef jetzt einen Judenstern tragen musste, und waren zu mir und meinem Bruder besonders freundlich, weil sie unsere missliche Lage kannten. Nicht lange nach meinem Kinobesuch erhielt Gergely jedoch den Bescheid, dass er zum Arbeitsdienst einzurücken habe, und verübte auf der Stelle Selbstmord. Ich war zufällig anwesend und der Einzige, dem auffiel, dass er Schlaftabletten oder andere Medikamente geschluckt hatte. Er lag im Bett, mit Schaum vor dem Mund und umringt von seinen Angehörigen, die der Meinung waren, er habe einen Kreislaufkollaps oder einen Herzanfall erlitten. Ich hütete mich davor, sie über die wahre Ursache seines Zustands aufzuklären, denn ich hatte nicht das geringste Interesse, ihn am Leben zu halten. Sanitäter brachten ihn in ein Krankenhaus, in dem er noch am selben Tag starb. Daraufhin wurde das Unternehmen liquidiert. Die Belegschaft zerstreute sich, für die Werkstatt und den Salon fanden sich neue Mieter, Wiesengrund Maxi sah ich nie wieder. Gergelys alte Mutter saß allein in der Riesenwohnung, umgesiedelt und deportiert wurde erst später.

Was nun? Der Mann, der für uns garantiert hatte, war tot, die Aufenthaltsgenehmigung mit dem deutschen Einmarsch erloschen. Unsere Kennkarten hatten wir wohlweislich in Wien zurückgelassen, über andere Ausweise verfügten wir nicht. Wir lebten illegal, schwarz, als U-Boote in Budapest. In dieser Situation schützte uns eine der beiden elegant gekleideten, gutaussehenden Gergelyschwestern. Die ältere, Ibolya, war mit einem klugen, aufrechten Juden verheiratet, der ebenso wie ihr sechzehnjähriger Sohn in Mauthausen umkommen sollte, die jüngere – die wir Tante Jani nannten – mit einem Arier namens Kalman Szöllösy, der von Beruf ein höherer Versicherungsangestellter war, seiner Leidenschaft und Begabung nach jedoch ein Fotokünstler, dessen

Aktfotos, für die ihm meistens seine Frau Modell stand, Straßen-
szenen oder Detailaufnahmen von Menschen, Maschinen und
Gebäuden großen Anklang fanden, weil er mit Licht und Schatten
meisterhaft umgehen konnte. Szöllösy war ein kleiner, unschein-
barer, leicht stotternder Mann von außerordentlicher Courage,
der sowohl die Nazis als auch die mit ihnen kollaborierenden
Ungarn inbrünstig hasste. Mit seiner Einwilligung durften mein
Bruder und ich uns tagsüber in ihrer Wohnung in der vornehmen
Andrássy út aufhalten, auf Nummer 1, also mitten in der Stadt. Er
arbeitete im Büro der Versicherungsgesellschaft, sie saß zu Hause
oder schwirrte irgendwo in der Stadt herum, und wir betätigten
uns als Heinzelmännchen, die Staub wischten, den Boden wachs-
ten, die Möbel polierten, die Betten machten, aufräumten und
abwuschen. Durch ihre Ehe mit einem Arier war Tante Jani zwar
geschützt, durfte sich als Jüdin aber kein Dienstmädchen halten,
was für jeden bürgerlichen Haushalt in Ungarn eine mittelgroße
Katastrophe bedeutete, die in diesem Fall durch unsere Einsatz-
freude abgewendet wurde. Andererseits hatten wir es in der schönen, geschmackvoll eingerichteten Wohnung recht gemütlich,
wurden gut verpflegt und verfügten über genug Freizeit, um Bücher aus der reichhaltigen Bibliothek des Hausherrn zu lesen. An
eine ungewöhnlich aktuelle Lektüre erinnere ich mich, einen realistischen, zeitkritischen Roman, der in London schon während
des Zweiten Weltkriegs spielt und gleich nach Erscheinen der
Originalausgabe von einem Schweizer Verlag in deutscher Übersetzung veröffentlicht wurde. Der Autor hieß Eric Knight, und der
Roman trug den Titel *Dir selber treu*. Was ich damals nicht wusste,
nicht wissen konnte, war die Tatsache, dass Knight im Januar
1943 – anderthalb Jahre vor meiner Lektüre – mit einem Militär-
transporter über dem Urwald von Surinam abgestürzt war.

Jeden Abend trollten wir uns aus der Wohnung und kehrten

in das Haus zurück, in dem sich der Modesalon Gergely befunden hatte. Bei Szöllösy zu übernachten, dafür war die Wohnung zu klein, außerdem wäre unsere Anwesenheit über kurz oder lang aufgefallen. Stattdessen schlugen wir unser Nachtlager in der Váci utca 37 auf. Ein nobles Haus bekanntlich, das deshalb nicht nur einen Hausmeister, sondern auch einen Vizehausmeister hatte. Das war nicht ungewöhnlich für ein Land, in dem es von Oberleutnants und Vizeleutnants, Straßenbahnoberkontrolleuren und Straßenbahnunterkontrolleuren, Oberstraßenkehrern und Vizestraßenkehrern wimmelte. Der Hausmeister war eher nur zum Repräsentieren da, er saß tagsüber in einer gläsernen Loge und begrüßte die feinen Herrschaften, wenn sie das Haus betraten oder verließen, ehe er sich bei Dienstschluss mit einer Flasche Pálinka in seine Wohnung zurückzog. Der Vizehausmeister Mensik hingegen musste den Dreck wegräumen und seine Frau die Stiegen waschen. Die beiden hausten am Dachboden, arme Leute, die uns dort gegen ein Entgelt, für das vermutlich die uns wohlgesonnene Vali Rácz aufkam, schlafen ließen. Wir warfen uns also am Abend auf unsere Strohsäcke und gingen morgens zur Tante Jani in die Andrássy út.

Im Nachhinein ist mir unerklärlich, wieso niemand in der Váci utca an unserer nächtlichen Anwesenheit Anstoß nahm. Dabei gab es Mieter, die prädestiniert gewesen wären, Fremdlinge wie uns anzuzeigen oder zumindest zur Rede zu stellen. Im Haus wohnten ein Offizier der ungarischen Armee mit seinem Burschen, der aussah, als würde er Juden und speziell solche, die nicht einmal Ungarn waren, wie die Pest hassen, außerdem zwei Homosexuelle, reiche junge Einfaltspinsel, die das Abzeichen der faschistischen Pfeilkreuzler mit der Parole »Mut, Kampf, Durchhalten« an den Aufschlägen ihrer Sakkos trugen. Sie erzählten sich im Lift Schweinereien, bis der eine den andern ermahnte, solche Gespräche in Gegenwart von Kindern doch besser zu unterlassen, worauf dieser nach einem kurzen Seitenblick auf uns meinte, wir verstünden ohnehin kein Ungarisch. Er unterschätzte unsere Sprachkenntnisse gewaltig. Aber weder das Pfeilkreuzlerpärchen noch irgendwer sonst schenkte uns Beachtung, auch nicht während der nächtlichen Luftangriffe, die im Juli ihren Höhepunkt erreichten. Da saßen wir mit den anderen Hausbewohnern im Keller, und keiner fragte, was wir hier eigentlich zu suchen hatten.

Ein einziges Mal gerieten wir in eine brenzlige Lage. Das war, als uns auf dem Weg in die Andrássy út ein älterer Mann folgte. Wir bemerkten ihn zu spät, obwohl wir für gewöhnlich sehr vorsichtig waren. Der Alte sah uns in der Wohnung verschwinden, läutete an der Tür, stellte sich dem Hausherrn als Major vor und schnauzte ihn an, wie er es wagen könne, zwei Judenbengel bei sich aufzunehmen. Kalman Szöllösy antwortete, wir seien keine Juden, sondern die Kinder von Freunden, die aus Deutschland auf Besuch gekommen seien, und er wäre gut beraten, gegen deutsche Reichsangehörige keine haltlosen Anschuldigungen zu erheben. Er hat ihn also hochkantig rausgeschmissen, und der angebliche Major hat sich ohne Widerrede verkrümelt.

Ein paar Wochen später erhielt ich den Einberufungsbefehl zum staatlichen Jugendverband Levente. Das lag daran, dass ich nach meiner Entlassung aus dem Lager einen Meldezettel für Ausländer ausgefüllt und mich später aus naheliegenden Gründen nicht wieder abgemeldet hatte, wodurch ich in die Kartei dieser Organisation geraten war. Wer fünfzehn Jahre alt war, wurde zu vormilitärischen Übungen einberufen, sofern seine Eltern nicht genug Geld hatten, ihn freizukaufen. Ich war völlig verzweifelt und wandte mich an Tante Jani, die mich zu beruhigen versuchte.»Mach dir keine Sorgen, wir kriegen das schon hin.« Zum

Einrückungstermin begleitete sie mich zu dem im Bescheid angeführten Sammelplatz, einem Kasernenhof, in dem sich meine Altersgenossen bereits in einem Kreis aufgestellt hatten. In der Mitte stand der Herr Hauptmann. Tante Jani hatte sich für diesen Anlass besonders schick angezogen, mit einem Kostüm aus der Schneiderwerkstatt ihres Bruders, Seidenstrümpfen, Stöckelschuhen und einem kessen Hütchen, das ihre blonden gewellten Haare krönte. Als mein Name aufgerufen wurde, Schönwald Rezső, ging sie auf den Hauptmann zu, der sofort Haltung annahm und galant salutierte, grüßte ihn mit einem strahlenden Lächeln und sagte ihm, was schon ihr Mann dem alten Schnüffler an der Wohnungstür erzählt hatte: dass ich der Sohn von Freunden aus Deutschland sei und in wenigen Tagen dorthin zurückkehren werde.»Gnädige Frau, wenn das so ist«, meinte der Hauptmann, wobei er einen anerkennenden Blick auf ihre Beine warf,»dann können Sie den Jungen selbstverständlich wieder mitnehmen.« Mein Glück, dass Ungarn ein altmodisches Land war, mit allen daraus resultierenden Defekten, aber auch mit einer Mischung aus Obrigkeitsdenken und Ritterlichkeit, die einen Offizier verpflichtete, sich einer Dame gegenüber entgegenkommend zu zeigen. In Deutschland, wo die Bürokratie wie geölt funktionierte, hätten sie erst einmal meine Papiere sehen wollen, die ich nicht hatte, und mich noch auf dem Kasernenhof hopsgenommen. Und die Tante Jani gleich dazu.

Es ist für mich nachträglich schwer zu begreifen, dass mein Bruder und ich auf der Straße nie angehalten wurden, denn die Deutschen führten ständig Razzien durch. Einmal entgingen wir der Verhaftung nur um Haaresbreite. Wir hatten gerade das Haus in der Váci utca verlassen, als es ganz in der Nähe furchtbar knallte. Die Widerstandsbewegung hatte ein deutsches Militärfahrzeug in die Luft gesprengt. Minuten später war der ganze Bezirk umstellt, und jedes Haus wurde bis in den letzten Winkel durchsucht. Dazu kamen die Fliegerangriffe, die wir mit gemischten Gefühlen im Luftschutzkeller erlebten, nicht nur wegen der Hausparteien, des Armeeoffiziers und der beiden Pfeilkreuzler, denen wir grundsätzlich jede Gemeinheit zutrauten, sondern auch deshalb, weil wir einerseits froh darüber waren, dass die Alliierten endlich in Erscheinung traten, andererseits keinerlei Lust verspürten, von ihren Bomben erschlagen zu werden.

Es lag nicht nur an den Drohungen, mit denen das demokratische Ausland Horthy unter Druck setzte, dass die Deportationen aus Budapest ins Stocken gerieten. Was an keinem anderen von Deutschland besetzten Ort möglich war, nämlich die Judenvernichtung zu einem beträchtlichen Teil zu torpedieren, gelang in der ungarischen Hauptstadt Diplomaten neutraler Staaten in Zusammenarbeit mit Vertretern des Internationalen, des Schwedischen und des Schweizerischen Komitees des Roten Kreuzes. Die Männer, die außerordentlich erfindungsreiche Maßnahmen zur Rettung der jüdischen Bevölkerung ergriffen, wie die Schweizer Carl Lutz und Hans Weyermann oder der Schwede Raoul Wallenberg, setzten dabei das eigene Leben aufs Spiel. Es würde zu weit führen, hier ihr verdienstvolles Wirken zu beschreiben, zumal ich keinem von ihnen je begegnet bin. Überhaupt kann ich für mich nur ins Treffen führen, dass ich in Budapest dabei war, was an sich wenig bedeutet. Sagen wir es so: Dass ein heute lebender, versierter Altertumsforscher über das Römische Reich hunderttausendmal mehr weiß als ein ägyptischer Sklave, der im Schweiße seines Angesichts die Caracallathermen im alten Rom geheizt hat, steht außer Zweifel. Nur, der ägyptische Sklave war dabei! Ich bin dieser verschwitzte ägyptische Sklave: Ich weiß gar nichts, aber ich bin dabei gewesen. Letzteres möchte ich mit aller Deutlichkeit unterstreichen, auch wenn sich aus meiner

Zeitgenossenschaft keine Kompetenz ableiten lässt. Weder meine Geschichtskenntnisse noch die Einsichten, die ich aus meinen Erfahrungen gewonnen habe, reichen an den Wissenstand derer heran, die sich eingehend und unter Auswertung aller möglichen Quellen mit meiner Lebenszeit beschäftigen. Andererseits möchte ich mir von ihnen ungern vorschreiben lassen, was ich erlebt habe.

Im Juni 1944 waren die Amerikaner in der Normandie gelandet. Im selben Monat wurde damit begonnen, Budapester Juden aus ihren Wohnungen zu vertreiben und in Häusern zu internieren, die mit dem Davidstern gekennzeichnet waren. Ende August schien sich ihre Lage infolge eines Regierungswechsels zu entspannen. Einen Monat später stieß die Rote Armee auf ungarisches Territorium vor, und am fünfzehnten Oktober ließ Horthy im Rundfunk einen von ihm selbst verfassten Aufruf verlesen, in dem er das Bündnis mit Deutschland aufkündigte, die Judenvernichtung scharf kritisierte, die Wehrmacht aufforderte, das Land zu verlassen, und der ungarischen Armee befahl, die Waffen niederzulegen.

Horthys Mitteilung wurde gleich mehrmals gesendet und löste unter der jüdischen Bevölkerung Jubel aus. Hunderte strömten auf die Straßen und fingen an, die gelben Sterne von den Fassaden der Judenhäuser zu reißen. Auch Tante Jani und ihr Mann, die den Aufruf an ihrem Radioapparat gehört und für uns zusammengefasst hatten, waren begeistert. Ich hingegen blieb misstrauisch, einerseits wegen der Präsenz deutscher Truppen, denen ich nicht zutraute, dass sie sich mit dem radikalen Kurswechsel abfinden würden, zum andern wegen einer mysteriösen Meldung, die im Radio ein ums andere Mal durchgegeben wurde: »Achtung, Achtung! Herr Generaloberst Beregfy soll sofort nach Budapest kommen.« Ich hatte den Namen nie zuvor gehört, aber mir schwante nichts Gutes. Tatsächlich wurde Horthy noch in derselben Nacht gestürzt, von den Deutschen festgenommen und außer Landes gebracht. Die bisherige Regierung wurde durch eine neue ersetzt, die sich ausschließlich aus faschistischen Pfeilkreuzlern zusammensetzte. Beregfy nahm darin den Posten des Verteidigungsministers ein. Staatsoberhaupt und Ministerpräsident in einem war von nun an Ferenc Szálasi, der Parteiführer der Pfeilkreuzler oder, wie er offiziell hieß, *Nemzetvezető*, der Führer der Nation. Unter seiner Schreckensherrschaft zogen Gruppen von Judenfängern, mit Armbinden und Maschinenpistolen versehen, mordend und plündernd durch die Straßen. Ich sah katholische Geistliche unter ihnen. Der Franziskanerpater András Kun sollte später gestehen, eigenhändig fünfhundert Juden umgebracht zu haben. Tausende wurden von Pfeilkreuzlern zum Donauufer getrieben, wo sie sich nackt ausziehen mussten, ehe man sie erschoss und ins Wasser stieß. Diejenigen, die der Hetzjagd entgingen, wurden in Erzsébetváros konzentriert, dem siebten Bezirk, der schon vor dem Krieg das Zentrum der jüdischen Gemeinde gewesen war. Über die Zustände dort kann ich aus eigener Anschauung nichts berichten, denn ich machte einen großen Bogen um das Ghetto.

Die Stadt war wie zugekleistert von den Plakaten der Pfeilkreuzler. Die meisten riefen dazu auf, den Kampf an der Seite der deutschen Verbündeten fortzuführen. Andere erinnerten an die angeblichen Schrecken der kommunistischen Räterepublik und daran, dass deren führende Funktionäre Juden gewesen waren. Die dritten zeigten wahre oder gestellte Fotos von Gräueltaten, die Soldaten der Roten Armee bei ihrem Vormarsch auf ungarischem Gebiet begangen hatten. Auf einem Plakat war die Devise »Jesus Christus unser Erlöser« zu sehen, auf seinem Haupt die ungarische Königskrone und zu seinen Füßen der Aufruf, alle zu vernichten, welche die christliche Religion abschaffen wollten. Das alles habe ich, scheint mir, wie im Gleitflug von oben gesehen. Ich schwebte über den Ereignissen. Wäre ich unten gewesen, mittendrin, könnte ich meine Geschichte nicht erzählen.

Zur selben Zeit stand die Rote Armee siebzig Kilometer vor Budapest. Trotzdem gab es in Budapest anscheinend nichts Wichtigeres zu tun, als in Windeseile Juden umzubringen oder zu deportieren, auf Fußmärschen, denn der Zugsverkehr war kriegsbedingt zum Erliegen gekommen. Ein Ort des Schreckens war die Ziegelei von Óbuda, in der Männer wie Frauen dahinvegetierten, ehe sie in Richtung Grenze in Marsch gesetzt wurden, wo sie zu Tausenden bei Befestigungsarbeiten für den sogenannten Ostwall zugrunde gingen. Dort oder auf einem der Todesmärsche nach Mauthausen ist mein Verwandter und Wohltäter Georg Mauksch zu Tode gekommen, ebenso sein Bruder, der Hagestolz, der mich einmal in die Gemäldegalerie geführt hat, in der ich die ungarische Malerei des neunzehnten und frühen zwanzigsten Jahrhunderts bewundern konnte.

Aber selbst unter dem neuen Regime mussten die ausländischen Hilfsorganisationen ihre Tätigkeiten zugunsten der jüdischen Bevölkerung, wie das Ausstellen von Schutzpässen und das Anlegen von geschützten Häusern, nicht zur Gänze einstellen. Das lag an der Dringlichkeit, mit der die Regierung eine Anerkennung durch das neutrale Ausland anstrebte. Sie wollte Pluspunkte sammeln, um sich nach der zu erwartenden Niederlage in die Schweiz oder nach Schweden absetzen zu können. Allerdings ereilte die Nemesis fast alle Minister der Pfeilkreuzlerregierung. Sie wurden nach Kriegsende auf deutschem Gebiet festgenommen, an Ungarn ausgeliefert, 1946 in einem Schauprozess zum Tode verurteilt und gehenkt.

Mitten in diesem kollektiven Irrsinnstaumel waren mein Bruder und ich gezwungen, uns schutzsuchend an das Rote Kreuz zu wenden. Tante Jani konnte uns nicht länger beherbergen. Sie war im ganzen Haus als Jüdin bekannt, das wusste ich, seit ich einmal die Hausmeisterin, die auf sie nicht gut zu sprechen war, durchs Stiegenhaus hatte plärren hören: »Der Herr Kommandant darf ja kein Dienstmädchen halten, weil seine Frau Jüdin ist!« Der Herr Kommandant, das war Kalman Szöllösy, seit ihm die hohe Bürde des Luftschutzwarts zugefallen war, den man im prunksüchtigen Ungarn keinesfalls mit diesem Allerweltswort entwerten durfte. So war die Stimmung im Haus, und deshalb geriet Tante Jani nach der Machtübernahme durch die Pfeilkreuzler in Panik, völlig zu Recht, und sagte: »Kinder, ich kann euch nicht mehr behalten, ihr müsst sofort zum Internationalen Roten Kreuz laufen und die Leute dort anbetteln, dass sie euch helfen. Ich habe gehört, die richten Heime für andersgläubige Judenkinder ein. Schaut zu, dass ihr in eines reinkommt.«

Wir folgten ihrem Rat und wurden beim Roten Kreuz an einen evangelischen Pastor verwiesen. Er hieß Gábor Sztehlo, war Mitte dreißig und hatte es sich zur Aufgabe gemacht, getaufte jüdische Kinder zu retten. Zu diesem Zweck richtete er tatsächlich eine ganze Menge geschützter Häuser ein, was die Regierung weitgehend tolerierte. Sie wurden ihm von Privatpersonen zur Verfügung gestellt, und für die Verpflegung sorgte das Rote Kreuz. Als Gegenleistung erhielten die Hauseigentümer einen Schutzbrief, der in vier Sprachen, darunter Russisch, abgefasst war und in dem festgehalten wurde, dass das Gebäude samt seinen Bewohnern unter dem Schutz des Roten Kreuzes stehe. Das Schreiben sollte sie vor Verfolgung und ihr Haus davor bewahren, nach dem Einmarsch der Roten Armee beschlagnahmt zu werden. Es handelte sich also, nach heutigem Sprachgebrauch, um eine Winwin-Situation: Indem man seinen Beitrag zur Rettung jüdischer

Kinder leistete, rettete man auch die eigene Habe. Theoretisch; denn in der Praxis hat es nicht immer funktioniert.

Wir wurden in eines dieser Rotkreuzheime eingewiesen, ein eher schlichtes Einfamilienhaus mit Garderobe, Küche und jeweils drei Zimmern im Erdgeschoß und im ersten Stock. Es lag in einem Villenviertel am westlichen Stadtrand und gehörte dem Direktor der ursprünglich jüdischen Schuhfabrik Wolf. Das war ein noch relativ junger, ziemlich dicker Mann mit Frau, zwei Töchtern im Alter von elf und vierzehn Jahren und einem Säugling. Das dritte Kind war wichtig, denn als Vater von drei oder mehr Sprösslingen war man in Ungarn vom Militärdienst befreit. Überhaupt gab es Vergünstigungen, die in Deutschland undenkbar gewesen wären. Wer im Ersten Weltkrieg mit der goldenen Tapferkeitsmedaille ausgezeichnet worden war, wurde zum Beispiel unter dem Horthyregime nicht als Jude verfolgt, egal ob er beschnitten, rothaarig, orthodox oder ein verbohrter jüdischer Nationalist war. Zum Haushalt gehörte eine Köchin, die Tante Margit, die sich als kleine Antisemitin erwies. Sooft ich vergaß, die Tür zu schließen, rief sie mir nach: »Gibt's in Palästina keine Türen?« Einige jüdische Mädchen schliefen im Haus, und tagsüber hielten sich auch arische Kinder aus der Nachbarschaft darin oder im Garten auf.

Auf meinen Bruder und mich trafen die Schutzhausbestimmungen nur zum Teil zu. Getauft waren wir, Judenkinder waren wir auch, wenngleich ich mit meinen sechzehn Jahren auf der Kippe stand, immerhin hatte man bereits angefangen, meinen Jahrgang zur Armee einzuziehen, aber vor allem waren wir keine ungarischen Staatsangehörigen. Deshalb hätte Sztehlo uns eigentlich gar nicht helfen dürfen. Er half trotzdem, indem er uns zwar nicht in die Liste der Schutzbefohlenen eintrug, aber zuließ, dass wir uns tagsüber im Haus des Fabrikdirektors aufhielten. Jeden Abend mussten wir mit der Straßenbahn zurück ins Stadtzentrum fahren, in die Váci utca, wo wir nach wie vor am Dachboden des Vizehausmeisterehepaares übernachteten. Das war eine enorm lange Strecke, vielleicht siebzehn Kilometer, an Wiener Verhältnissen gemessen wie von Perchtoldsdorf in die Singerstraße im ersten Bezirk. Insofern grenzt es an ein Wunder, dass wir nie von einer Polizeistreife aufgegriffen wurden oder in eine der Razzien gerieten, die SS-Männer und Pfeilkreuzler auf der Suche nach versteckten Juden oder Deserteuren durchführten. Es hätte ja schon gereicht, wenn wir von einem Fahrgast oder einer Passantin auf der Straße denunziert worden wären.

Die Umstände waren so außergewöhnlich, dass ich gar nicht die Zeit hatte, Angstgefühle zu entwickeln, und meinem Bruder wird es ganz ähnlich ergangen sein. Auf die permanente Bedrohung reagierte ich eher motorisch, unreflektiert, wie ein Hase auf freiem Feld, der versucht, nicht gerade dorthin zu rennen, wo herumgeballert wird. Die meisten werden erschossen, einer kommt davon. Das Gleiche geschieht bei der nächsten Treibjagd. Entweder gewöhnt man sich an den Zufall, oder man wird wahnsinnig.

Erschwerend kam in meinem Fall hinzu, dass ich in diesem Rotkreuzhaus nicht einfach herumsitzen oder etwas zeichnen durfte, sondern im Auftrag des Hausherrn ständig unterwegs war, um irgendwelchen Leuten verschnürte Pakete zu überbringen, in denen sich vermutlich so kriegswichtige Güter wie ein paar Unterhosen, zwei Schuhstrecker, ein Gugelhupf oder fünf Schachteln Zigaretten befanden. Was genau, wusste ich nicht, und ich hatte auch kein Interesse daran, es herauszufinden, weil ich vollauf damit beschäftigt war, heil hinzufinden und heil wieder zurückzukommen. Ausgerechnet mich, der keine Papiere hatte und aufgrund seiner Haarfarbe unter dem Dauerverdacht stand, widerrechtlich den Judenstern abgelegt zu haben, hatte dieser ausgefressene Fabrikdirektor zu seinem Haus- und Hoflieferanten erwählt.

Bei einem dieser Botengänge wäre ich um ein Haar erschossen worden. Mein Auftrag lautete, einem Herrn Unteroberst, wie der Dienstgrad in Ungarn hieß, also einem Oberstleutnant ein Paket zu überbringen. Nach einem längeren Fußmarsch traf ich abgehärmt, schäbig angezogen, mit Schirmmütze auf dem Kopf beim Kasernentor ein. Davor stand ein Posten, dem ich auf Ungarisch, aber natürlich mit ausländischem Akzent, die Mitteilung machte, dass ich etwas abzugeben hätte. Weiter kam ich nicht. Sofort sprangen drei Soldaten aus der Einfahrt, rissen ihre Gewehre von der Schulter, entsicherten sie, legten auf mich an und brüllten: »Auf die andere Straßenseite! Paket absetzen! Beine auseinander, Hände an die Wand!«

Mit Herzklopfen und weichen Knien folgte ich der Anweisung. Während die zwei anderen ihre Gewehre auf mich gerichtet hielten, tastete mich der dritte nach Waffen ab. Wer ich überhaupt sei, »Jugoslawe?«, und wer mich geschickt hätte, worauf ich den Namen unseres Quartiergebers nannte und dass er mich beauftragt habe, dem Unteroberst Sowieso das Paket zu überbringen, das ich erschrocken fallen gelassen hatte.

»Was ist da drinnen?«

»Das weiß ich nicht, geht mich auch nichts an. Aber wenn Sie so freundlich wären, dem Herrn Unteroberst Bescheid zu geben...«

Nach längerer Beratung, ob sie mich lieber gleich erschießen oder meine Angaben doch überprüfen sollten, verschwand einer von ihnen in der Kaserne, während mich die beiden anderen weiterhin im Visier behielten. Die Minuten vergingen, mir tropfte trotz der für einen Herbsttag ungewöhnlich großen Kälte der Schweiß von der Stirn. Endlich kehrte der Soldat zurück. »Heb das Paket auf!« Ich tat es und folgte seiner Anweisung, durch das Tor in die Kaserne zu gehen. Er stapfte hinter mir her, wobei er mir den Gewehrlauf in den Rücken stieß und die mir unvergessene Drohung ausstieß: »Na warte. Wenn das in die Luft fliegt, tret ich dich in den Arsch.« Er dirigierte mich nach links, rechts, eine Stiege hinauf, bis wir schließlich, nach mehrmaligem Anklopfen, ein Büro betraten, in dem der mit allerlei Borten, Schnüren und Orden geschmückte Herr Unteroberst kurz aufsah, mich beiläufig grüßte, das Paket an sich nahm und meinem Begleiter mit einem Wink zu verstehen gab, dass ich zu entlassen sei. Zum Glück hatte niemand meinen Ausweis verlangt.

Ich wusste nicht, dass tags zuvor in einer anderen Kaserne ein Sprengstoffpaket gezündet worden war. Deshalb saßen den Wachposten die Finger am Abzug so locker. Der kommunistische Widerstand war in dieser Zeit, in der die Rote Armee schon die östliche Stadtgrenze erreicht hatte, nicht mehr zu übersehen. Rekrutierungsbüros und Verwaltungsgebäude wurden angegriffen, Attentate auf deutsche Dienststellen verübt, einmal wurde auch eine Donaubrücke in die Luft gejagt, leider zu spät, um einen größeren Truppentransport zu verhindern.

Ich erlebte laufend solche Situationen. Und wenn ich nicht gerade mit einem Paket durch die Gegend hetzte, die immer wüster und gefährlicher aussah, blieb sogar Zeit, mich zu verlieben. Das erste Mädchen, das es mir angetan hatte, war vierzehn und mit den Töchtern des Fabrikdirektors befreundet. Ein Mädel aus der Nachbarschaft, deren Vater – vom Typ her Direktor eines Gymnasiums – ein absolut widerwärtiger Nazi war, ein ungarischer natürlich, also Pfeilkreuzler oder etwas in der Art, und dem *Vitézi Rend* angehörte, dem Heldenorden, den Horthy 1920 für besonders linientreue, reaktionäre höhere Beamte begründet hatte. Zum Glück bin ich dieser grauenhaften Gestalt nur einmal begegnet, seiner Tochter Zsuzsa hingegen jeden Tag. Sie war ganz süß, ein schweres Mädel mit stämmigen Beinen, einem dicken Hintern und einem sehr hübschen, herzförmigen Gesicht. Leider hat sie meine Liebe nicht erwidert, aber immerhin mit Interesse zur Kenntnis genommen. Ihre Freundinnen haben sie immer aufgezogen: »Der Rudi ist in dich verliebt, der Rudi ist in dich verliebt ...« Diese Kröten hatten nichts anderes im Kopf, als sich über reale oder eingebildete Liebesbeziehungen das Maul zu zerreißen. In Ungarn fingen die Mädels damit viel früher an als anderswo in Europa. Vor allem mit dem Mundwerk: Darüber reden und alles totquatschen und lügen. Die eine hatte einen Kadetten, der sie verehrte, eine andere – das war übrigens Judith, das Dienstmädchen der Gergely, die ich einmal zufällig auf der Straße traf – einen Scharführer der SS; sicher erzählte sie mir das nur, um mich zu ärgern. Jedenfalls war das alles nicht wahr, aber darum ging es ihnen auch nicht. Sie wollten lediglich Kampfmethoden ausprobieren und das Feld der geschlechtlichen Liebe wie auf einer Generalstabskarte mit Fähnchen abstecken: Wer sich mit wem wie und wo einließ. Und meine Zsusza, die machte das überhaupt nicht. Die war ein bisschen schwer, sehr intelligent und nachdenklich. Wenn die anderen Mädels sagten, der Rudi liebt dich, lächelte sie in sich hinein, als müsste sie sich erst klarwerden, was das überhaupt zu bedeuten hatte. Eine gescheite Person. Ich habe sie später, als der Krieg schon aus war, noch einmal getroffen, da wechselten wir zwei, drei Worte miteinander, und beiden war klar, wir sehen uns nie wieder. Aber es hat uns irgendwie leidgetan. Zwei Halbwüchsigen, zwischen denen sich eine Stimmung auftat wie unter Erwachsenen: Wer weiß, ob wir miteinander nicht glücklich geworden wären. Aber jetzt auseinander, es hat keinen Sinn.

Dann musste ich wieder mit einem Paket losziehen, dieses Mal in einen Vorort weit draußen auf der Pester Seite. Das Rotkreuz-heim war diesseits der Donau, in Buda. Am anderen Ende der Stadt stand ein Haus mit Garten, die Bäume und Sträucher klein-bürgerlich gestutzt, ich klopfte an, und es öffnete ein sehr hüb-sches Mädchen, zart, schüchtern, mit schönen schwarzen Augen. Sie sprach leise.

»Ja, guten Abend, ja, meine Eltern sind nicht da, bitte treten Sie doch ein.«

Sie duzte mich nicht, was bedeutete, dass sie mich trotz mei-nes schäbigen Aussehens als Bourgeois registriert hatte.

»Ich kann Ihnen leider nichts anbieten. Das heißt, doch, wür-den Sie vielleicht eine Suppe essen wollen? Ein Stück Brot?«

»Ja, gerne.«

»Haben sicher Hunger.«

»Ja, hab Hunger.«

»Warten Sie.«

Sie brachte tatsächlich einen Teller Suppe.

»Mehr kann ich leider nicht ... Es ist sonst nichts mehr im Haus.«

Während ich die Suppe löffelte, war von draußen das Wum-mern der Artillerie zu hören. Sie schwieg, und ich fühlte mich verpflichtet, für Konversation zu sorgen. An der Wand neben mir hing ein Foto, darauf ein junger, ordengeschmückter Offizier der ungarischen Luftwaffe. Zwanzig Jahre, nicht älter. Leutnant.

»Ist das ein Verwandter von Ihnen?«

»Ja, das ist mein Bruder. Er ist der erfolgreichste ungarische Jagdflieger. Er hat sehr viele feindliche Flugzeuge abgeschossen. Aber wissen Sie, wir haben schon seit drei Wochen nichts von ihm gehört.«

Sag ich: »Na, die Verbindung ...«

»Ja, das meine ich auch.«

Wieder das Brodeln entfernten Kanonendonners.

»Tut mir leid, ich muss jetzt gehen.«

»Ja, Sie müssen wieder zur Straßenbahn. Auf Wiedersehen.«

»Auf Wiedersehen, ich danke Ihnen.«

Natürlich wussten wir beide, oder ahnten es, dass ihr Bruder längst tot war. Den erfolgreichsten Jagdflieger traf meistens das Schicksal, von einem noch erfolgreicheren abgeschossen zu werden. Was aus dem Mädel geworden ist, weiß ich nicht. Ich hätte mich gern in sie verliebt. Aber dafür war die Zeit zu kurz. Außerdem bot sich keine Gelegenheit, sie noch einmal aufzusuchen. Denn mit den Botengängen war es Anfang Dezember 1944, als Budapest durch einen Führerbefehl zur Festung erklärt wurde, ebenso vorbei wie mit dem Übernachten am Dachboden des Vizehausmeisterpaares. In unserem Leben trat eine Veränderung ein, die ich in ihrer Abfolge nicht mehr lückenlos rekonstruieren kann. Sicher ist, dass keine Straßenbahnen mehr fuhren, weil die Kämpfe bereits auf das Stadtgebiet übergegriffen hatten. Deshalb konnten wir eines Abends nicht mehr in die Váci utca zurückkehren und verbrachten von nun an auch die Nächte im Rotkreuzhaus. Sicher ist auch, dass die in den Schutzhäusern untergebrachten Judenkinder von einem Tag auf den andern ins Ghetto gebracht werden mussten, zu ihren Eltern, sofern sie noch welche hatten. Aber ich kann mich nicht erinnern, dabei gewesen zu sein, als unsere Mädchen abtransportiert wurden. Hat man sie in der Nacht oder am frühen Morgen geholt, während mein Bruder und ich noch in der Váci utca übernachteten? Das würde meine Erinnerungslücke erklären, aber auch bedeuten, dass der Straßenbahnbetrieb erst nachher eingestellt wurde, sonst wären mein Bruder und ich ja Augenzeugen der Verschickung geworden. Dass nicht auch wir, nachträglich oder zusammen mit den anderen Kindern, ins Ghetto gesteckt wurden, ist leicht zu begründen.

Unsere Namen standen auf keiner Liste, wir existierten offiziell gar nicht, folglich konnte auch niemand kommen und die Anordnung verlesen: »Kind Schönwald Rezső wird abgeholt, Kind Schönwald Péter wird abgeholt ...« Auf alle Fälle waren wir nun die einzigen Schützlinge im Haus des Fabrikdirektors, das jedoch bald überbelegt sein sollte.

Am Weihnachtstag gelang es der Zweiten und Dritten Ukrainischen Front unter den Heerführern Rodion Jakowlewitsch Malinowksi und Fjodor Iwanowitsch Tolbuchin, den Ring um Budapest zu schließen. Die in der Stadt verbliebenen Verbände der ungarischen Armee dachten ebenso wenig an Kapitulation wie ihre deutschen Waffenbrüder, die unter dem Kommando des SS-Obergruppenführers Karl Pfeffer-Wildenbruch standen. Der hatte sein Hauptquartier in der Königsburg von Buda aufgeschlagen und gehorchte dem Führerbefehl, Budapest bis zum letzten Mann zu verteidigen. Mittendrin im Schlamassel saßen achthunderttausend Zivilisten, unter ihnen die übriggebliebenen Juden. Und früher als erwartet, nämlich am Stephanitag, betrat der erste Soldat der Roten Armee das Rotkreuzhaus. Er trug eine Pelzmütze, steckte in einem fast unversehrten Mantel eines ungarischen Straßenbahnschaffners, hielt eine Kalaschnikow in der Hand, deutete auf fünf Kameraden, die ihm gefolgt waren, und sagte: »Russki.« So schnell, wie er gekommen war, verschwand dieser Vortrupp wieder. Nach ihm kamen andere russische Soldaten und nach diesen noch mehr, und im Lauf der nächsten sieben Wochen, denn so lange dauerte die Schlacht um Budapest an, sah ich meinem Gefühl nach die halbe Rote Armee vorbeimarschieren.

Der Frontverlauf in der Stadt änderte sich täglich, ja von einer Minute zur nächsten. Trotzdem gelang es den Deutschen nie, die Gegend um das Rotkreuzhaus zurückzuerobern. Zum Glück, meine ich, obwohl ihr Erscheinen für meinen Bruder und mich nicht unbedingt den Tod bedeutet hätte. Denn sie waren Frontsoldaten, die Dringlicheres zu tun hatten, als Judenkinder aufzuspüren, aber man konnte nie wissen. Vor allem konnte man nie wissen, ob einen nicht jemand aus der Nachbarschaft denunziert hatte. Es gab da eine Ärztin, eine Ungarndeutsche, der ich das durchaus zutraute. Sie war eine verlogene, hinterfotzige Person, nazistisch bis auf die Knochen, wer weiß, ob die nicht gesagt hätte, das sind Juden, und diejenigen, zu denen sie es gesagt hätte, wären dann mit uns abgefahren.

Aber dazu kam es nicht mehr. Die letzten Deutschen, die ich sah oder vielmehr hörte, waren zwei Soldaten, die einen sogenannten Panzerschreck mit sich führten. Es gab die Panzerfaust, die nur einmal abgefeuert und, eingeklemmt zwischen Oberarm und Rumpf, von einem Mann bedient werden konnte, und dann gab es auch den Panzerschreck, der wegen seiner Größe und seines Gewichts zu zweit herumgeschleppt werden musste. Sowohl die eine als auch die andere Waffe diente nur einem Zweck: den Stahlmantel eines Panzers zu durchschlagen, damit dessen Besatzung bei lebendigem Leib verbrannte. Ich sah die beiden Soldaten in der Dämmerung, wie sie sich zwischen den Büschen der Nachbargärten mit diesem Gerät mühsam vorwärtsbewegten, stadteinwärts, weg von den Russen, und als sie ganz nahe waren, hörte ich den einen zum andern in deutschem Akzent sagen: »Was machen wir mit dem Ding da?« Und den anderen: »Lassen wir stehen!« Hinter dem Haus haben sie es abgesetzt. Jetzt wusste ich, da steht ein Panzerschreck, und war der Überzeugung, dass sich die Russen freuen würden, wenn ich sie darauf aufmerksam machte. Das tat ich auch, entweder den Soldaten im Schaffnermantel oder einen seiner Nachfolger, wurde aber nur mit einer wegwerfenden Handbewegung bedacht: Was soll's, vergiss es.

Die Stadt lag unter ständigem Beschuss schwerer Artillerie, die scheinbar wahllos in die Gegend ballerte, die Bewohner waren gezwungen, ihr Leben in den Luftschutzkellern zu fristen. Die Kämpfe liefen von Haus zu Haus, von Keller zu Keller, von Wohnung zu Wohnung und brachten entsetzlich hohe Verluste vor allem unter der Zivilbevölkerung. Brennende Gebäude, schattenhafte Gestalten, die versuchten, sich aus dem Inferno in Sicherheit zu bringen. Verwundete Soldaten, tote Soldaten, Leichenteile, sterbende Pferde mit aufgerissenen Bäuchen, die sofort mit Messern angegriffen und tranchiert wurden. Die Versorgung mit Lebensmitteln war zusammengebrochen, aber in unserem Haus lagerten Vorräte, die aus unerfindlichen Gründen lange vorhielten. Es hatte sich noch vor dem Auftauchen der ersten Rotarmisten bis unter das Dach gefüllt, mit Familien, Ehepaaren und alleinstehenden Frauen aus der Nachbarschaft, die von den Soldaten aus ihren Wohnungen geworfen worden waren. Auch das Rotkreuzhaus sollte für das Militär freigemacht werden, was durch die Intervention eines unbekannten Vermittlers verhindert werden konnte. Es gab keinen Strom mehr, kein Gas, kein Wasser. Erst wurden alle Wachskerzen verbraucht, dann brannten Lichter mit Dochten, die in Petroleum oder anderen brennbaren Flüssigkeiten getränkt wurden, und zum Schluss verwendeten wir Talg, der aus dem Fett verendeter Pferde gewonnen wurde. Bei all den Toten, die ich gesehen habe, hat mich das Schicksal der Kriegspferde besonders erschüttert.

Im Hof des nahegelegenen großen Szent-János-Krankenhauses stand eine Batterie schwerer Granatwerfer, die in den Kampfpausen sorgfältig mit Perserteppichen aus den umliegenden Häusern zugedeckt wurden. In den Mauern klafften große Löcher, durch die ich halb verhungerte Patienten auf den Gängen herumirren sah. Das Pflegepersonal hatte anscheinend die Flucht ergriffen. Alle Donaubrücken waren gesprengt, die Beton- und Eisentrümmer lagen im Wasser. Ein schrecklicher Vorfall ereignete sich unmittelbar nach dem Eintreffen der Roten Armee: Eine junge Frau aus unserem Haus war hochschwanger, und die Wehen setzten ein. Gemeinsam mit ihrem Mann und einer Freundin versuchte sie, in der stockdunklen Nacht zu Fuß ein Krankenhaus zu erreichen. Die drei waren keine fünf Minuten vom Haus entfernt, als die Schwangere und ihre Freundin erschossen wurden. Deutsche Truppen waren noch in der Nähe, die sowjetischen Soldaten schossen auf alles, was sich bewegte. Der Mann blieb als Einziger unverletzt. Mit einem Schlag war er Witwer geworden und sein zweijähriges Kind Halbwaise.

Wer Russisch oder zumindest eine andere slawische Sprache beherrschte, war in der Regel fein heraus. Denn die Rotarmisten sehnten sich nach Ansprache. Aber dafür war Ungarn das denkbar ungeeignetste Land. Wie sollten sie sich mit den Leuten in einer Sprache verständigen, in der allein schon die einfachsten Vokabeln jeder Konversation – rechts, links, geradeaus, vorne, hinten, ja, nein, Guten Morgen, Gute Nacht, Leck mich am Arsch – Zungenbrecher waren, die aus unzähligen Vokalen und doppelt so vielen Konsonanten bestanden. Die Unmöglichkeit, sich mit den Einheimischen zu unterhalten, machte sie nervös. Wer immer jetzt auftrat und ein paar Wörter auf Serbokroatisch oder Polnisch herausbrachte, war bei ihnen wohlgelitten. Wir hatten das Glück, dass eine Dame im Haus war, die kroatische Gattin des adeligen Rechtsanwalts Kornél Balázs, die mit den russischen Soldaten radebrechen konnte. Die in unserer Gegend stationierten Rotarmisten waren während der Schlacht um Budapest ja in einer misslichen Lage: Sie schliefen in den von ihnen eroberten Häusern, marschierten frühmorgens an die Front, verschossen dort ihre Munition und kehrten am Abend zurück. Oder sie blieben von vornherein in unserer Nachbarschaft, um hier ihre Artillerie in Position zu bringen. Eines Tages quartierte sich eine Einheit auch im Rotkreuzhaus ein, hielt es aber nicht für notwendig, uns daraus zu vertreiben.

Unmittelbar vor ihrem Erscheinen hatte es einen Zwischenfall gegeben, der um ein Haar böse geendet hätte: Drei russische, mit Maschinenpistolen bewaffnete Soldaten waren mit der lautstark verkündeten Absicht ins Haus gestürmt, sich an Frauen zu vergehen. Der Hausherr, ein zweiter Mann und ich stellten uns vor die Tür zum Nebenzimmer, in das sich die Frauen geflüchtet hatten, und rührten uns nicht von der Stelle. Die drei luden ihre Schießprügel durch und richteten die Läufe auf uns. Was dann geschehen wäre, lässt sich nur vermuten, denn in diesem Moment wurde von draußen gegen das Haustor getrommelt. Jemand öffnete, und es erschien ein Offizier im Hauptmannsrang, der den drei Soldaten mit einer knappen Handbewegung zu verstehen gab, dass sie sich schleichen sollten, was sie auch eilfertig taten.

Der Ausgang dieser bedrohlichen Situation überraschte mich insofern, als ich die Hierarchie innerhalb der Roten Armee nie wirklich durchschaut hatte. Was immer ich nachher in Sachbüchern und Memoiren darüber gelesen habe, deckt sich nicht mit meinen Beobachtungen. Es gab Offiziere, die sich gegen niedrigere Chargen nicht durchsetzen konnten, und andere, die sich gegenüber noch höheren Rängen behaupteten. Es ging zu wie in den Wildwestfilmen, ein Mann musste offenbar von einer Aura umgeben sein, die einen anderen dazu brachte, ihm blind zu gehorchen, egal ob er in der Rangordnung über oder unter ihm stand. Natürlich traf das nicht auf alle Dienstgrade zu, einem Oberst wagte sich niemand zu widersetzen, aber bei einem Major oder Hauptmann war keineswegs sicher, dass er sich gegenüber seinen Untergebenen durchsetzen würde.

In diesem Fall betrat also ein Hauptmann das Haus, machte diese knappe Geste, worauf sich die drei Soldaten verkrümelten und die Frauen unberührt blieben. Er aber zog ein mit seiner Mannschaft, fünf oder sechs außerordentlich disziplinierten Soldaten, die unsere Einladung zu bleiben jedoch ausschlugen und es vorzogen, im Freien zu übernachten. Am Morgen gingen sie an die Front, am Abend kehrten sie zurück, begnügten sich mit einer Kanne Tee, verlangten nichts zu essen, interessierten sich auch nicht dafür, ob es im Keller etwas zu stehlen gäbe, und legten sich dann bei Minusgraden zum Schlafen vor das Haus. Ihr Hauptmann beachtete mich nicht, obwohl wir im selben Zimmer übernachteten, ich unter dem Schreibtisch, auf dem ein Talglicht aus Pferdefett brannte, das furchtbar stank. Vor dieser Funzel saß er nächtelang und schrieb mit Feder und Tinte ganze Hefte voll. Die Mannschaft hatte vor ihm großen Respekt. Manchmal unterhielt er sich mit der netten Frau des ebenfalls sehr netten, antifaschistischen Adeligen. Der Offizier redete russisch, sie kroatisch, und ich weiß noch, was er sagte, als ein Geschwader der Air Force, das in die Kämpfe um Budapest eingegriffen hatte, tief über uns flog: »Ja, die Amerikaner, die kämpfen da oben mit Glacéhandschuhen und überlassen uns die Drecksarbeit.« Ansonsten war er nicht besonders mitteilsam.

Eines Abends blieb er aus. »Wo ist unser Hauptmann, es wird ihm doch nichts passiert sein!« Wir waren ganz versessen darauf, ihn zurückzubekommen, denn in seiner Anwesenheit fühlten wir uns halbwegs sicher. Soviel zu erfahren war, wurde er schwer verwundet und in ein russisches Lazarett ausgeflogen. Hoffentlich hat er überlebt. Wer er war, dieser russische Offizier, der im Schein der stinkenden Funzel Heft um Heft vollgeschrieben hat, keine Ahnung.

Es wechselte. Manchmal kamen eher unangenehme Brüder,

die zu unserem Glück bald wieder verschwanden. Am besten trafen wir es mit einer Gruppe von Sträflingen aus einem sibirischen Lager, die für den Vaterländischen Krieg mobilisiert worden waren. Das waren Russen wie aus dem Bilderbuch, besser gesagt, einer Komödie von Nikolai Gogol. Soldaten ohne Dienstgrade, nicht einmal ein Feldwebel war unter ihnen. Sie liebten mich heiß, weil ich noch immer sangeslustig war und ihr einziges Vergnügen darin bestand, gemeinsam zu singen. Sooft sie abends aus dem Krieg, dem Häuserkampf zurückkehrten, sagten sie zu unserer Kroatin: »Der Rote soll in die Küche kommen, singen!« Also ging ich hinüber in die Küche und sang mit ihnen russische Volkslieder. Ob ich falsch oder richtig sang, war ihnen vollkommen egal, wichtig war nur, dass sie jemanden gefunden hatten, der sie beim Singen begleitete.

So stellte man sich russische Soldaten eigentlich nicht vor. Vollkommen harmlose Menschen, die keinen Alkohol anrührten und außerdem imstande waren, bedrohliche Situationen zu meistern. Vor allem ihr Wortführer, der Anfang vierzig und damit für einen Soldaten schon uralt war, fand sich in jeder Lage zurecht. Seine Gewitztheit rettete uns eines Tages, an dem sich die Schreckensmeldung verbreitet hatte, dass ein Major das Haus okkupiert und uns eine Frist von zwölf Stunden gesetzt habe, es komplett zu räumen. Das erzählten wir unserem Freund, dem Anführer der Soldatensträflinge:

»Da ist ein Major, der setzt uns auf die Straße.«

»Lasst mich nur machen.«

Nach Ablauf der Frist kam der Major tatsächlich angestapft, mit höchst martialischem Gehabe, und als er schon im Vorzimmer war, rief unser russischer Freund ganz laut: »Ist das Bad für den Genossen Oberst eingelassen? Genosse Oberst Schukow hat doch ausdrücklich gesagt, dass er in einer Viertelstunde baden wird!« Der Major kriegte Muffensausen, machte kehrt und ward nie mehr gesehen. Ich bete noch heute, dass unser trickreicher Wohltäter den Krieg halbwegs unbeschädigt überlebt und man ihn nachher nicht wieder nach Sibirien geschickt hat.

Die meisten Russen, mit denen wir zu tun hatten, waren vom Land, Bauern, was man ihnen auch angesehen hat. Möglich, dass der schweigsame schriftstellernde Hauptmann ein Städter war. Und einer, der wie ein Wiener Schlurf aussah – lange schwarze Haare, die Mütze schief auf dem Kopf, eine Zigarette im Mundwinkel –, stammte aus Leningrad. Er war immer hinter den Mädels her, aber nicht auf die schmierige Art, schon gar nicht unter Einsatz von Gewalt, sondern mit viel Schmäh, und deshalb hochbeliebt.

Dann gab es welche, deren Herkunft selbst ihren Kameraden schleierhaft war. Einmal saß eine Runde von Soldaten, fünfzehn vielleicht, im Wohnzimmer beisammen, sie palaverten, rauchten, tranken Tee, als plötzlich die Tür aufgerissen wurde. Ein vollkommen besoffener Rotarmist torkelte herein und begann sofort eine Rede zu schwingen. Sie hörten ihn an, fünf Minuten, acht Minuten, eine Viertelstunde lang, dann fanden sie, er habe lange genug geredet, und schoben ihn durch das Vorzimmer hinaus ins Freie. Es stellte sich heraus, dass keiner von ihnen auch nur ein Wort verstanden hatte, obwohl er trotz seiner Trunkenheit klar und deutlich gesprochen hatte. Die Rote Armee war, das wurde mir durch diesen Zwischenfall bewusst, ein Völkerbabel mit ein paar Dutzend Sprachen. Der exotischste Rotarmist, der mir in Budapest unterkam, war ein Sowjetchinese, dessen knallgelbes Gesicht unter der Pelzmütze mit dem roten Stern mir noch heute vor Augen steht.

Brot fehlte, ansonsten litten wir dank der vom Roten Kreuz angelegten Vorräte keinen Hunger. Aber die Wasserleitung war wie überall in der Stadt zerstört. Allerdings gab es in Budapest viele alte Ziehbrunnen, die mit Brettern abgedeckt und mit einer Seilwinde versehen waren. Während die Kämpfe andauerten, bildeten sich vor ihnen lange Menschenschlangen. Oft wurden sie aus der Luft angegriffen. Das Wasserholen wurde zu meiner täglichen Hauptaufgabe, so dass ich mich jeden Morgen mit mehreren Eimern und, je nach Witterung, einem Leiterwagen oder einem Schlitten auf den Weg zu einem Brunnen machte. Der, den ich meistens aufsuchte, lag in der Nähe der Hunnia-Filmfabrik, in deren Studios die von Gergely eingekleideten Schauspielerinnen Verwechslungskomödien und Liebesdramen gedreht hatten, ein anderer neben der Irrenanstalt Lipótmező, deren Patienten, wie die in den Krankenhäusern, halb verhungert und ohne Betreuung auf dem Gelände herumliefen.

Mir fiel auf, dass die Stellen, von denen Artilleriegeschosse abgefeuert wurden, binnen kurzem ins Visier des Feindes gerieten. Das hätte uns gefährlich werden können, als direkt neben unserem Haus ein Sturmgeschütz in Position gebracht wurde. Es sah aus wie ein Panzer, besaß aber keinen drehbaren Turm, so dass die Kanone durch Fahrmanöver mit dem traktorähnlichen Unterbau in die jeweils erforderliche Stellung gebracht werden musste. Kommandant der vierköpfigen Besatzung war ein etwa zwanzigjähriger Leutnant namens Boris. Nachdem er die vorschriftsmäßigen Schüsse abgegeben hatte, kam er jedes Mal zu uns ins Haus. Er war kahlgeschoren, genierte sich offenbar dafür und behielt deshalb seine Panzerkappe auf, die aus Filzwürsten und Ohrenklappen bestand, wegen des Kanonendonners und damit er sich, nehme ich an, im Innern des Sturmgeschützes nicht den Schädel blutig schlug. Sein einziges Bestreben war, mit den kleinen Kindern im Haus Schwarzer Peter zu spielen, ein Kartenspiel, das er nicht kannte und das ihm auch niemand zu erklären vermochte. Die Kinder riefen immer: »Mein Gott, Boris, du bist so dumm. Du darfst doch nicht diese Karte ausspielen!« Er verstand sie nicht, und es kümmerte ihn auch nicht, dass er am Schluss immer den Schwarzen Peter hatte. Glücklich saß er mitten unter ihnen und verlor ein ums andere Mal. Mehr wollte er nicht, als mit Kindern Karten spielen. Dann musste er wieder rausgehen, schießen oder die Position wechseln. Anschließend kehrte er zu den Kindern zurück, die jetzt natürlich schon auf ihn warteten, weil sie so einen Wurstel noch nie gesehen hatten. »Der Boris ist so dumm, der Boris ist so dumm!« Und er freute sich wie ein Schneekönig.

Einmal lud er meinen Bruder und mich zu einer Spazierfahrt mit seinem Sturmgeschütz ein, was mir deshalb in Erinnerung geblieben ist, weil ich mich am Auspuffrohr entsetzlich verbrannte. Wenn die Kinder malten, setzte er sich ebenfalls zu ihnen und zeichnete mit ihren Buntstiften immer dasselbe Sujet, das für einen Leutnant der Roten Armee einigermaßen ungewöhnlich war, nämlich russisch-orthodoxe Priester. Einen Popen neben dem andern, jeden mit großer schwarzer Mütze, orthodoxem Kreuz, langem Bart und noch längerer Kette. Er entwickelte dabei durchaus respektable Fähigkeiten. Daraufhin packte mich der Ehrgeiz, denn ich zeichnete doch auch, so dass ich mich hinsetzte und mit grünen Buntstiften ein gar nicht schlechtes Bild von seinem Sturmgeschütz samt Kanone und rotem Stern anfertigte. Ich dachte, das würde ihn freuen, aber als ich ihm die Zeichnung vorlegte, warf er nur einen flüchtigen Blick darauf, ehe er sie mit einer heftigen Handbewegung zurückwies. Lass mich damit in Frieden, sollte das wohl bedeuten. Ich will es nicht sehen.

Auch von Boris mussten wir schweren Herzens Abschied nehmen. Mit dem Sturmgeschütz, an dessen Abbild ihm nichts gelegen war, rasselte er zur nächsten Stellung. Auf ihn warteten noch viele Gefahren, denn der Krieg in Europa war erst am achten Mai zu Ende, und das alles trug sich im Januar 1945 zu.

Eines Abends versammelte sich im Nachbarhaus eine ganze Rotte russischer Soldaten. Ihr Besäufnis endete damit, dass sie in Streit gerieten, ins Freie liefen und mit Maschinenpistolen aufeinander schossen, was ich von einem Kellerfenster aus verfolgte. Sechs von ihnen blieben tot im Schnee liegen, die Überlebenden machten sich aus dem Staub. Eine halbe Stunde später erschien bei uns eine Militärstreife unter dem Kommando eines baumlangen Offiziers mit Kosakenmütze, der uns eröffnete, dass wir jetzt alle erschossen würden.

»An die Wand mit euch! Aus dem Haus ist rausgeschossen worden, von faschistischen Heckenschützen, dafür werdet ihr jetzt büßen.«

Wir beteuerten unsere Unschuld und flehten ihn an, uns am Leben zu lassen. Aber er wusste ohnehin, dass niemand aus dem Haus das Blutbad angerichtet hatte. Es ging ihm darum, für das gegenseitige Abmurksen seiner Kameraden Sündenböcke zu finden, und als solche hatte er uns auserwählt. Zu unserem Glück durchkreuzten andere Militärs seinen Plan. Wir wurden nicht erschossen, sondern lediglich dazu verdonnert, die Toten an Ort und Stelle zu begraben. Wer sie dann exhumiert und in ihre Heimat überführt hat, habe ich nie erfahren.

Die Schlacht von Budapest dauerte bis Mitte Februar 1945. Die Bilanz: hundertsechzigtausend Tote. Soldaten der ungarischen Armee waren, wenn sie sich dem Feind ergeben hatten, sofort in die Rote Armee integriert und an Frontabschnitte geschickt worden, an denen ein Überleben kaum möglich war. Am elften Februar versuchten deutsche Truppenverbände auf Befehl ihres Kommandanten Pfeffer-Wildenbruch den Belagerungsring zu sprengen, um sich zu den eigenen Linien durchzuschlagen. Das

Unternehmen, dem sich zahlreiche Zivilisten anschlossen, endete in einem Massaker unvorstellbaren Ausmaßes. Pfeffer-Wildenbruch war sich der Aussichtslosigkeit des Ausbruchsversuchs bewusst und wählte deshalb für sich und fünfhundert SS-Männer
eine eigene, weniger gefährliche Route, ehe er auch da nicht wei-
terkam und in eine nahegelegene Villa flüchtete.

Auf einem zentralen Platz von Budapest sah ich die Toten des
Ausbruchsversuchs. Die Leichen, die wie Brennholz übereinan-
dergeschichtet waren, reichten bis zu den Fenstern im ersten
Stock hinauf. Ich sah auch, wie die letzten deutschen Soldaten in
die Kriegsgefangenschaft getrieben wurden, zum Skelett abge-
magerte Jugendliche meines Alters, deren ausgemergelte Hälse
in den Kragenspiegeln der Waffen-SS steckten. Und dann sah ich
noch etwas, das mir später wie ein Traum erschien. Manchmal
gibt es Erinnerungen, bei denen man sich fragt: Habe ich das
wirklich gesehen, oder bilde ich mir nur ein, es gesehen zu haben? Der erste Tag nach dem Ausbruchsversuch, dichter Nebel,
die Pasaréti út in Buda, warum ich dort war, weiß ich nicht, da holen Soldaten der Roten Armee mit großem Hallo einen kompletten deutschen Generalstab aus dem Keller eines Hauses. Hohe
Offiziere mit Lampassen, den breiten roten Streifen, an ihren Ho-
sen, einer von ihnen mit einer Menge Orden an der Brust. Sie treiben die Männer in ihren geschniegelten Uniformen vor mir über
die Straße. Dann verschwinden alle im Nebel. Ich zweifelte später an dieser Erinnerungssequenz, bis ich in der detailreichen
Geschichte über *Die Schlacht um Budapest* des Militärhistorikers
Krisztián Ungváry sowohl den Ort als auch die Witterungsver-
hältnisse an dem Tag beschrieben fand, an dem Pfeffer-Wildenbruch samt seinem Stab festgenommen wurde. Ich war also dabei, als dieser Unhold sich der Roten Armee ergab, die ihn in ein
sowjetisches Kriegsgefangenenlager verschickte. 1955 kehrte er

nach Westdeutschland zurück, wo er, ohne für seine Taten je zur Rechenschaft gezogen zu werden, mit vollen Pensionsbezügen bis zu seinem Tod im Januar 1971 ein recht gemütliches Leben führte.

Der Kampf um Budapest war zu Ende. Das bedeutete nicht mehr, als dass wir im Moment der größten Sorge ledig waren. Die Russen fingen jetzt an, Männer einzufangen, die keine Soldaten gewesen waren, junge, ganz alte, um sie zu Hilfsarbeiten heranzuziehen. Das hieß *Malenkij robot*, kleine Arbeit, ein geflügeltes Wort in Ungarn, noch heute. Also Kisten schleppen, Möbel tragen, beim Plündern helfen, den Garten umgraben, Tote bestatten, Autoreifen stapeln, was weiß ich, und am Abend durfte man nach Hause gehen. Daran gewöhnte man sich. Man ging in der Früh Wasser holen, und irgendein Russe rief einem zu: *Malenkij robot*, worauf man hinter ihm hertrottete, den Tag über für ihn schuftete, ein paar Zigaretten geschenkt oder was zu essen bekam, und wenn die Drecksarbeit getan war, durfte man nach Hause gehen. Ich wurde mehrmals zu solchen Einsätzen mitgenommen, das war Routine, war man halt einen Tag irgendwo und tippelte am Abend wieder heim, immer noch in das Rotkreuzhaus des mittlerweile erschlankten Fabrikdirektors und seiner Familie.

Am sechsten März jedoch kehrte ich am Abend nicht zurück. Völlig unerwartet hatte die letzte deutsche Offensive des Zweiten Weltkriegs begonnen. Deutsche Truppenverbände standen noch am Plattensee und wurden jetzt mit Stoßrichtung Budapest in Bewegung gesetzt, um den Vormarsch der Roten Armee auf Wien aufzuhalten und sogar die ungarische Hauptstadt zurückzuerobern, eine Irrsinnsidee, aber die Welt war damals überhaupt ein einziges Irrenhaus, und das deutsche Oberkommando so etwas wie die Generaldirektion des Irrenhauses. Dessen ungeachtet war die Rote Armee von diesem Vorstoß überrascht und ließ in Windeseile Schützengräben und Panzersperren im südwestlichen Umfeld von Budapest errichten. Zu diesem Zweck wurden in der Stadt Zivilisten eingefangen, außer mir noch Hunderte andere, in Viererreihen aufgestellt und aus Budapest hinausgeführt. Wir hatten selbstverständlich nur das, was wir am Leib trugen, also keine Ersatzunterhose, keine Zahnbürste, kein Essgeschirr, kein zweites Paar Schuhe, das einem die Russen ohnehin weggenommen hätten. Ja, einen Spaten oder Pickel bekam jeder in die Hand gedrückt, und sobald er bei der Schanzarbeit kaputtging, erhielt man sofort einen neuen ausgehändigt, was angesichts der russischen Schlamperei recht ungewöhnlich war und nichts anderes bedeutete, als dass die sowjetischen Kommandostellen durch das Manöver des Feindes in Panik geraten waren.

März 1945 also. Nach einem ungewöhnlich warmen Februar gab es einen Kälteeinbruch mit fünf, sechs Grad unter Null, immer wieder schneite es, und der Boden war gefroren, was das Graben unendlich erschwerte. So weit sind wir aber noch nicht, denn am ersten Tag wurde nur marschiert. Wer damals zu Fuß durch Ungarn zog, kam zuerst durch ein ungarisches Dorf, dann durch ein slowakisches, ein paar Kilometer weiter durch ein deutsches und dann wieder durch ein ungarisches. Ein merkwürdiges Land, mit so vielen verschiedenen Volksgruppen, die noch Jahrhunderte nach ihrer Ansiedelung unter sich blieben. In einer dieser Ortschaften, einem Schwabendorf, durften wir eine Rast einlegen, während der ich mich etwas abseits von den anderen Zwangsarbeitern auf die Umfassungsmauer des Dorfbrunnens setzte.

Offenbar muss ich mit meinen sechzehn Jahren ein klägliches Bild abgegeben haben, denn als wir weitermarschierten, lief eine alte Bäuerin in einem langen schwarzen Kittel neben uns her und rief: »Wo ist der Bub, der am Brunnen gesessen ist?« Ich dachte nicht daran, mich zu melden, aber ein Ungar zeigte mit dem

Finger auf mich, worauf sie trotz der Drohungen und Schläge, mit denen die russischen Aufseher sie davon abzuhalten versuchten, in unsere Kolonne eindrang, um mir einen Brotwecken und ein Stück Wurst in die Hand zu drücken. Wie ein Wolf stopfte ich mir möglichst viel davon in den Mund, den Rest verschlangen meine Nebenmänner, während die Frau beim Davonlaufen neuerlich geprügelt wurde.»Der Bub, der am Brunnen gesessen ist...« Die Schläge mit den Gewehrkolben, die sie für ihn auf sich genommen hat. Möge sie in den Himmel kommen, dachte ich.

Es war schon dunkel geworden, als wir unser Ziel erreichten, ein kleines Weinhauerdorf, wo wir im riesigen Meierhof einer landwirtschaftlichen Genossenschaft oder Versuchsanstalt einquartiert wurden. Es gab weder Decken noch Pritschen oder Strohsäcke, und wahrscheinlich wären alle Gefangenen über kurz oder lang erfroren. Aber der Zufall wollte es, dass die Bibliothek der Technischen Hochschule von Budapest wegen der Bombenangriffe just in dieses hallenartige Gebäude ausgelagert worden war. Wir entzündeten mehrere Lagerfeuer – der Rauch konnte durch Maueröffnungen unterhalb des Dachstuhls gut abziehen – und nährten sie mit dem einzigen Brennmaterial, das uns in rauen Mengen, nämlich in mannshohen Bücherstapeln, zur Verfügung stand. An eines der Bücher, das ich ins Feuer warf, erinnere ich mich noch, es war mit Abbildungen von Dampfmaschinen, Elektromotoren und Hubschrauberpropellern reich illustriert. Als Verpflegung gab es für jeden einen halben Schöpflöffel von der Wassersuppe, die in Benzinfässern gekocht wurde und auch so schmeckte, manchmal fand ein Glückspilz wie ich eine Kartoffel, die er in der heißen Glut des Papierfeuers briet. Eine gespenstische Atmosphäre, fluchende Rotarmisten an den Fässern, vor ihnen Schlangen von ausgehungerten, zusehends erschöpften, von Höllenflammen umloderten Gestalten, denen es binnen zehn

Nächten gelang, den Bibliotheksbestand der Technischen Hochschule bis auf das letzte Buch zu verheizen.

Mit einem meiner Leidensgefährten konnte ich mich auf Ungarisch ganz gut verständigen. Er erzählte mir, dass er in einem Budapester Theater ein Stück des nordamerikanischen Dramatikers Thornton Wilder inszeniert hatte, *Our Town*, das in Ungarn schon damals und nach dem Krieg auch bei uns unter dem Titel »Unsere kleine Stadt« aufgeführt wurde, und tatsächlich erinnerte ich mich, auf Budapests Straßen Plakate der Aufführung gesehen zu haben. Untertags war an ein Gespräch nicht zu denken. Da waren wir von früh bis spät damit beschäftigt, ein paar Kilometer hinter dem Dorf Schützengräben auszuheben. Der Kräfteverschleiß, der Hunger, die Eiseskälte und dazu noch die Grausamkeit, mit der sich besonders die ungarischen Einheiten innerhalb der Roten Armee hervortaten, waren schuld daran, dass bei diesem Einsatz so viele Menschen zugrunde gingen. Auch für den Regisseur des Budapester Theaters kam der Moment, an dem er mit seinen Kräften am Ende war. Daraufhin erschlug ihn ein Posten mit dem Gewehrkolben.

Im Grunde standen uns nur zwei Möglichkeiten offen, entweder bis zum körperlichen Zusammenbruch weiterschuften oder im Schutz der Dunkelheit einen Fluchtversuch wagen, was äußerst riskant war, weil die Russen in der Nacht auf alles schossen, was sich bewegte, und die ganze Gegend zerniert hatten. Außerdem behaupteten sie jeden Morgen, dass wir heute zum letzten Mal zur Arbeit ausrückten, am nächsten Tag würden wir entlassen. Eine dicke Lüge, die von uns auch als solche erkannt wurde, an die wir uns aber trotzdem klammerten. Jedenfalls war auch ich nahe daran, draufzugehen. Dabei habe ich eine Eigenart, die sich mehrmals in meinem Leben als unschätzbarer Vorteil erwiesen hat, dass ich nämlich bei körperlicher Anstrengung ganz fürchterlich schwitze, nicht nur unter den Achseln, wo es keiner sehen kann, sondern dass mir der Schweiß buchstäblich in Strömen von der Stirn fließt. Das war schon damals der Fall, und deshalb stellte mich ein russischer Posten den anderen Zwangsarbeitern als leuchtendes Vorbild hin. »An dem Burschen könnt ihr euch ein Beispiel nehmen!« Ich hackte und schaufelte wie verrückt, einerseits, um misslaunigen Aufpassern keinen Anlass zu bieten, mich wegen Arbeitsverweigerung umzubringen, zum andern, weil ich mich vor dem eiskalten Wind möglichst schnell und tief in die Erde wühlen wollte. Tatsächlich müssen Einheiten der SS sich bis auf ein paar Kilometer unseren Schützengräben genähert haben, denn aus der Ferne war immer wieder das Rattern von Maschinengewehren zu hören, und gleich neben uns gab es eine Wiese oder Lichtung, die schon im feindlichen Einschussgebiet lag. Das hielt den Soldaten, der wegen meiner Schweißausbrüche einen Narren an mir gefressen hatte, nicht davon ab, lachend durch das Schussfeld zu robben, weil er mich für meinen Arbeitseifer belohnen wollte. Nach einer Stunde kam er zurück, den Stahlhelm angefüllt mit einer kalten Fleischsuppe, der einzigen halbwegs sättigenden Mahlzeit, die ich während des ganzen Arbeitseinsatzes erhielt.

Nach dem Aufenthalt in der Meierei, die sich mit meiner Beihilfe in ein Bücherkrematorium verwandelt hatte, arbeiteten wir uns über mehrere Stationen immer weiter von Budapest fort. Niemand kam mehr auf die Idee, uns eine baldige Entlassung in Aussicht zu stellen. Alle Zeichen standen danach, dass wir uns von Zwangsarbeitern in Kriegsgefangene verwandelten, die dann zu Tausenden in die Sowjetunion transportiert wurden. Eines Abends überkam mich auf dem Rückweg von der Arbeit ein Schwächeanfall, ich fiel in eine Schneewehe und verlor mit dem durchaus angenehmen Gedanken, dass es mit der Plagerei endlich vorbei sei, das Bewusstsein. Ich wäre an Ort und Stelle erfroren, wenn mich nicht bald darauf russische Soldaten gefunden und wachgerüttelt hätten. Sie schleppten mich in eine Scheune, setzten mich an eine Feuerstelle und brachten mir eine Suppe und ein Stück Brot. Die Nacht meiner Auferstehung war eine der furchtbarsten überhaupt, denn im selben Raum waren slowakische Bäuerinnen einquartiert, die ebenfalls zur Zwangsarbeit verpflichtet worden waren und nun in meinem Beisein vergewaltigt wurden. Es half ihnen nichts, dass sie sich, in ihrer Sprache, den Russen durchaus verständlich machen konnten. Sie schrien herzzerreißend, während ihnen Gewalt angetan wurde, und ich saß mittendrin und schaute weg.

Am nächsten Tag – inzwischen war es Ende März geworden und immer noch sehr kalt – fanden die Slowakinnen aus dem Dorf offenbar einen einsichtigen Hauptmann oder Major, der sich ihrer Auffassung anschloss, dass sie mehr als genug durchgemacht hätten, und sie kurzerhand nach Hause entließ. Ich sah, wie ein Tor in der Umzäunung geöffnet wurde und die Frauen tatsächlich hinausmarschieren durften, und plötzlich kam mir der Gedanke, mich ihnen anzuschließen. Es entstand ein Loch in der Bewacherkette, durch das ich mich blitzschnell in ihre Reihen schwindelte. Der Posten am Tor war ein junger Russe, ungefähr in meinem Alter, der mich anschaute, natürlich sah, dass ich keine Frau war, mir aber mit einer Kopfbewegung bedeutete, weiterzugehen. Hau ab, du machst es ohnehin nicht mehr lang, sollte das wohl heißen.

Im Dorf sah ich hinter einem Fenster einen Schuster sitzen, der fleißig sowjetische Offiziersstiefel besohlte, ging hinein in die Werkstatt und sagte ihm, dass ich geradewegs aus dem Gefangenenlager käme.

»Wo bin ich hier überhaupt?«

»In Sóskút.«

»Wie weit ist es nach Budapest?«

»Ungefähr dreißig Kilometer. Die Dorfstraße hinunter und dann immer geradeaus. Aber schlag dir das aus dem Kopf. Nach fünf Kilometern kommt die erste Kreuzung, da steht russische Militärpolizei, die schickt dich sofort wieder zum Arbeitseinsatz. Besser, du gehst zurück ins Lager, das erspart dir zusätzlichen Ärger.«

Zurück bringen mich keine zehn Pferde, dachte ich, da kann ich mich gleich in den Friedhof legen. Als ich schon im Begriff war wegzugehen, hielt mich der Schuster zurück. Offenbar hatte er meine Gedanken gelesen.

»Warte«, sagte er, »wenn dir schon nicht zu helfen ist, dann sollen sie dich wenigstens nicht mit leerem Magen einfangen.«

Er brachte mir einen Topf, randvoll mit Suppe gefüllt, die ich gierig auslöffelte. Dann machte ich mich in die angegebene Richtung auf den Weg, auf wunden Füßen und in kaputten Schuhen.

Nach einer Stunde kam die erste Straßensperre in Sicht. Es war genau so, wie der Schuster gesagt hatte. Kreuzung, Maschinengewehr, Militärpolizei, rote Fähnchen. Einer jähen Eingebung folgend mimte ich einen Dorftrottel. Die Überlegung dahinter war, dass Idioten – oder Menschen, die wegen einer schweren Krankheit oder Behinderung für solche gehalten wurden – als absolut harmlos galten und jedermann klar war, dass sie sich zu keiner Arbeit eigneten. Ruckartig, mit steifen Beinen, eng an den Hals gezogener Schulter, einwärts gedrehtem Unterarm und abgewinkelten Handgelenken stelzte ich direkt auf die Soldaten zu, wobei ich den Kopf schief hielt, Speichel aus dem Mund tropfen ließ und unverständliches Zeug lallte. Die Rolle, die ich in meiner Not spielte, gelang mir wirklich burgtheaterreif. Allerdings bedurfte es aufgrund meiner körperlichen Verfassung keiner großen Schauspielkunst, um den Russen einen arbeitsunfähigen Dorftrottel vorzutäuschen. Sie lachten, hauten mir auf die Schulter und ließen mich weiterziehen.

Auf die gleiche Art überwand ich noch zwei, drei andere Kontrollposten. Aber dann kam ein Straßenstück, an dem ich die Orientierung verlor. Geradeaus ging's nicht mehr weiter. Sollte ich mich jetzt links oder halbrechts halten? Oder zur letzten Abzweigung zurückgehen, weil ich mich verlaufen hatte? Zum Glück stieß ich auf eine Gruppe von fünf, sechs ortskundigen Ungarn, die ebenfalls geflohen waren und nun versuchten, sich querfeldein nach Budapest durchzuschlagen. Ich schloss mich ihnen an. Wir gerieten auf ein Schlachtfeld mit Dutzenden zerschossenen Panzern, aus deren Luken halbverbrannte Leichen hingen. Zwischen und hinter ihnen, im angrenzenden Waldstück, lagen zu Hunderten gefallene Infanteristen in deutschen und ungarischen Uniformen. Manchen fehlten die Arme oder die Beine oder auch die Köpfe. Mein einziges Interesse galt ihrem Schuhwerk, deshalb zog ich die Beinlosen von vornherein nicht in Betracht. Ich träumte von glatten, weichen ungarischen Offiziersstiefeln, hätte mich jedoch mit jedem anderen Paar Stiefeln oder Schnürschuhen zufriedengegeben, denn von meinen Schuhen war nur das Oberleder übriggeblieben. Aber meine Sehnsucht erfüllte sich nicht. Nicht ein Toter hatte noch Stiefel an, nur Socken oder Fußlappen, dafür hatten schon vor mir russische Soldaten gesorgt, die ja selbst schlecht ausgerüstet waren.

Bei Einbruch der Dunkelheit erreichten wir einen Vorort von Budapest, den ich von meiner Zeit bei Gergely kannte. Dort zerstreute sich unsere Gruppe, und ich humpelte allein weiter. Ich trug immer noch meine Schirmmütze, nur war der Druckknopf abgerissen, so dass mir der Schirm ständig über die Augen rutschte. Auf der Straße kamen mir Rotarmisten in Marschformation entgegen, eine Kolonne nach der andern, und aus jeder zweiten oder dritten trat ein Soldat, lief auf mich zu und schob meine Mütze nach oben. Dabei brummte er etwas, das wie »Gitler« klang. Hitler also, Russen können das H nicht aussprechen. Ich vermochte mir ihr Interesse an meinem äußeren Erscheinungsbild nicht zu erklären, bis mir allmählich dämmerte, dass ich sie mit meiner tief in die Stirn fallenden Mütze an die Karikaturen in den russischen Zeitungen erinnerte, auf denen Hitler immer eine riesige Kappe trug, die von seinem Gesicht gerade nur das gestutzte Bärtchen frei ließ. »Schaust aus wie der Gitler. Nix, Mütze so!« Na gut, von da an wusste ich, ich muss mir die Mütze in den Nacken schieben, sonst verwechseln sie mich wirklich noch mit dem Führer.

Die Freude im Rotkreuzhaus war groß. Mein Bruder bekam feuchte Augen, die Mädchen fielen mir um den Hals, und auch die Erwachsenen waren gerührt, mich wiederzusehen. Mit meiner Rückkehr hatten sie nicht mehr gerechnet. Ich war in einem elenden Zustand, wog nur noch einundvierzig Kilo und hatte vereiterte Füße, was mir leicht zum Verhängnis hätte werden können. Aber zum Glück rückte die widerliche ungarndeutsche Ärztin Salben und Tinkturen heraus, durch die ich wieder auf die Beine kam. Unser erster gemeinsamer Ausgang führte meinen Bruder und mich in die Andrássy út, in die arg beschädigte Wohnung von Tante Jani und ihrem Mann, von denen wir erfuhren, dass auch die alte Gergely die Schlacht von Budapest überlebt hatte, dann in die Váci utca, auf den Dachboden des Vizehausmeisters, der leider nicht mehr am Leben war. Russische Soldaten hatten Herrn Mensik dort oben aufgestöbert und zum Minensuchen mitgenommen. Ein Himmelfahrtskommando. Umgekommen war auch der warmherzige vierzehnjährige Sohn des Hausmeisters vom Nebenhaus. Er war von Granatsplittern schwer verwundet worden und auf meiner Bettdecke verblutet. Von den Besitztümern, die mein Bruder und ich auf dem Dachboden zurückgelassen hatten, waren außer der blutverkrusteten Decke nur zwei österreichische Lederhosen übriggeblieben. Wir zogen sie sofort an.

Die Schutzhäuser wurden, soweit sie noch existierten, aufgelöst und durch ein zentrales Rotkreuzheim für versprengte Kinder und Jugendliche ersetzt. Es bestand aus drei ausgeplünderten, nun mit Betten und anderem Mobiliar ausgestatteten Villen im Eigentum der jüdischen Industriellenfamilie Weiss, Nachfahren des berühmten Barons Manfréd Weiss, die sich mit Millionenbeträgen und einer wertvollen Kunstsammlung von den deutschen Behörden freigekauft hatten und nach Portugal emigriert waren. Geleitet wurde das Heim von Gábor Sztehlo, verwaltet von Diakonissen, die uns – das Oxymoron sei mir gestattet – mit strenger Nachsicht behandelten. Wir führten bei ihnen ein ruhiges Leben. Schulbeginn war erst im Herbst, und von den Nachhilfestunden für die Heimkinder, mit denen die Zeit bis dahin überbrückt wurde, waren mein Bruder und ich wegen unserer dürftigen Ungarischkenntnise dispensiert. Sztehlos pädagogisches Konzept sah vor, dass jedes Kind eine bestimmte Aufgabe für die Gemeinschaft übernehmen sollte. Wir meldeten uns dazu, die Bibliothek zu ordnen, an der sich weder russische Soldaten noch einheimische Plünderer vergriffen hatten. Fast alle Bücher standen unbeschädigt in den Regalen. Von der selbstgewählten Aufgabe überfordert, setzten wir uns in den Garten, in die Sonne, und nahmen uns der Reihe nach die deutschen Erstausgaben von Gogol, Dostojewski und natürlich Thomas Mann vor, von dem wir wussten, dass er über zwei Ecken – seine Frau Katia war eine geborene Pringsheim – mit uns verschwägert war.

Das Essen war mehr als kümmerlich. Tagaus, tagein Erbsen-

125

suppe. Obenauf schwammen tote Würmer, ein Tatbestand, der von den Diakonissen empört in Abrede gestellt wurde. Zum Brotholen wurden immer zwei Buben mit einem großen Wäschekorb zu einer einsam gelegenen Bäckerei geschickt, was mir, wenn ich an der Reihe war, zu einer Sonderration verhalf, die ich gierig verschlang. Hin und wieder musste ich mit einem Pferdekarren auch in die Stadt fahren, um dort Mehlsäcke für unser Heim aufzuladen. Ich gewöhnte mir an, es nie ohne Essgeschirr zu verlassen. Denn manchmal richtete die Rote Armee aus Mitleid mit der hungernden Zivilbevölkerung öffentliche Suppenküchen ein, und ohne Henkelmann war man aufgeschmissen.

Von den Diakonissen abgesehen, waren im Rotkreuzheim noch etliche andere Erwachsene einquartiert, deren Funktion mir in den meisten Fällen nie klar wurde. Die Einzige, zu der mein Bruder und ich Vertrauen fassten, war eine elegante, bildhübsche ungarische Aristokratin, von der ich nur den Vornamen, Xenia, behalten habe. Sie war Mitte dreißig, sprach perfekt Deutsch und erzählte uns aus ihrem bewegten Leben, während wir unter ihrer Anleitung die Kinder versorgten, die bis zur Befreiung in Verschlägen oder Kellerlöchern versteckt gewesen waren. Auf ihren von Krätze befallenen Köpfen hatten sich Geschwüre gebildet. Wir reinigten die Wunden so gut wir konnten, ehe die Frau sie mit einer Salbe aus Schwefel, Kreide und Teer bestrich, die den Juckreiz minderte und die Milben abtötete. Fast alles, was Frau Xenia uns erzählte, fiel unter das Verdikt »Für Jugendliche unter sechzehn Jahren nicht geeignet«. Das ahnten wohl auch die geistlichen Schwestern, die es höchst ungern sahen, dass wir ihr wie zwei Adjutanten überallhin folgten. Freimütig erzählte sie uns von ihren einschlägigen Abenteuern als kostspielige Kokotte, die in ihrem luxuriösen Hotelzimmer hochgestellte Persönlichkeiten empfangen hatte, darunter den Rechtsanwalt Dr. Petru Groza, einen reichen Lebemann, der inzwischen zum Ministerpräsidenten Rumäniens aufgestiegen war. Möglich, dass die detailfreudigen Schilderungen ihrer Amouren sich nachteilig auf unser Frauenbild auswirkten; trotzdem bin ich überzeugt, dass uns die Begegnung mit dieser liebenswerten und gescheiten Frau mehr Nutzen als Schaden gebracht hat.

Das Rotkreuzheim war ständig in Geldnöten. Deshalb wurde ein zur Villenanlage gehörendes Nebengebäude für Wochenendseminare vermietet, und zwar abwechselnd an die Sozialdemokratische Jugend Ungarns und an den Ungarischen Demokratischen Jugendverband MÁDISZ – *Magyar Demokratikus Ifjúsági Szövetség* – der Kommunisten. Das interessierte mich natürlich, und so trieb ich mich sowohl bei den einen als auch bei den anderen herum. Die Sozialdemokraten kamen, kräftige Burschen und hübsche Mädchen, spulten in Rekordzeit ihr Schulungsprogramm herunter, das so simpel war, dass sogar ich mit meinem Kuchlungarisch den Referaten folgen konnte, sprangen dann in den Swimmingpool, tranken Bier in rauen Mengen, sangen gegen Mitternacht beschwipst die Internationale und verschwanden anschließend paarweise in ihrem Matratzenlager. Als ich am Morgen darauf nachschauen ging, fiel mir auf, dass sich während der Nacht neue Paarungen ergeben hatten. Lebensfroh und unbeschwert, den sinnlichen Genüssen zugetan, das waren, meinem Eindruck nach, die Sozialdemokraten.

Ganz anders die Mitglieder der MÁDISZ, der kommunistischen Jugend. Statt Bierkisten schleppten sie Stöße von Papieren, Broschüren und Büchern an. Magere blasse Gestalten, viele Brillenträger unter ihnen, die stundenlang diskutierten, und zwar auf einem Niveau, dem ich nun wirklich nicht folgen konnte, was nicht nur an meinen beschränkten Sprachkenntnissen lag, sondern auch an meiner politischen Unwissenheit. Jetzt rächte sich, dass ich in meinem letzten Lager keine Gelegenheit mehr vorgefunden hatte, mir die in Aussicht gestellten Grundzüge des Marxismus-Leninismus anzueignen. Ich seh noch das schwarzhaarige Mädel vor mir, im Blauhemd, das bei den Sitzungen Protokoll führte: ruhig, konzentriert, von der Bedeutung der von ihr verschriftlichten Thesen und Standpunkte überzeugt. Ich war beeindruckt. Das sind also nicht solche Wichte wie die Sozis, die nichts weiter im Kopf haben als ihr Vergnügen, dachte ich. Kaderschulung, wer weiß, ob unter diesen ernsthaften, vielleicht auch fanatischen Jungkommunisten, die sich der Sache des Sozialismus mit Haut und Haaren verschrieben hatten, nicht welche dabei waren, die nach der kommunistischen Machtübernahme 1948 in Ungarn eine führende Rolle spielen sollten, im Guten wie im Bösen.

In einer anderen Dependance des Rotkreuzheimes hatte sich ein hoher amerikanischer Funktionär eingenistet, vielleicht der Konsul oder der oberste Vertreter der USA in der Alliierten Kontrollkommission. Er hatte sich einen eigenen Reitstall eingerichtet, um den sich ein waschechter Cowboy aus Texas oder Czernowitz kümmerte, und war den ganzen Tag von Geschäftemachern umlagert, die seine Aufträge mit großer Beflissenheit ausführten. Ein gutes Beispiel dafür, wie es damals, nur wenige Wochen nach Kriegsende, in dieser zerstörten, verarmten, zugleich vor Leben pulsierenden Stadt zuging.

Budapest war im Jahr 1945 eine Stadt der Extreme; man sah Geschäfte, die vollgeräumt waren mit den teuersten Delikatessen, und vor ihren Auslagen Menschen, die vor Hunger ohnmächtig wurden. Es verging keine Nacht, in der nicht sämtliche Alarmglocken läuteten, Hilferufe zu hören waren, Leute zusammenliefen, um russische Soldaten zu verscheuchen, die gerade dabei waren, eine Wohnung oder ein ganzes Haus auszuräumen. Dann rasten Streifenwagen der Militärpolizei durch die Stadt, die nie zur Ruhe kam.

Budapest hatte einen sehr fähigen Bürgermeister, Zoltán Vas, der einer reichen jüdischen Familie entstammte, schon als Jugendlicher der Kommunistischen Partei beigetreten war, mehr als vierzehn Jahre in Horthy-Gefängnissen verbracht hatte und im Oktober 1944 als Offizier der Roten Armee aus dem sowjetischen Exil nach Ungarn zurückgekehrt war. In Anlehnung an die von Lenin und Trotzki in den zwanziger Jahren praktizierte Neue Ökonomische Politik rief er den freien Markt aus. Das hatte zur Folge, dass die Bauern, die ja immer noch Nahrungsmittel gehortet hatten, obwohl sie zuerst von der Wehrmacht und dann von der Roten Armee ausgeplündert worden waren, ihre Ernteerträge nicht zurückhielten, sondern zu Höchstpreisen anboten und auch loswurden. Ein Großteil der Budapester Einwohner wurde dadurch vor dem Verhungern bewahrt. Andererseits traten die sozialen Gegensätze krass hervor. Wer im Reigen von Angebot und Nachfrage nicht mithalten konnte, weil er nichts zu verkaufen hatte, war auf die Gulaschkanonen der Besatzer angewiesen. Oder er postierte sich mit einer Zimmerwaage an der Pontonbrücke über die Donau, auf der Passanten für einen Pengő ihr Gewicht messen konnten, oder klaubte den ganzen Tag Glasscherben auf und verkaufte sie am Abend für fünfzehn Pengő. Davon konnte er sich was zu essen kaufen, ein paar Paprika oder Kraut oder wurmstichige Erbsen wie die, die uns jeden Tag im Rotkreuzheim vorgesetzt wurden.

Budapest, die Stadt der Gegensätze. Ich erinnere mich noch an ein funkelnagelneues, elegant eingerichtetes Uhrengeschäft im Stadtzentrum mit dem Schild »Fischmann David«. Wer dort einkaufte, dem konnte es passieren, dass ihm die Uhr ein paar Meter weiter von einem Russen abgenommen wurde. Aber der Laden selbst wurde nicht ausgeraubt, offenbar hatte sich Herr Fischmann, der im Ghetto oder in einem Konzentrationslager überlebt hatte, durch Schutzgelder und Gegengeschäfte abgesichert. Man konnte in Budapest im Jahr 1945 überhaupt alles kaufen, vom abgerissenen Schuhband bis zum aufgetankten viermotorigen amerikanischen Bombenflugzeug, vorausgesetzt, man hatte Geld, Dollars natürlich oder Goldmünzen, Napoléons d'or, die besonders begehrt waren. Es wurde gehandelt und spekuliert, es wurden Börsengeschäfte unter freiem Himmel abgewickelt. Und gleichzeitig gab es eine soziale Aufbruchsstimmung, die vor allem von den Kommunisten getragen wurde. Ich sympathisierte durchaus mit ihrem Bestreben, für immer Schluss zu machen mit der politischen Knebelung durch die Konservativen und die Landbesitzer, die ihre Bediensteten drangsalierten, und die nichtsnutzigen Edelmänner mit den Husarenschnüren auf ihren Wämsern. Überall in der Stadt brodelte und gärte es, und an ihrem Rand, gar nicht weit vom Haus des Fabrikdirektors, lebten mein Bruder und ich in den Tag hinein und wussten immer noch nicht, wie es mit uns weitergehen würde.

Bis ich eines Sommernachmittags auf der Wiese vor einer der Villen stand und meinen früheren Klavierlehrer aus Wien, den Herrn Friedrich, auf mich zukommen sah. Das allein war schon eine Riesenüberraschung, denn jeden anderen hätte ich erwartet, nur nicht diesen Unglücksraben, den ich mit meinen Etüden zur Verzweiflung gebracht hatte. Ehe er mir noch verriet, dass er den Krieg als U-Boot in Ungarn überlebt hatte und jetzt als Schleichhändler zwischen Budapest und Wien unterwegs war, überbrachte er mir die wirklich große, folgenreiche Nachricht: »Eure Mutter lebt! In der Billrothstraße, bei eurer arischen Großmutter.« Er habe sie in Wien getroffen, sie sei, so weit gesund, aus einem deutschen KZ zurückgekehrt und habe ihn gebeten, in Budapest

Erkundigungen über uns anzustellen, uns gegebenenfalls ausfindig zu machen und eben dies mitzuteilen: dass sie am Leben sei und auf uns warte.

Ihr letztes Lebenszeichen war der Brief gewesen, den sie aus dem Deportationszug geworfen hatte. Natürlich hatten mein Bruder und ich die ganze Zeit befürchtet, dass sie umgekommen war, uns jedoch bemüht, diesen Gedanken zu verdrängen. Auch nach Kriegsende war es unmöglich gewesen, uns Klarheit über ihr Schicksal zu verschaffen. Nun hatten wir es natürlich eilig, nach Wien zu kommen. Trotzdem wäre es gelogen, würde ich behaupten, dass wir Freudensprünge machten. Ein Filmregisseur würde die Szene – einem Kind wird mitgeteilt, dass die Mutter Auschwitz überlebt hat – wahrscheinlich anders inszenieren, als sie in Wirklichkeit stattgefunden hat. Die Freude war da, natürlich, sie ließ sich auf Dauer auch nicht unterdrücken, aber ich war insgesamt zu abgestumpft durch alles, was vorher geschehen war. Mitleidlos und auch apathisch, eine kleine bösartige Bestie, die zu allem imstand gewesen wäre, wenn es die Umstände erfordert hätten, und sich daran gewöhnt hatte, ohne Mutter auszukommen. Andererseits hat man als Kind – und ich war da keine Ausnahme – immer das Gefühl, dass es ein Happyend geben wird. Wenn sich dann herausstellt, es gibt keines, sucht man nach dem nächsten Happyend. Oder man glaubt an überirdische Kräfte, die schon dafür sorgen werden, dass es irgendwie weitergeht. So hatte ich immer das unterschwellige Gefühl, dass ich verschont bleibe und die anderen auch und wir wie in Brentanos Märchen von *Gockel, Hinkel und Gackeleia* alle wieder zusammenfinden, schöne, fröhliche Kinder, die auf einer grünen Wiese vor Freude in die Hände patschen. Dazu kam das Empfinden: Ich hab's verdient, dass meine Mutter lebt. Ich war schon sehr neugierig, sie wiederzusehen. Ich ehrte und achtete sie, war aber nicht ein Mutterkind in der Weise, dass zwischen ihr und mir ein reines, inniges Liebesverhältnis bestand. Auch zwischen meinem Bruder und mir gab es nicht diese Warmherzigkeit, die man unter Geschwistern finden kann. Wir waren zueinander sehr anständig, das schon. Aber ich wage nicht zu behaupten, dass wir einander über alles liebten. Dazu war ich nicht imstande. Vielleicht liegt es an meinem Naturell, weil ich ein zu kalter Fisch bin. Oder daran, dass man für fast alles im Leben, nicht nur dafür, wie man sich den Arsch auswischt, sondern eben auch für Liebe und Zärtlichkeit eine Anleitung braucht. Die war aber nicht zu bekommen, weil in der Familie, in der wir aufwuchsen, ein beträchtlicher Mangel an Geborgenheit und Fröhlichkeit und Liebe geherrscht hat.

Das lag vor allem an meinem Vater, der an einer handfesten Paranoia litt und in seinem Verfolgungswahn sowohl meine Mutter als auch deren Verwandte bezichtigte, ihn zugrunde zu richten. Wenn man ihm gesagt hätte, dass er sich das alles nur einbildet, hätte er einen Tobsuchtsanfall bekommen. Das heißt, die Anleitung zur Liebe wurde mir in diesem zerrütteten Hausstand nicht zuteil. Dazu kamen die widrigen äußeren Umstände, Judenhass und Verfolgung, in denen nur der Überlebensinstinkt zählte. Da war an eine Anleitung in Sachen Herzensbildung überhaupt nicht zu denken. Auch nicht an die, wie man eigentlich mit Gleichaltrigen umgeht. Freundschaften schließen, Freunde gewinnen. In Salzburg war das nicht möglich gewesen, das hatte mein Vater vereitelt, und in St. Blasien, wo ich beharrlich auf dieses Ziel hinarbeitete, reichte die Zeit nicht, da war nach einem knappen Jahr Schluss. Erst im Rotkreuzheim hätte es die Voraussetzungen hierfür gegeben, nur waren wir alle noch tief in unser Vorleben verstrickt.

Die Jugendlichen waren im Durchschnitt zwei Jahre jünger als ich, vierzehn oder fünfzehn, und faszinierten mich wegen ihres sonderbaren Verhaltens und weil sie so unterschiedlich waren. Ein halbverrückter Baron Sowieso. Ein Graf Zicsy, Spross eines ungarischen Adelsgeschlechts, der an Zwangsstörungen litt, seit man ihn aus den Trümmern eines zerbombten Hauses gezogen hatte, aber durchaus wusste, was er seiner Abstammung schuldete, denn während alle anderen Kinder vom Ersten-Mai-Aufmarsch von oben bis unten mit Abzeichen behängt ins Heim zurückkehrten, hatte er sich nur eine rote Nelke ins Knopfloch gesteckt. Ein jüdischer Proletarierbengel namens Steiner Bandi. Zwei Brüder, von uns nur »die Zwillinge« genannt, deren Vater als hoher Funktionär der Pfeilkreuzler gehenkt oder erschossen worden war. Sooft wir sie dazu aufforderten, sangen sie uns Pfeilkreuzlerlieder vor. Ich erinnere mich noch an den Refrain eines dieser Lieder, die sie wie Automaten, ohne Scham oder Inbrunst, abspulten: »Binde ihm ein gelbes Seil um den Hals und wirf ihn in die Donau.« Den Juden, war natürlich gemeint. Während sie sangen, fiel mein Blick auf Bandi. Seine Gesichtszüge drückten weder Hass noch Ressentiment aus. Er betrachtete die beiden nachdenklich und verwundert zugleich, mit einem inneren Kopfschütteln, als wollte er sagen: Unglaublich, was man mit Menschen alles machen kann. Diese Reaktion hat mich tief beeindruckt, viel mehr als die Gedankenlosigkeit, mit der die Zwillinge ihre entsetzlichen Lieder sangen. Der macht es richtig, dachte ich: Er poltert nicht, er schimpft nicht, er pöbelt die beiden nicht an, er sagt ihnen nicht, ihr seid die größten Arschlöcher und man sollte euch auch ein gelbes Seil um den Hals binden, sondern er wundert sich nur und begreift, dass es gar nicht die beiden Tölpel sind, die diesen Unrat hervorbringen, sondern dass irgendein Teufel aus ihnen spricht.

Dergleichen ist mir aus der Zeit im Rotkreuzheim in Erinnerung geblieben. Kinder, die sich anders gaben, als sie eigentlich waren, und dabei in falsche Rollen schlüpften, andere Kinder, die so ordinär und gemein waren, dass wir ihnen Redeverbot erteilten; wehe, wenn sie den Mund aufmachten, schon bekamen sie von uns eine geschmiert. Und ich selber war ja auch nicht besser, ein Siebzehnjähriger, der nicht einmal anständig Ungarisch sprechen konnte und mühsam lernen musste, als Mensch unter Menschen zu existieren. Sich mit anderen Leuten normal zu unterhalten, nicht länger nachzuplappern, was Erwachsene sagen, oder altklug irgendein Zeug daherzureden, das er zufällig aufgeschnappt hat. Der Übergang ins normale Leben setzte mit diesem Bemühen ein. Gleichzeitig fing ich auf einmal an, im großen Stil zu zeichnen und zu malen.

Ich hatte schon vorher russische Soldaten gezeichnet, Boris' Sturmgeschütz, Panzer, einen dummen Unterläufel des Fabrikdirektors, der von einem Russen bedroht wurde und in seiner Not auf ihn einredete. Ich hatte den Disput zwischen den beiden wie eine Szene aus *Faust* dargestellt, den Russen als Erdgeist, den Blödmann als Faust, der den andern zu beschwören versucht. Keine schlechte Zeichnung, leider ist sie mir später abhandengekommen, den Ungarn hatte ich sehr gut getroffen, auch den Russen in seiner filzgefütterten Uniform, mit Kalaschnikow, Mütze, eigentlich alles richtig beobachtet. Ferner karikierte ich das Jüdische Hilfskomitee für die Heimkehrer aus den Konzentrationslagern, das war eine besonders gehässige Zeichnung, hinten ein Plakat mit der Aufschrift »Helft den Überlebenden von Auschwitz!« und im Vordergrund ein paar ausgefressene Gestalten, die in aller Öffentlichkeit ihren Schiebergeschäften nachgehen. Dann malte ich mit künstlerischem Animo den Entwurf für ein Kirchenfenster – ich hatte einen Glasfenstertick, seit man mir als Kind ein Buch über französische Kirchenfenster geschenkt hatte –, der bei einem holländischen Heimbesucher, dem evangelischen Pastor van der Meulen, großen Anklang fand. Ich müsse unbedingt Maler werden, meinte er, und mich um einen Studienplatz an einer Kunstakademie bemühen.

Auch Tante Jani hatte mir öfter einzureden versucht, dass ich künstlerisch begabt sei. Der Kontakt zu ihr war nicht mehr so eng wie früher. Vielleicht hatte sie mit dem Gedanken gespielt, uns nach dem Krieg zu adoptieren, falls meine Mutter umkommen würde. Aber darüber war nie gesprochen worden, und zum Glück stand das auch nicht mehr zur Debatte. Tante Jani war etwas hysterisch, und ich glaube, die ganze Aufregung, zuerst unter den Pfeilkreuzlern und dann während der Eroberung von Budapest, der Tod ihres Schwagers und ihres Neffen, die verwüstete Wohnung – das alles ging über ihre Kräfte, so dass sie von uns nicht mehr viel wissen wollte. Auf einmal befürchtete sie sogar, dass wir ihr Läuse oder Flöhe ins Haus schleppten, was schon deshalb unsinnig war, weil ich mich bis auf die Zeit in Ricse nie mit ihnen angesteckt hatte. »Ja, ihr wollt nach Wien zurück.« Sie nahm die Nachricht ohne sichtbare Gefühlsregung auf. Auch ihr Mann war plötzlich kühl und unnahbar. Als wären sie froh, uns endlich loszuwerden. Erst zwanzig Jahre später, als ich sie in Budapest traf, sollte sich erweisen, dass sie sich bis in alle Einzelheiten an meinen Bruder und mich erinnerten. Da litt Tante Jani schon an Multipler Sklerose, und Kalman Szöllösy erzählte mir, dass er während des Aufstandes von 1956 Tausende Fotos gemacht hatte, die er an einem geheimen Ort aufbewahrte.

Nach allem, was meinem Bruder und mir bekannt wurde, war die Bahnfahrt nach Wien gefährlich. Gerüchte von Überfällen und Menschenraub machten die Runde. Deshalb bemühten wir uns um eine Mitfahrgelegenheit in einem Lastwagen oder einer Limousine einer von den sowjetischen Behörden anerkannten Institution. Irgendwer wird mit uns armen Flüchtlingen doch Erbarmen haben. Die Hoffnung erwies sich als Illusion. Die Organisationen, die eigentlich jüdischen KZ-Heimkehrern und Displaced Persons beistehen sollten, waren von einer unverschämten Aufgeblasenheit und ihre Funktionäre hauptsächlich mit Schleichhandel und Reichwerden beschäftigt. Nachdem wir aus ihren Büros rasch hinauskomplimentiert worden waren, wollte uns Vali Rácz weiterhelfen. Ihr damaliger Freund und Beschützer war ein schnurrbärtiger, etwas spitzbäuchiger bulgarischer General. »Der nimmt euch in seinem Dienstwagen sicher mit«, meinte sie, »er hat ja alle naselang in Wien zu tun.« Im Resselpark, nehme ich an, wo er auf dem Schwarzmarkt tonnenweise ungarische Salami und Zigaretten verhökert haben wird. Natürlich sah er sich zu seinem Bedauern außerstande, zwei immer noch abgerissene Jugendliche männlichen Geschlechts nach Wien zu kutschieren. Ja, wenn wir hübsche Mädchen gewesen wären!

Unsere dritte Anlaufstelle war die US-amerikanische Militärmission. Eine solche gab es in Budapest, sie wurde von den Russen gehasst, weil sie aus frisch geduschten, gutriechenden, in erstklassigen Uniformen steckenden Offizieren bestand, die mit dem Verführen und Vernaschen ungarischer Baronessen mehr als beschäftigt waren und auf dem nächtlichen Heimweg von den Rendezvous aus Neid von ihren sowjetischen Waffenbrüdern verdroschen wurden.

Ich sehe sie noch vor mir, die amerikanischen Flieger in ihren Lederjacken, patzig, lässig, die Füße auf dem Tisch, gut versorgt mit Zigaretten und Seife und Bohnenkaffee und so naiv, dass ihnen gar nicht auffiel, wie privilegiert sie eigentlich waren. Jedenfalls hatten auch die Amerikaner kein Interesse daran, uns mit einem ihrer Jeeps nach Wien zu befördern, die sicher auch mit Salami beladen waren oder mit Huren und Baronessen. Ich erinnere mich an die Begegnung mit einem nicht mehr ganz jungen Unteroffizier in der schmissigen Uniform eines Marinefeldwebels oder Oberbootsmaats, der uns ansprach, nachdem wir einem Delegierten der Militärmission unser Anliegen, mühsam auf Englisch kakelnd, vorgetragen hatten. Kaum öffnete der Petty officer den Mund, schon vernahmen wir vertraute Laute:

»Wo kommts ihr her?«

»Aus Wien.«

»Jo, oba wo aus Wien?«

»Aus dem neunzehnten Bezirk.«

»Wo aus'm Neunzehnten?

»Aus der Billrothstraße.«

»Wo in der Billrothstraße?«

»Na, Ecke Gymnasiumstraße, Nummer 31.«

»Könnts beruhigt sein, das Haus steht.«

Woher er das wusste, wieso er den Häuserbestand von ganz Wien im Kopf hatte, ich weiß es nicht. Genauso wenig, wie ich weiß, warum ein Wiener Emigrant in den USA gerade bei der Marine gelandet war und warum er nach Budapest geschickt wurde. Das war so rätselhaft wie das ganze Jahr 1945, in dem ich – mit Ausnahme der gepflegten, gut versorgten, gut gelaunten Amerikaner – keinem normalen Menschen begegnet bin. Denn sie waren die Einzigen, die nicht gelitten hatten. Die russischen Soldaten waren verrückt, die Zivilbevölkerung war übergeschnappt. Alle, die Leidtragende waren, ob als Opfer oder Täter, hätten in die Klapsmühle gehört. An ihrem Verhalten und aus eigener Erfahrung konnte ich erkennen, wie schnell Menschen sich verändern. Solange man verhätschelt wird, ist man lieb wie ein Engel. Ein reißendes, bösartiges Tier wird man schnell, man muss nur ein paar Wochen lang geprügelt, vergewaltigt, misshandelt, erniedrigt werden. Die amerikanischen Soldaten waren diesem Schicksal entgangen, und deshalb waren sie so nett. Sie hatten alles und wussten gar nicht, dass alle anderen nichts hatten. Auch dieses Unwissen war ein Grund dafür, dass sie es ablehnten, meinen Bruder und mich nach Wien zu bringen.

Einerseits wollten wir möglichst schnell nach Wien kommen. Andererseits waren wir hilflos. Wir wussten nicht, wie wir uns die Ausreisepapiere beschaffen konnten. Durch Zufall gerieten wir an das Ehepaar Herr und Frau Trebitsch. Das waren Juden, die ihr Judentum auch gar nicht in Abrede stellten und in Budapest das Komitee Freies Österreich gegründet hatten. Sie stellten pompöse Ausweise aus mit einem riesigen Stempel, auf deren Rückseite auf Deutsch, Französisch, Englisch, Ungarisch und vor allem auf Russisch zu lesen war, dass Österreich das erste Opfer des Hitlerfaschismus sei. Das war keine Erfindung des Ehepaars Trebitsch, auch keine der Österreicher, das hatten die Außenminister Großbritanniens, der Sowjetunion und der Vereinigten Staaten von Amerika am 30. Oktober 1943 in Moskau verkündet, und die Österreicher, denen oft vorgeworfen wird, besonders gern von ihren Landsleuten, dass sie sich mit dieser Lüge wichtigmachen, wäre schlecht vorzuwerfen, dass sie Anthony Eden, Cordell Hull und Wjatscheslaw Molotow nicht widersprochen und stattdessen behauptet haben, nein, wir waren nicht die ersten Opfer, das kann man wirklich nicht verlangen.

Das Ehepaar Trebitsch kümmerte sich ein bisschen um meinen Bruder und mich, lud uns zum Essen ein und instruierte uns, wie wir mit dem für Ausreisepapiere zuständigen Beamten der sowjetischen Botschaft in Budapest, Herrn Legationsrat Karposchin, umgehen sollten. Der Antisemitismus war bekanntlich auch im Osten verbreitet und hatte sogar ins Denken des aus der Ukraine stammenden sowjetischen Diplomaten Eingang gefunden. Wir sollten ihm, meinte Frau Trebitsch, besser nicht sagen, dass wir Juden seien. Herr Legationsrat Karposchin residierte in einem requirierten großen Gebäude, in dem der NKWD untergebracht war, diese Spezialtruppe des Innenministeriums, deren Männer blaue Mützendeckel trugen, und stellte zu unserem Erstaunen gar keine Fragen. »Sie kommen also aus Wien.« Eigentlich wäre zu erwarten gewesen, dass er sich nach dem Grund unseres Aufenthalts in Budapest erkundigen würde. Uninteressant, er ahnte es ohnehin. »Und Sie wollen wieder zurück, ja, dann füllen Sie bitte diese Formulare aus. Kommen Sie in zwei Wochen wieder, dann kann ich Ihnen vielleicht eine Auskunft geben.« Nach zwei Wochen hieß es: »Herr Legationsrat Karposchin ist nicht hier, kommen Sie morgen wieder.« Auf diese Weise vergingen nach altrussischer Manier sechs Wochen. Dann allerdings hatten wir unsere Ausreisepapiere, unterzeichnet von seiner Exzellenz dem Botschafter der Union der Sozialistischen Sowjetrepubliken, Herrn Georgi Maximowitsch Puschkin, der später Botschafter in der DDR und noch später stellvertretender Außenminister wurde. Er machte eine ruhmreiche Karriere, anders als Herr Legationsrat Karposchin, der zu eifrig hinter den Frauen her war, besonders wenn sie jung und dick und manchmal auch verheiratet waren, so dass er strafweise auf einen niedrigeren Dienstgrad zurückgestuft wurde.

Wer uns die Fahrkarten schenkte, weiß ich nicht mehr, wohl aber, dass wir eines Tages im September 1945 im Budapester Ostbahnhof in den Zug stiegen. Die Fahrt nach Wien dauerte, bei einer Entfernung von zweihundertzwanzig Kilometern, zwei Tage und eine Nacht. Es war also, wie befürchtet, eine mühselige Reise, in den Abteilen ging es drunter und drüber, in der Nacht wurde in die heillos überfüllten Waggons hineingeschossen, irgendwo auf der Strecke verloren wir Frau Trebitsch, die beschlossen hatte, uns zu begleiten. Umsteigen in Ödenburg, Ankunft in Wien, auf dem Ostbahnhof, von dem wir vor einer halben Ewigkeit aufgebrochen waren, unser Leben zu retten. Schwer bepackt mit Leinöl, Mehl und anderen Fressalien zottelten mein Bruder und ich in die Billrothstraße 31, dem Wiedersehen mit unserer Mutter entgegen.

3

Schon auf dem Fußmarsch quer durch die Stadt wurde meinem Bruder und mir einsichtig, warum uns in Ungarn so viele Leute davon abgeraten hatten, nach Wien zurückzukehren: Budapest, diesen Dinosaurier aus dem neunzehnten Jahrhundert, hatte man in einem Krieg nicht abstechen können. Der Lindwurm Wien dagegen streckte alle vier Pranken von sich. Im Vergleich zu den verödeten Innenstadtbezirken, deren Geschäftslokale mit Brettern verschlagen waren, erschien mir der Budapester Zentralfriedhof im Nachhinein wie ein Ausbund an Lebendigkeit. Das tat freilich meiner Vorfreude keinen Abbruch, die noch durch die Gewissheit verstärkt wurde, dass wir uns vor keinem Gestapospitzel mehr in Acht nehmen mussten.

Mit dem reichhaltigen Proviant, den speckigen Lederhosen und der blutgetränkten Bettdecke aus unserem Nachtquartier in der Váci utca, die ich noch monatelang verwendete, trafen wir in der Billrothstraße ein. Die Nazis im Haus waren alle noch da, ebenso das Lebensmittelgeschäft der Frau Prax gleich ums Eck in der Gymnasiumstraße, in dem es keine Lebensmittel gab, das Kohlengeschäft der Frau Chaloupka im Nebenhaus, in dem es keine Kohlen gab, und das Wirtshaus gegenüber, in dem Herr und Frau Horky wie schon vor unserer Flucht lautstark miteinander stritten. Sogar das drollige Nymphensittichpärchen, das uns meine Mutter seinerzeit in der Zoohandlung Sauer gekauft hatte, war unbeschadet durch den Krieg gekommen. Auch an meiner Großmutter war er anscheinend spurlos vorübergegangen. Was mich aber am meisten freute und erstaunte, war das Befinden meiner Mutter, der wir an der Wohnungstür um den Hals fielen. Sie war nicht nur gut gelaunt, sondern auch wohlgenährt und pausbäckig.

Die Nachricht meines Klavierlehrers, dass meine Mutter wohlbehalten aus einem Konzentrationslager zurückgekehrt war, hatte ich mir in Budapest nur damit erklären können, dass sie durch einen glücklichen Zufall Auschwitz entgangen war. So gut informiert waren wir ja nicht, um zu wissen, dass man die ungarischen Juden und die in ungarischen Lagern internierten Flüchtlinge im Frühjahr 1944 allesamt nach Auschwitz deportiert hatte. Deshalb war ich der Meinung, dass man sie in ein halbwegs erträgliches Nebenlager gesteckt und dort vielleicht in einem besseren Kommando, in der Schreibstube oder zum Sortieren der von den Häftlingen mitgeschleppten Gepäckstücke, eingesetzt habe. Denn Auschwitz zu überleben, das hatte ich ihr ehrlich gesagt nicht zugetraut. Dafür fehlten ihr eigentlich alle Voraussetzungen. Jede Art von Robustheit ging ihr ab. Außerdem war sie zu wenig geistesgegenwärtig, um blitzschnell eine Situation wahrzunehmen, von der sie profitieren konnte. Und drittens stand ihr die eigene großbürgerliche Herkunft im Weg. Eine gewisse Pfiffigkeit, die es zum Überleben braucht, war ihr nie abverlangt worden. Zum Beispiel war sie zeitlebens außerstande, im richtigen Moment jemandem eine Gefälligkeit zu erweisen. In dieser Hinsicht konnte sie nicht mit ihren in Armut aufgewachsenen Leidensgefährtinnen mithalten, die notgedrungen früh gelernt hatten, wie man sich unter widrigen Umständen behauptet und welche Tricks man anwenden muss, um nicht sofort unter die Räder zu kommen.

Gleich nach unserem Eintreffen, noch in der Euphorie des

Wiedersehens, erzählten wir einander bis tief in die Nacht, was jeder von uns erlebt hatte. Mein Bruder und ich in Budapest, meine Mutter in den deutschen Lagern. Ich horchte auf, als sie in ihrer unnachahmlich beiläufigen Art sagte: »Na ja, ich war in Auschwitz.« In Birkenau, voll im Zentrum der Massenvernichtung. Allerhand, dachte ich, das hatte ich nicht vermutet. Ich hörte ihr aufmerksam zu und gleichzeitig auch wieder weg, weil sie sich beim Erzählen, wie in ihrem ganzen Leben, ungeheuer zurücknahm. Jedes Pathos und jede Dramatisierung waren ihr zuwider. Es gab nichts, das sie mehr verachtete als Wichtigtuerei, und damit wollte sie unter keinen Umständen in Verbindung gebracht werden. Diese Selbstbeschränkung hatte aber zur Folge, dass ich mich scheute, sie mit Fragen zu löchern. So blieb ihr Bericht in vielen Details vage und lückenhaft; erst Jahrzehnte später, kurz vor ihrem Tod, unternahm ich es, sie ganz methodisch, mit Hilfe eines Tonbandgeräts, nach ihren KZ-Erfahrungen zu befragen. Aber da konnte oder wollte sie sich an vieles nicht mehr erinnern. Aus diesem Grund sind mir von den zwölf Monaten, die sie in Auschwitz, in Bergen-Belsen und in Salzwedel verbracht hat, eher nur allgemeine Eindrücke im Gedächtnis geblieben.

Der Empfang in Auschwitz war ihr jedoch noch sehr gegenwärtig. Das heißt, nach der – wie ich meine – eher kurzen und nicht allzu beschwerlichen Fahrt in einem dieser gottverfluchten Viehwaggons, in denen man die Menschen in der Regel quälte, indem man ihnen kein Wasser gab und sie zwang, ihre Notdurft eingepfercht zwischen den anderen Deportierten im Stehen zu verrichten, wurde sie an der berüchtigten Rampe ausgeladen. Das ging überraschend zivilisiert vor sich, ohne Gebrüll und ohne Schläge. Sie müssten sich in Reih und Glied aufstellen und dann ins Lager marschieren, wurde ihnen in einem ruhigen, geradezu betulichen Tonfall mitgeteilt. Aber für diejenigen, die von der anstrengenden Reise geschwächt seien, stehe ein Lastauto bereit. Meiner Mutter kam dieses Angebot verdächtig vor. Sie ging lieber zu Fuß. Da hatte sie zum ersten Mal Glück, denn wie sie unmittelbar nach der Ankunft in Birkenau erfuhr, hatte der Laster seine menschliche Fracht an der Gaskammer abgesetzt.

Am schlimmsten waren die Selektionen. Die Frauen mussten nackt an einem SS-Arzt vorbeimarschieren, der binnen Sekunden entschied, wer von ihnen weiterleben durfte und wer nicht. Infolge des Vitaminmangels bekamen viele Häftlinge einen Ausschlag, erzählte meine Mutter. Eine an sich völlig harmlose Hautkrankheit, die jedoch das Todesurteil bedeutete. Sie hatte am Bauch diesen Ausschlag, aber der Arzt sah ihn nicht oder sah ihn doch und ließ sie trotzdem am Leben.

»Das war der Doktor Mengele«, meinte sie. Später kamen ihr Zweifel. »Oder war es einer seiner Stellvertreter?«

»Wie hat er denn ausgesehen«, fragte ich.

»Na ja, er trug einen weißen Kittel und hatte oben diesen Kragenspiegel mit dem Offiziersrang.« Sie wurde von ihm durchgewunken. Da hatte sie zum zweiten Mal Glück.

Über den Alltag im KZ war ansonsten wenig aus ihr herauszubekommen. Ja, sie mussten frühmorgens ausrücken. Ja, sie mussten irgendwo in der Umgebung Gräben ausheben. Ja, sie wurden gescholten. Nein, nicht von den SS-Wachen, mit denen sie kaum in Berührung kamen, sondern von Mithäftlingen, deren Aufgabe es war, sie zu schikanieren. »Gur nischt, gur nischt habt ihr gearbeitet!« Aber über die Brutalität der Funktionshäftlinge hat meine Mutter nicht viel Aufhebens gemacht. Das waren in ihrem Kommando hauptsächlich Polinnen, zu denen sie keine Beziehung herstellen konnte. Ihr war bekannt, dass diese Frauen schon drei Jahre Lagerhaft hinter sich und den Terror der SS zwangsläufig verinnerlicht hatten.

Über die Lageraristokratie wusste sie einigermaßen Bescheid, weil sie die eine oder andere Frau aus Breslau kennenlernte, die durch Zufall, Glück, Reaktionsvermögen oder aufgrund einer Fertigkeit, die sie für die SS wertvoll machte, vom Inferno ringsum relativ unberührt blieb. Eine Breslauerin spielte Cello im hochkarätig besetzten Mädchenorchester, an dem sowohl der Lagerkommandant Josef Kramer als auch die Oberaufseherin Maria Mandl einen Narren gefressen hatten. Die Orchestermusikerinnen waren fein heraus, solange sie nicht in ein anderes Lager überstellt wurden oder aus lächerlichen, aber schwerwiegenden Gründen in Ungnade fielen. Sie mussten nicht Gräben ausheben und zuschütten, nur fiedeln oder singen, und kriegten genug zu essen. Das Lager war also vielschichtig und meiner Mutter in jeder Hinsicht höchst unsympathisch. Ihre Mitgefangenen waren es auch, bis auf einige Frauen, arme Teufel wie sie, die ihr schon in Ricse begegnet waren, die flotte Gerda Nemetschek zum Beispiel, oder mit denen sie sich erst in Auschwitz anfreundete. Die eine war Anneliese Krambach, eine deutsche Jüdin, die zusammen mit ihren beiden Söhnen aus Budapest deportiert worden war, die andere die Wiener Gymnasiallehrerin Lotte Beran, eine sozialdemokratische Anthroposophin. Zu ihnen hielt sie auch später noch Kontakt.

Jedenfalls ergab sich aus ihren Äußerungen, dass Auschwitz keine homogene Einheit darstellte. Die Überlebenschance stieg oder fiel, je nachdem welche Stelle man in dem riesigen Lagerkomplex einnehmen musste. Ob sie es diesbezüglich gut oder schlecht getroffen hatte, vermochte meine Mutter nicht zu beurteilen. Nach allem, was ich über Auschwitz erfahren habe, würde ich sagen, sie hatte eher Glück. Sie führte das stumpfsinnige Dasein eines Auschwitzhäftlings, lebte unter der ständigen Bedrohung durch Krankheiten und Selektionen, geriet aber nie in eine ausweglose Situation. Den eisernen Willen, unter allen Umständen zu überleben, brachte sie nach meinem Empfinden nicht auf. Dafür war sie zu vornehm.

Die einzige Geschichte, die meine Mutter von Auschwitz erzählen konnte, betraf ihre Rolle als Ghostwriter für die Blockälteste – eine junge Polin, keine Jüdin –, die eine heimliche Liebschaft mit einem einundzwanzigjährigen SS-Mann eingegangen war. Weil sie die Schäferstündchen mit dem Geliebten überbrücken oder ihn durch schriftliche Zeugnisse ihrer Zuneigung beeindrucken wollte, beauftragte die Polin meine Mutter, ihm in ihrem Namen Briefe zu schreiben. Sie selbst sprach bis auf die paar Brocken im Lagerjargon kein Deutsch. So kam es, dass meine Mutter an bestimmten Tagen nicht zur Arbeit auszurücken brauchte, sondern damit beschäftigt war, einem gewissen Werner in Schönschrift und in immer neuen Varianten heiße, ewige Liebe zu schwören. Während sie davon erzählte, versuchte ich mir vorzustellen, wie die Begegnungen zwischen der Blockova und dem SS-Recken vor sich gegangen waren. Offenbar redeten sie beim Knutschen nie miteinander, andernfalls hätte ihm doch auffallen müssen, dass seine Freundin zwar kaum ein deutsches Wort herausbrachte, sich schriftlich aber äußerst gewandt auszudrücken vermochte. Aber dieser Gegensatz hat ihn offenbar nicht stutzig gemacht. Auf die Frage, ob sie diesen Werner je zu Gesicht bekommen habe, antwortete meine Mutter mit ihrem deutschen Akzent: »Ach, das war irgendwie ein Junge der SS, der hat da auf'm Wachturm gestanden, so ein Blonder.« Leider wurde der Blonde eines Tages versetzt oder an die Front abkommandiert, die Blockälteste ließ ihren Trennungsschmerz an den ihr unterstellten Häftlingsfrauen aus, und meine Mutter musste wie zuvor von früh bis spät Gräben ausheben oder sumpfige Böden mit Erde auffüllen.

Das Glück verließ sie trotzdem nicht. Sie geriet, nach ihrer Überstellung im November 1944, in Bergen-Belsen mitten in eine Typhusepidemie, an der Tausende Frauen zugrunde gingen. Meine Mutter aber blieb von der Krankheit verschont, ihrer Meinung nach deshalb, weil sie sich schon als Kind mit Typhus infiziert hatte. Wahrscheinlich wäre sie über kurz oder lang trotzdem krepiert – Belsen war ja ein reines Vernichtungslager –, wenn sie nicht eines Tages den Aufruf im Lagerradio befolgt hätte: »Wer Deutsch spricht, soll sich bei der Kommandantur melden.« Ganz wohl war ihr dabei nicht, es hätte sich ja um eine Finte der Lagerleitung handeln können, sich auf einen Schlag aller deutschsprachigen Jüdinnen zu entledigen. Benzolspritze und erledigt! Aber ihre Entscheidung erwies sich als vorteilhaft, denn nun wurde sie zusammen mit zweihundert anderen Häftlingen von Belsen nach Salzwedel in der Altmark transportiert. Dort befand sich ein Frauenlager des KZ Neuengamme, dessen Insassinnen in zwei Schichten von je zwölf Stunden in einer Munitionsfabrik schuften mussten. Immerhin wurden sie nicht erschlagen oder vergast, ja nicht einmal speziellen Torturen unterzogen. Aber die Verpflegung war so schlecht, dass sich meine Mutter mit dem Gedanken abfand, über kurz oder lang zu verhungern.

In der Metallfabrik Salzwedel arbeiteten nicht nur die Häftlingsfrauen, sondern auch französische Zwangsarbeiter, die ihnen heimlich Mut zusprachen und hin und wieder auch ein Stück Brot in die Hand drückten. Vermutlich konnten die Franzosen in ihren Baracken unbemerkt Radio hören, sie waren jedenfalls über den Kriegsverlauf informiert und wussten, dass die Alliierten auf dem Vormarsch waren. »Les filles, tenez bon«, flüsterten sie, »durchhalten, die sind schon ganz nah. Nicht schlappmachen!«

Aus dieser Zeit rührte die Freundschaft meiner Mutter zu einem gewissen Michel aus Lille, der sie Mitte der fünfziger Jahre zusammen mit seiner Frau in Wien besuchen sollte. Das war ein zünftiges Arbeiterehepaar, sie eine nimmermüde Köchin, er ein völlig harmloser Biertrinker und Kartoffelfresser, der sich eigentlich nur für Motorräder interessiert und von Wiens Sehenswürdigkeiten nicht mehr gesehen hat als den neu errichteten Westbahnhof, der ihm ausnehmend gut gefiel. Ein unglaublicher Dummkopf, aber ein ganz lieber Kerl, dieser Michel, der meiner Mutter in Salzwedel eine große Stütze gewesen ist.

Sie erinnerte sich auch an andere Franzosen, die beim Sabotieren der Produktion zu Höchstform aufliefen. Einer von ihnen hieß Marcel und hätte mit seinen artistischen Fähigkeiten in jedem Varieté auftreten können. Er brauchte, erzählte meine Mutter, nur an einem dieser Munitionsautomaten vorbeigehen, und schon blieb die Maschine stehen. Irgendein Bolzen, den er mit dem kleinen Finger der linken Hand herauszog oder verstellte, so schnell konnte man gar nicht schauen, und die Aufseher stiefelten fluchend und kopfschüttelnd durch die Halle. Dann musste die Ziehpresse oder Stanze, oder woran immer dieser Marcel sich vergriffen hatte, umständlich repariert werden, das dauerte einen Tag oder gar eine Woche, und damit war wieder etwas Zeit gewonnen.«Durchhalten, durchhalten, es dauert nicht mehr lang.«

Am vierzehnten April 1945 war es soweit. Zwei Panzer der Neunten US-Armee rollten durch das Tor des Konzentrationslagers. Schon zuvor hatte sich der Lagerkommandant, der kein SS-Offizier, sondern ein Wehrmachtsangehöriger im Rang eines Rittmeisters war, den Befreiern ergeben. Als der Deckel des ersten Panzers aufgeklappt wurde und in der Luke der Kopf eines Soldaten erschien, strömten aus einer Baracke Dutzende Frauen, jede in ihrer gestreiften Häftlingskluft, kahlgeschoren und zum Skelett abgemagert. Mit Blumen in den Händen und in der Absicht, ihn zu umarmen und zu küssen, liefen sie auf den Amerikaner zu, der von Panik ergriffen den Deckel zuklappte. Er habe, meinte meine Mutter, beim Anblick der Frauen einen Nervenzusammenbruch erlitten. Und dann fragte sie sich, woher ihre Kameradinnen eigentlich die Blumen hatten.

Als Erstes wurde veranlasst, die befreiten Häftlinge zu desinfizieren und in einem nahegelegenen Fliegerhorst unterzubringen. Aus Angst vor Seuchen steckten die Amerikaner noch am selben Tag alle Baracken in Brand. Nachdem sich die Lage halbwegs normalisiert hatte, gab der Truppenkommandant den Frauen mit der Bemerkung »The whole town is yours« die Stadt Salzwedel zur Plünderung frei. Ein paar Dutzend folgten seiner Einladung, einigen bekam es schlecht, denn sie machten sich in der Molkerei über die Milch und den sauren Rahm her und erlagen wenig später einem Darmdurchbruch. Meine Mutter war ebenso versessen darauf, sich den Bauch vollzuschlagen, aber zu gut erzogen, als dass sie dem Verlangen nachgegeben hätte. Stattdessen spazierte sie ziellos durch die hübsche Kleinstadt, mit dem festen Vorsatz, nie wieder ein Lager zu betreten. Auch der Fliegerhorst konnte ihr gestohlen bleiben. Nur wusste sie nicht, wo sie sonst unterkommen könnte.

Während sie noch am Überlegen war, wurde sie von einer Bürgersfrau angesprochen. Die meisten Einwohner von Salzwedel waren Ackerbürger, also Bauern, die über ein ansehnliches Stadthaus verfügten und in der Umgebung ihre Felder bestellten. Ihre Scheunen und Speisekammern waren immer noch gut gefüllt. »Entschuldigen Sie vielmals, ich sehe, Sie waren hier im Lager. Sprechen Sie Englisch?« Meine Mutter nickte, worauf die Frau sagte: »Dann bitte ich Sie, bei uns zu wohnen. Wissen Sie, wir haben im Krieg niemandem etwas Böses getan. Aber jetzt werden die Amerikaner alle Männer kastrieren. Wenn sie zu uns kommen, vielleicht können Sie ihnen dann in ihrer Sprache erklären, dass wir völlig unschuldig sind.« – »Das will ich gerne versuchen«, sagte meine Mutter, meldete sich bei den amerikanischen Militärbehörden ab und zog bei der Bauernfamilie ein, die sie aufpäppelte und neu einkleidete.

Eines Tages kam die Stunde der Wahrheit. Ein GI klopfte an die Tür. Er hatte kein Kastrationsmesser in der Hand, um dem Bauern und dem alten halbblinden Knecht – die Söhne waren noch im Krieg, gefallen oder in einem Gefangenenlager – ihren Mannesstolz abzuschneiden, sondern wollte nur wissen, wie man mit dem Jeep am schnellsten nach Braunschweig kommt. Das konnte man ihm mitteilen.

Damit hatte meine Mutter ihren Nimbus eigentlich eingebüßt. Denn nun wusste man, dass die Amerikaner nicht die Absicht hatten, an der Zivilbevölkerung Vergeltung zu üben. Aber die Bauern hatten sie liebgewonnen und bestanden darauf, dass sie bei ihnen wohnen blieb, bis sie sich ganz erholt hätte. Sie wurde gehätschelt und gefüttert, ehe sie sich Ende Mai auf die Reise nach Wien machte, die noch viel langwieriger und mühseliger war als die Bahnfahrt ihrer Söhne aus Budapest, wegen der fehlenden Transportmittel und der vielen Kontrollen an den Brücken und Zonengrenzen, an denen sie als KZ-Überlebende ebenso schikaniert wurde wie alle anderen. Als sie sich am Magistratischen Bezirksamt Döbling anmeldete, wurde ihr ein bemerkenswert rüder Empfang zuteil. Die Beamten gaben ihr deutlich zu verstehen, dass sie unerwünscht sei. Damit war sie keine Ausnahme. Es waren alle gleichermaßen unbeliebt, die das Glück hatten, am Leben geblieben zu sein. Die Juden waren unbeliebt, die Widerstandskämpfer waren es, die Heimkehrer, die Heimatvertriebenen und die zurückkehrenden Emigranten, die man für verrückt erklärte, weil sie nicht in ihren Zufluchtsländern geblieben waren. Von jedem hat man sich gedacht, besser, er wäre nicht da.

Mit unserem Eintreffen in Wien stellte sich die Frage, wie es mit meinem Bruder und mir weitergehen sollte. Wären wir Orientalen gewesen, hätte man zu uns gesagt: »Euer Vater ist tot. Also müsst ihr eure Mutter erhalten. Sucht euch eine Arbeit!« Aber wir standen auf dem westlichen Standpunkt, dass wir die Kinder sind und sie sich um uns kümmern muss. Daran fand auch sie nichts auszusetzen. Für unser Durchkommen war aufs Erste gesorgt, weil meine Mutter noch im September 1945, als die Streitkräfte der Vereinigten Staaten nach Salzburg auch in Wien Quartier nahmen, eine Anstellung gefunden hatte, und zwar als Sekretärin im Arbeitsamt der amerikanischen Besatzungsmacht, die immerhin der viertgrößte Arbeitgeber in Österreich war. Später wechselte sie in die Property Control. Das war eine Dienststelle, die sich mit der Restitution arisierten Eigentums an US-amerikanische Bürger beschäftigte. Ihr vorgesetzter Offizier war ein freundlicher Farmersohn aus Minnesota, der an hartnäckigen Rückenschmerzen litt, seit er an seinem früheren Einsatzort, in Neapel, auf der Flucht vor einem gehörnten Ehemann die Treppe hinuntergestürzt war.

Was ihre Söhne betraf, so war meine Mutter der rührenden Meinung, dass wir nach allem, was wir durchgemacht hatten, jeden Anspruch darauf hätten, uns nach Lust und Laune zu entfalten. Diese Entscheidungsfreiheit hatte sie uns sogar schriftlich zugestanden, in einem Brief, den sie dem Herrn Friedrich oder jemand anderem nach Budapest mitgegeben hatte. Sie reagierte auf meinen Lebenswunsch, der sich in Ungarn verfestigt hatte, also nicht mit dem Schreckensruf: »Was, du willst Künstler werden, bist du meschugge, wir müssen ja von irgendwas leben«, sondern bestärkte mich in meinem Entschluss, obwohl sie sicher ihre Zweifel hatte, ob es mir je gelingen würde, mit der Malerei meinen Unterhalt zu bestreiten. Zu ihrer und meiner Rechtfertigung ist allerdings daran zu erinnern, dass im Jahr 1945 jeder Berufswunsch gleichermaßen aussichtslos war. Abgesehen von den Fällen, in denen die Eltern, sagen wir, eine Apotheke besaßen und die Tochter sich von ihnen überreden ließ, Pharmazie zu studieren, oder der Sohn nach der Hauptschule in den Spenglerbetrieb seines Vaters eintrat, war es völlig egal, was man beruflich anstrebte oder studierte, weil es sich ohnehin als nutzloses Unterfangen herausstellte. Der meistgehörte Satz war: »Werden S' Schafhirt in Australien, denn in dem Land können S' überhaupt nix werden.«

Meine erste Aktion in Wien bestand darin, im Oktober 1945 zur Aufnahmsprüfung an der Graphischen Lehr- und Versuchsanstalt anzutreten. Ich fiel mit Bomben und Granaten durch. Das lag zum einen am großen Ansturm von Bewerbern, unter denen es etliche gab, die schon einschlägige Vorkenntnisse besaßen, zum andern an meiner Ungeschicklichkeit, zum Thema Plakatentwurf ein drastisches antifaschistisches Sujet zu wählen, nämlich einen grauslichen Nazi, der mit seinen Stiefeln bluttriefend über den Globus stampft. Damit machte ich mir in der Prüfungskommission keine Freunde, obwohl die größten Nazis vorübergehend aus dem Lehrkörper entfernt worden waren. An sich hätte man erwarten können, dass die Prüfer bei einem Verfolgten des Naziregimes ein Auge zudrückten, aber davon konnte keine Rede sein. Immerhin wollte es der Zufall, dass der Künstler und Bohemien Charles Lipka provisorisch – solange die Obernazis auf Eis gelegt waren – an der Graphischen unterrichten durfte. Nachdem ihm sowohl die Mappe, mit der ich mich beworben hatte, als auch meine Prüfungsarbeit in die Hände gekommen war, erklärte Lipka meiner Mutter, dass ich ungerecht beurteilt worden sei. Er sei bereit, mich privat zu unterrichten, denn Talent sei zweifelsfrei vorhanden. Das hörte sie nicht ungern, und so suchte ich ihn zweimal pro Woche auf und bemühte mich, die zeichnerischen Aufgaben zu lösen, die er mir stellte.

Lipka hatte sich nach dem Ersten Weltkrieg als Maler einen Namen gemacht, außerdem mit dem Modeschöpfer und Grafiker Ernst Dryden zusammengearbeitet, ohne sich jedoch dessen Grundsatz »Arbeiten und nochmals arbeiten« zu Herzen zu nehmen, und in der Folge als Filmarchitekt oder Szenenbildner bei mehreren Produktionen mitgewirkt, unter anderem bei einer Romanverfilmung des flämischen Schriftstellers Stijn Streuvels, die unter dem ungeheuer geistreichen Titel *Wenn die Sonne wieder scheint* in die Kinos kam. Dank eines Blasenleidens war Lipka weder zur Wehrmacht noch zum Volkssturm einberufen worden. Mit den Nazis hatte er sich nie gemeingemacht. Nun hauste er halb vergessen und in größter Armut, in der er die Zuwendungen meiner Mutter bitter nötig hatte, in einer Dachkammer in der Himmelpfortgasse. Dort saß er im Winter in Decken eingewickelt vor seiner Staffelei und zeichnete pflanzliche Gebilde, die sich zu phantastischen Architekturen verdichteten. Die Zeitschriften, an denen er in den zwanziger und dreißiger Jahren mitgearbeitet hatte, gab es nicht mehr, und ein Käufer für seine Bilder fand sich nur alle heiligen Zeiten. Einmal erbarmte sich der Schriftsteller Otto Basil seines Meidlinger Jugendfreundes und veröffentlichte in der Zeitschrift *Plan* eine Zeichnung von ihm. Lipka war Mitglied des Art Club, zu dessen Eröffnungsausstellung ich ihn begleiten durfte. Er galt als homosexuell, prahlte mir gegenüber allerdings nur mit erotischen Abenteuern, die er mit seinen Zimmervermieterinnen erlebt hatte. Mit der Zeit verwandelte er sich vom Lehrer zum väterlichen Freund. Er unterwies mich zwar weiterhin im Zeichnen, nahm aber von meiner Mutter kein Geld mehr an. Dafür wurde er von ihr sonntags zum Mittagessen eingeladen. Anschließend brach er mit mir zu langen Spaziergängen durch Döbling auf, bei denen er immer dieselben Geschichten erzählte. Weder seine karge Existenz noch seine wiederholten Schilderungen von den Abgründen eines Künstlerdaseins vermochten mich abzuschrecken. Ich fühlte mich hochgeehrt, mit einem derart bedeutenden Menschen befreundet zu sein, der alle Maler kannte, von jedem zu berichten wusste, was der gerade auf die Leinwand patzte, zu allem eine feste Meinung hatte und sich palavernd darum bemühte, mich vom Kunstschaffen fernzuhalten, das er mir gleichzeitig beizubringen versuchte. Eigentlich war das Ergebnis ziemlich katastrophal.

In Anbetracht des allgemeinen Dafürhaltens, dass für Überlebende wie uns keine Extrawürste gesotten würden, war es überraschend unkompliziert, meinen Bruder im Döblinger Gymnasium unterzubringen. Er hatte ja bis auf die drei Jahre in Salzburg und die paar Monate in St. Blasien keine Schule besucht. Jetzt wurde er, gerade sechzehn geworden, in die fünfte Klasse des G19 in der Gymnasiumstraße gesteckt, wo er es nach einigen Anfangsschwierigkeiten schaffte, den versäumten Lehrstoff nachzuholen und seine Klassenkameraden zu überflügeln. Leibesübungen war das einzige Fach, in dem er sich schwertat. Er war für sein Alter klein und schwächlich und litt unter den Gemeinheiten des Turnlehrers, der sich bei jeder Gelegenheit über den Intelligenzmeier, wie er ihn nannte, lustig machte. Herr Professor Kraus beließ es nicht bei verbalen Übergriffen, sondern quälte Peter und auch dessen kräftigere Mitschüler, indem er ihnen seine Überlegenheit demonstrierte. Aus der Nazizeit war eine ganze Menge Boxhandschuhe übriggeblieben, die sie anziehen mussten. Dann ging er vom einen zum andern, düpierte alle mit seinen Finten, versetzte ihnen simulierte Kinnhaken und kommentierte ihre Fehler mit höhnischen Worten.

Mein Bruder beschloss, sich für die Demütigungen zu rächen.

Kaum war die Zeugnisverteilung vorbei, schon meldete er sich in der Boxschule an, die im ausgebombten Dianabad vom Europameister im Leichtgewicht Karl Blaho geleitet wurde, und begann wie besessen zu trainieren. In Blahos Klub verkehrte auch ein ehemaliger Profiboxer mit dem martialischen Namen Franz Pimperl. Beide, Blaho wie Pimperl, waren von der Absicht meines Bruders, in den großen Ferien Boxen zu lernen und im Herbst darauf dem Herrn Professor Kraus zu zeigen, was eine rechte Gerade ist, sehr angetan, einmal aus Solidarität, weil sie der Meinung waren, so ein erbärmliches Arschloch verdiene nichts anderes als ein K.o. in der ersten Runde, und zweitens, weil sie Peters Talent erkannten und hofften, aus ihm einen tüchtigen Fliegengewichtler zu machen. Fliegengewicht ist die leichteste Gewichtsklasse, also schwer zu halten, die meisten Fliegengewichtler brachten vor dem Kampf zu viel Gewicht auf die Waage und durften dann nicht in den Ring steigen, worauf der Gegner kampflos zum Sieger erklärt wurde. Oder sie wechselten in die Bantamklasse, für die sie sich wiederum als zu wenig schlagkräftig erwiesen. Mein Bruder wog damals keine fünfzig Kilo, er musste also drei oder vier Kilo zulegen, was ihm in den zweieinhalb Monaten auch gelang. Außerdem erfüllte er durch seine Ausdauer und Schnelligkeit im Training Blahos Erwartungen vollauf.

Es vergeht also der Sommer, es beginnt der Herbst und mit ihm das neue Schuljahr, es läutet zur ersten Turnstunde. Mein Bruder, der verhohnepiepelte Schwächling aus der letztjährigen 5a, steht scheinbar schlappschwänzig mit den viel zu großen Boxhandschuhen vor Lehrer Kraus, der keine Gefahr wittert, deshalb seine Deckung vernachlässigt – und jetzt eine in die Schnauze kriegt, dass ihm besser wird. Ein hervorragender Plan, erstklassig, und wie gesagt zur Freude und zum Wohlgefallen der beiden Boxlegenden mit Blaho und Pimperl abgesprochen. Nur wurde leider nichts daraus, weil der Herr Professor Kraus, dieser pädagogische Kretin, an eine andere Schule versetzt worden war. Er sollte nie erfahren, dass ihn der Wiener Stadtschulrat mit seinem weisen Beschluss davor bewahrt hatte, im Turnsaal des G19 ein paar ausgespuckte Zähne zurückzulassen.

Dem Kraftsport blieb mein Bruder treu. Er trainierte eifrig weiter, wechselte später zum Ringen, das er noch jahrelang ausübte. Er brachte es auf die österreichische Rangliste und belegte, glaube ich, bei einer Staatsmeisterschaft in seiner Gewichtsklasse den dritten Platz. Inzwischen machte er Matura und bekam über Vermittlung meiner Mutter bald danach einen guten Job als Bibliothekar im Amerikahaus. Die Diensteinteilung – er hatte nur halbtags, abwechselnd am Vormittag und am Nachmittag, anwesend zu sein – wäre geradezu ideal gewesen, um nebenher zu studieren. Er inskribierte an der Universität zwar das Fach Jus, betrieb das Studium jedoch eher lustlos und brach es irgendwann ab. Das war ein Fehler. Aber er war überhaupt ein Mensch, dessen Leben unter keinem glücklichen Stern stand. Unser Verhältnis zueinander war nie sehr innig gewesen, und nachdem uns die Umstände gezwungen hatten, auf Gedeih und Verderb zusammenzuhalten, waren wir nach dem Krieg froh darüber, nicht länger aufeinander angewiesen zu sein. Uns verbanden auch keine gemeinsamen Interessen. Als Erwachsener hatte er es wegen seiner sexuellen Orientierung schwer. Ich will nicht behaupten, dass er sich überhaupt nicht für Frauen interessiert hat, aber in erster Linie ging es ihm darum, Männerbekanntschaften zu machen. Über Homosexualität konnte die längste Zeit nicht offen geredet werden. Und seine durch Verbote und Konventionen erzwungene Heimlichtuerei ging mir, ehrlich gesagt, auf die Nerven.

Meine frühen Aktivitäten in Wien hatten sich nicht auf die Privatissima bei Charles Lipka beschränkt. Auf Anraten meiner Mutter schrieb ich mich nach der verpatzten Aufnahmsprüfung an der Graphischen Lehr- und Versuchsanstalt in der Maturaschule Halasz ein. Die Schule existiert unter einem anderen Namen, aber an derselben Adresse, Hörlgasse 9, noch heute. Meine Mitschüler waren durch die Bank älter als ich, ehemalige Soldaten der Wehrmacht oder der Waffen-SS – Wafferl-SS, im Volksmund –, die das Gymnasium abgebrochen hatten und die Matura auf diesem Weg nachholen wollten. Junge Frauen, die als Flak- oder Erntehelferinnen dienstverpflichtet gewesen waren. Außerdem zwei Halbjuden, die wie ich bestenfalls ein paar Volksschulzeugnisse vorweisen konnten, ein Kommunist, der in einem Militärgefängnis irgendwo in Mähren sechs Monate lang in der Todeszelle gesessen war, und mit Fritz Pillwein ein Spanienkämpfer, der das KZ Dachau überlebt hatte.

Sowohl Pillwein als auch der Kommunist, ein gewisser Hrausch, fielen aus dem Rahmen. Denn für gewöhnlich waren die Maturaschulen nach dem Krieg, und das Halasz machte da keine Ausnahme, Reservate für allerlei Leute, in deren Köpfen das Dritte Reich immer noch herumspukte. Da gab es zum einen die Lehrer, die hier unterrichteten, nachdem sie wegen ihrer Nazivergangenheit aus dem öffentlichen Schuldienst entfernt worden waren. Sie waren harmlos, weil sie niemanden mehr denunzieren konnten und gut daran taten, ihre Gesinnung zu verbergen. Anders verhielt es sich mit den Schülern. Unter ihnen gab es notorische Nazis, die einfach nicht zur Kenntnis nehmen wollten, dass der Sieg der Alliierten ihren Träumen ein Ende bereitet hatte. In ihren Halluzinationen hörten sie Martin Bormann im spanischen Rundfunk reden und erhielten verlässliche Hinweise darauf, dass Hitler noch am Leben sei und in Feuerland die Wiedereroberung Europas plane. Von solchen Wahnvorstellungen erhielt ich nur indirekt Kenntnis, über meinen Banknachbarn Erich Schöberl, denn obwohl diese Spinner von meinem Vorleben keine Ahnung hatten, sagte ihnen ihr Instinkt, dass mir gegenüber Verschwiegenheit angebracht war.

Nach dem ersten Jahr, in dem ich die meiste Zeit nur dasaß und schwieg, schloss ich mich eng an Schöberl an, einen zaundürren Burschen mit spitzer Nase und verwilderten Manieren, der technisch überaus begabt war. Er hatte eine hübsche Freundin, die ebenfalls die Maturaschule besuchte, von mir heimlich verehrt wurde und später einen langweiligen Ingenieur der Firma Elin heiratete. Detailwissen dieser Art sollte meinen späteren Freund Georg Eisler dazu veranlassen, mich als wandelnde Enzyklopädie wertloser Informationen zu bezeichnen. Schöberl war drei Jahre lang Frontsoldat gewesen und hatte sich aus einem sowjetischen Kriegsgefangenenlager bis nach Wien durchgeschlagen. Darüber erzählte er kaum etwas, es war ihm anzumerken, dass ihm der Krieg zuwider und der Hitler verhasst waren, wie übrigens auch seinem Vater, der als geeichter Sozi für die Nazis nicht die geringsten Sympathien aufbrachte.

Schöberl also zu meiner Rechten. Hinter mir Pillwein, vor mir die Stollhof, deren Vorname mir entfallen ist, eine kleine Blonde mit einem großen Busen, an die sich Pillwein mit Erfolg heranmachte, nachdem er sich der Form halber bei uns erkundigt hatte, ob sie schon vergeben sei. Er verließ sie dann schmählich. Ganz hinten saß, hoch aufgeschossen, ein blonder Recke mit Namen Fröhlich, den Schöberl von klein auf kannte, weil sie in derselben Gasse im neunten Bezirk aufgewachsen waren und im Beserlpark miteinander gespielt hatten. Jahre später eilte der eine, Schöberl, als Fronturlauber zur elterlichen Wohnung und grüßte den andern, Fröhlich, der in der Uniform eines Scharführers der Waffen-SS gerade das Haus verließ, mit dem üblichen »Servus!«, worauf dieser losbrüllte, dass die Passanten verschreckt die Köpfe herumdrehten. »Stillgestanden! Zehn Schritte zurück, Ehrenbezeugung!« Schöberl musste vor allen Leuten Männchen machen, bis sein Sandkastenfreund endlich Gnade walten und ihn abtreten ließ. Noch später, nämlich im Herbst 1945, kam es zum unerwarteten Wiedersehen der beiden, und zwar in der Aufnahmekanzlei der Maturaschule Halasz. Fröhlich, kleinlaut: »Ich bitte dich, ich fleh dich an, sag nichts.« Schöberl, großzügig: »Weißt was, geh scheißen, du Arschloch, du blödes.«

Das war die Belegschaft, männlich mit Einsprengseln von Mädels, die den Vortragenden aufmerksam lauschten: Der Scharführer und Leuteschinder Fröhlich. Geheimnazis wie der Schmidt Franzl, ein Nazileutnant, der Tamm Karli, später Tramwayschaffner im J-Wagen, und der Dobolik Edi, deren Gehirnwindungen wie die Schenkel galvanisierter Frösche immer noch im Takt des Horst-Wessel-Liedes zuckten. Die zwei Halbjuden Peter Müller und Erich Spitzer, die in ihrer Not, wenn im Wirtshaus alle von ihren Heldentaten schwadronierten, die Kriegserlebnisse ihrer arischen Freunde als die eigenen zum Besten gaben; Müller, diesbezüglich unverfroren, beförderte sich zum Jagdflieger, Spitzer begnügte sich mit seinem erfundenen Dasein als Infanterist, der am Griechenlandfeldzug teilgenommen und dann höchstpersönlich die Erdölfelder von Ploiești in die Luft gesprengt hatte. Es wäre ihnen peinlich gewesen, den Biertipplern einfach zu sagen: »Passts auf, ich bin ein Halbjud, mich haben sie deshalb in einen Rüstungsbetrieb gesteckt und dann zum Bombenausgraben abkommandiert, und ich pfeif auf eure Kriegsgeschichten, die ohnehin nur darauf hinauslaufen, wie ihr eine Krankenschwester gepudert habt.« Eine solche Klarstellung wäre ihnen auch nicht gut bekommen. Dabei meine ich, dass die schwer fassbare, in sich vielfältige Gruppe von Halbjuden für Wien eigentlich typisch war. Die Juden waren eine Minderheit, die Arier auch, aber die Halbjuden und auf alle Fälle die Vierteljuden waren die klassische Wiener Mischung. Sag das jemandem, der im Küchenkastl *Mein Kampf* und das Eiserne Kreuz liegen hat.

Dann der Pillwein Fritzl, als Spanienkämpfer die absolute Ausnahmeerscheinung unseres Jahrgangs. Er war auch älter als die anderen oder sah zumindest älter aus. Pillwein war zuerst in der Maturaschule Höfinger herumgesessen und hatte als emsiger Schleichhändler wenig Zeit, etwas zu lernen. Wenn er zur Tafel gerufen wurde, sagte er jedes Mal:

»Bitte, Herr Professor, beim Höfinger waren wir noch nicht so weit, das haben wir noch nicht durchgenommen.«

»Ja gut, aber jetzt müssen Sie das endlich nachlernen, weil sonst kommen Sie ja überhaupt nicht weiter.«

Er ist natürlich nie zu einer Prüfung angetreten, sondern hat sich voll in das illegale Erwerbsleben gestürzt, wobei auch hier wieder zu fragen wäre, ob man einem KZ-Überlebenden nicht hätte entgegenkommen können. Ein Auge zudrücken? Ihm finanziell unter die Arme greifen? Nichts da. Hinaus ins wilde Menschenleben!

Vielleicht wäre ihm der frühe Abgang erspart geblieben, wenn er sich um Protektion bemüht hätte. Er kuschelte sich aber in keiner Weise an die SP heran, sondern hielt sich wie Peter Müller mit Schleichhandel über Wasser. Auf die brutale Tour, ich erinnere mich, dass er eines Tages mit einem Riesenkoffer, in dem er ein halbes Schwein transportierte, im Westbahnhof festgenommen wurde. Koffer und Schwein hatten auf dem Bahnsteig eine blutige Spur hinterlassen. Später ist Pillwein im Baugewerbe, noch später als Gemeindeangestellter tätig gewesen. Ich habe nicht versucht, ihn vor seinem Tod im November 2008 noch einmal zu sehen.

Einer von unseren Geheimnazis flog im zweiten oder dritten Kursjahr auf. Ich weiß nicht mehr, ob in Zusammenhang mit einem Vorfall im Strandbad von Klosterneuburg, bei dem im August 1947 acht Studenten, Burschen wie Mädchen, auf der Lagerwiese ein lebendes Hakenkreuz bildeten, oder schon im Jahr zuvor, im Zuge einer Demonstration übermütig gewordener Nazis.

Diese Pülcher, unter ihnen mein Mitschüler, wurden festgenommen, auf einem Kommissariat tüchtig verprügelt – immerhin waren bei der Wiener Polizei damals noch Pillweins Kampf- und Leidensgenossen, also Spanienkämpfer und andere Antifaschisten, stark vertreten – und wegen Wiederbetätigung verurteilt. Er bekam ein paar Monate aufgebrummt und ließ sich nach seiner Freilassung in der Maturaschule nicht mehr blicken. Das hatte er auch nicht nötig. Es gab ein geheimes Netzwerk, das Nazis und ihren Sympathisanten zu Maturazeugnissen verhalf. Die Zeiten waren, so bald nach dem Krieg, unübersichtlich, die Behörden unfähig oder überfordert, teilweise wohl auch von diesem Netzwerk durchsetzt, und wenn jemand behauptete – und dafür drei Zeugen namhaft machen konnte –, dass er in irgendeiner Provinzstadt im Sudetenland, in der alle Unterlagen durch die Kriegshandlungen zerstört worden waren, die Reifeprüfung abgelegt hatte, dann fand er auch einen gutwilligen Ministerialbeamten, der ihm ein Ersatzzeugnis ausstellte. So oder ähnlich muss es im Fall meines Mitschülers zugegangen sein, der im Lauf seines Lebens zum Oberarzt oder Primar in einem niederösterreichischen Krankenhaus aufstieg, woran an und für sich nicht auszusetzen wäre, wenn ich und andere nicht bezeugen könnten, dass er es niemals zur Matura gebracht hat.

Er war damit nicht der Einzige; die Maturaschulen waren nach dem Krieg auch deshalb überlaufen, weil die Vergabe der Lebensmittelkarten an einen Beschäftigungsnachweis gebunden war. Schüler und Studenten galten als Beschäftigte. Das machte den Besuch einer Maturaschule gerade für Schleichhändler attraktiv, die zwar rund um die Uhr beschäftigt waren, diesen Umstand vor den Behörden aber unmöglich geltend machen konnten. Sie blieben weg, sobald sie in einem ehrbaren Gewerbe untergekommen waren. Die meisten anderen gaben irgendwann auf, weil sie der Doppelbelastung von Beruf und Studium nicht gewachsen waren oder niemanden hatten, der ihnen in den Gegenständen geholfen hätte, die ihrer Lebenswelt fremd waren. Mir gelang es immerhin, die Reifeprüfung nach zweieinhalb Jahren abzulegen.

Die Anforderungen waren sicher nicht ganz so hoch wie in einem normalen Gymnasium, andererseits kannten wir die Prüfer nicht, mit denen wir es bei der Externistenprüfung – die im Realgymnasium in der Albertgasse abgenommen wurde – zu tun haben würden. Die starken Männer in der Kommission waren die Hofräte Dr. Anton Klieba, der Direktor des RG 8, den die Nazis 1938 außer Dienst gestellt hatten, und Dr. Alois Halumbirek, ein berühmter Schachspieler und Lehrer für Physik und Mathematik. Er war ein alter Nazi, dem man allerdings zugutehalten muss, dass er uns gegenüber, wann immer das möglich war, Milde walten ließ. Nur in einem Fall, bei der Physikprüfung meines Freundes Schöberl, versagte er. Wahrscheinlich war er kurz eingenickt oder im Geist mit einer kniffligen Rochade beschäftigt, jedenfalls erklärte er Schöberls richtige Antwort auf die von ihm gestellte Frage für falsch und forderte ihn auf, noch einmal nachzudenken. Schöberl tat dies, kam zu keinem anderen Ergebnis, schlug mit der Faust auf den Tisch, dass das ganze Kollegium zusammenzuckte, und sagte in seinem urwüchsigen Wiener Dialekt: »Na, i hob recht, oda die gaunze Fisik is foisch!« Halumbirek erschrak und erkannte augenblicklich seinen Fehler, den er auch wortreich eingestand. Schöberls Festigkeit wurde insofern belohnt, als Halumbirek, der so etwas wie der Zentralsekretär der Prüfungskommission war, nach den Prüfungen herging und alle Noten meines rechthaberischen und rechthabenden Freundes um einen Grad hinaufsetzte. Geografie Drei? Schöberl kriegte eine Zwei. Psychologie Vier, er kriegte eine Drei. Chemie Zwei, es wurde eine Eins. Deutsch Nicht genügend, nein: Genügend.

Mir wäre das nicht passiert. Hätte mich der Herr Hofrat mit dem schönen Wiener Paukernamen nach Einsteins Relativitätstheorie befragt und dabei meiner Behauptung widersprochen, dass der Apfel vom Baum nach unten fällt, wäre ich sofort bereit gewesen, ihm recht zu geben: »Ja, natürlich, der Apfel kommt von unten und fällt auf den Baum.« Mein Opportunismus kannte eben keine Grenzen. Das hatte sich schon während der schriftlichen Deutschmatura erwiesen, bei der ich als Einziger der dreiunddreißig Kandidaten ein Sehr gut bekam. Unsere Prüferin war eine höchst aufgeblasene Wiener Emigrantin, die spätere Nationalratsabgeordnete der SPÖ und Direktorin des Mädchengymnasiums in Floridsdorf, Frau Professor Dr. Stella Klein-Löw. Sie war aber nicht nur eingebildet, sondern auch streng – Deutsch war unter den Prüflingen das am meisten gefürchtete Fach –, was mir schon deshalb nichts ausmachte, weil ich das gewählte Aufsatzthema, »Probleme der Jugend von heute«, im Wissen um ihre politische Einstellung so schamlos über die Parteikante der SPÖ scherte, dass die Bestnote gar nicht ausbleiben konnte. Mein Mitschüler Alfred Schaden dagegen, der eine literarische Hochbegabung war und in der Zeitschrift *Plan* bereits einen kurzen Prosatext veröffentlicht hatte, kam aufgrund seines redlichen Charakters nur auf ein Gut.

Hätte ich so geschrieben, wie ich dachte, hätte es höchstens zu einem Befriedigend gereicht. Denn politisch stand ich im Jahr 1948 meinem Empfinden nach schon ganz links. Ich las das kommunistische *Tagebuch*, war mit den darin veröffentlichten Meinungen und Auffassungen zumeist einverstanden, wusste aber auch, welche Tonarten von den beiden Großparteien angeschlagen wurden. Die Schwarzen verteidigten das christliche Abendland und stemmten sich gegen die rote Flut, die Sozialdemokraten sorgten sich um das soziale Gleichgewicht und glaubten an eine strahlende Zukunft ohne Kummerln, Klassenkampf und Kapital. Das tat ich nun auch, über vier oder fünf Seiten hinweg, was mir keine Gewissensbisse verursachte. Meine Note hielt auch bei der mündlichen Prüfung, in der ich irgendwelche Gedichte plapperte, von Richard Dehmel, Lust und Abschiedsschmerz, ich war mir sicher, das würde der Frau Professor gefallen.

Verschmockt, wie wir waren, hatten Schaden und ich in unserem Lektüreverzeichnis alles angeführt, was Rang und Namen hatte und im kümmerlichen Nachkriegswien eigentlich nicht zu bekommen war. »Kafka, Sämtliche Werke.« Wo haben wir die gelesen? Na, es gab die Nationalbibliothek. Außerdem brachten Literaturzeitschriften wie *das silberboot* oder *Wort und Wahrheit* ganz ausgezeichnete Beiträge. Im *Plan* war Kafkas Erzählung *Die Sorge des Hausvaters* abgedruckt, die ich beinahe auswendig wiedergeben konnte. Sehr gut bei der Mündlichen also, gerechterweise auch für Alfred Schaden.

Der hagere, dünne, sorgenvolle Hrausch hingegen, mit tiefen Furchen im Gesicht und einem Leib wie mit Rosshaar ausgestopft, fiel bei der Deutschmatura durch. Unter den Nazis als Widerstandskämpfer ein halbes Jahr in der Todeszelle, so einem Menschen darf man das einfach nicht antun. Das hätte ich damals sagen sollen. Und wenn die Frau Professor Dr. Stella Klein-Löw erwidert hätte: »Woher hätte ich das wissen können?«, hätte ich gesagt: »So etwas weiß man einfach, du Trampel!« In Österreich wussten alle immer alles über einen, und deshalb hätte man in der Prüfungskommission wissen müssen, sicher hat man es auch gewusst, dass es in der Maturaschule Halasz einen Kommunisten gibt, der von einem Nazirichter zum Tode verurteilt worden ist und in einer modrigen Zelle in Brünn oder Ostrau sechs Monate lang auf seine Hinrichtung gewartet hat, und der jetzt, drei oder vier Jahre später, zur Matura antritt, weil er Elektrotechnik studieren will. In allen Fächern positiv beurteilt, nur nicht in Deutsch, wegen zehn Rechtschreibfehlern oder weil er die Probleme der Jugend von heute, wie mein Mitschüler Wimmer Karl in der Salzburger Nonntalschule den leidigen Sonntagsspaziergang, mit einem einzigen Satz hinlänglich abgehandelt hatte. »Die Probleme der Jugend von heute sind Ausbeutung, Arbeitslosigkeit, Aussichtslosigkeit, Scheinheiligkeit.« Sowas in der Art. Nicht genügend, zurück an den Start!

Hrausch, dem schweigsamen hochgewachsenen Elektriker mit den Sorgenfalten, bin ich gelegentlich noch begegnet. Einmal bei der Wien-Film am Rosenhügel, wo er als Beleuchter aushalf, einmal beim Maiaufmarsch, einmal bei einem Vortrag von Friedl Fürnberg, dem Generalsekretär der KPÖ. Auf dem Nachhauseweg erzählte er mir, dass er seinen Lebenstraum, Elektrotechnik zu studieren, endgültig begraben habe. Vom begabten Nachwuchsschriftsteller Alfred Schaden weiß ich nicht viel mehr, als dass er Psychologie studiert hat. Ich habe ihn nicht wieder getroffen. Mit Erich Schöberl verband mich eine jahrzehntelange Freundschaft. Er wollte wie Hrausch an der Technischen Hochschule studieren, um es zum Diplom-Ingenieur für Maschinenbau oder Elektrotechnik zu bringen, teilte aber das Schicksal der meisten Maturanten aus bescheidenen Verhältnissen: Für ein Studium war weder das Geld da noch die Selbstüberwindung, die es brauchte, fünf oder sechs Jahre lang auf alle, auch die kleinsten Freuden im Leben zu verzichten. Es gab ein paar, die haben sich durchgehungert. Schöberl gehörte nicht zu ihnen. Er machte eine Ausbildung zum Vermessungstechniker, war in halb Österreich mit Theodolit und Tachymeter unterwegs, pendelte dann jahrelang zwischen Wien und St. Pölten, wo er am Landesamt für Eich- und Vermessungswesen beschäftigt war. Als höherer Beamter im Rang eines Regierungsrates trat er seinen wohlverdienten Ruhestand an. Leider habe ich ihn längst aus den Augen verloren. Das liegt an mir. Ich war viel zu nachlässig im Aufrechterhalten von Freundschaften. Ich habe sie vielfach weggeworfen, mutwillig oder aus Bequemlichkeit, dass ich mir heute an den Kopf greife.

Meine Versäumnisse bedauere ich speziell im Fall des Wiener Juden Pinkas Spiegel, der wie meine Mutter durch drei Konzentrationslager geschleift und ganz zum Schluss in Bergen-Belsen von britischen Soldaten aus einem Leichenhaufen gezogen wurde, nachdem sie bemerkt hatten, dass eines der Skelette noch schwache Lebenszeichen von sich gab. Im Sommer 1946 habe ich ihn in Salzburg kennengelernt. Ich wurde zur Erholung in dieses hochnäsige Provinznest geschickt, in dem der Regen nach wie vor auf die griesgrämigen Gesichter heruntertropfte. Es gab ja noch das Elternhaus in Parsch, in dem mittlerweile ein Mann mit Frau und Tochter zur Miete wohnte, der nach jahrelanger Arbeitslosigkeit zum Bau von Hitlers Sommerfrischenimperium am Obersalzberg angeworben worden war und bei einer Sprengung drei Finger der rechten Hand verloren hatte, was ihn vor dem Militärdienst bewahrte. Nun hatte er den Beruf gewechselt und als einer der Ersten angefangen, den Pinzgauer Bauern wurmstichige Truhen, Barockengel oder gotische Madonnen abzuluchsen, die mit sechs Schichten Lack oder Ölfarbe beschmiert waren. Er kratzte die Farbschichten in tagelanger Arbeit mit einer Rasierklinge ab, besserte die schadhaften Stellen mit Spänen der gleichen Holzart aus und verscherbelte die restaurierten Gegenstände an reiche Amerikaner. Dieser ehemalige Hilfsarbeiter und nunmehrige Antiquitätenhändler hatte sich bereiterklärt, mich für zwei Wochen bei sich aufzunehmen. Seine Frau setzte mir sogar ein für die damalige Notzeit reichhaltiges Frühstück vor. Das Mittagessen jedoch nahm ich als Mitglied des KZ-Verbandes in einer Küche für politisch und rassistisch Verfolgte ein.

Dort lernte ich den kleinen, unauffälligen Pinkas Spiegel kennen, der sich auf eine ungemein gütige, unaufdringliche Art nach meiner Lebensgeschichte erkundigte, an meinen Zukunftsplänen lebhaft Anteil nahm und mir einiges aus seinem eigenen Leben erzählte. Als echter Wiener Jude stammte er aus Galizien und war in der Leopoldstadt aufgewachsen, wo er bis zum deutschen Einmarsch als Buchhändler gearbeitet hatte. Nach der Befreiung war er in einem Schweizer Sanatorium gesund gepflegt worden. Nun saß er im Beirat der neugegründeten Israelitischen Kultusgemeinde und betreute die staatenlosen Juden, die wie er die Naziverfolgung überlebt hatten und in Salzburg, auf sechs Lager aufgeteilt, auf den Weitertransport nach Palästina oder ein Visum für Kanada oder die Vereinigten Staaten warteten. Mit dem Mitgefühl der Salzburger durften sie nicht rechnen, sowohl Pinkas' Schilderungen als auch meinen eigenen Beobachtungen nach wurden sie wie entlassene Sträflinge behandelt.

Die Stimmung besserte sich erst im Jahr darauf, als fünftausend von ihnen in einem illegalen, aber von den österreichischen Behörden und der US-amerikanischen Besatzungsmacht geduldeten Gewaltmarsch über die Krimmler Tauern in Richtung Italien und von Genua aus nach Palästina flüchteten. Als man sie los war, fand man sie gar nicht so übel. Nicht alle von ihnen waren arme Teufel. Pinkas erzählte mir von Displaced Persons, die mit undurchsichtigen Geschäften binnen eines halben Jahres ein märchenhaftes Vermögen angehäuft hatten. »Der hat seine Tochter neulich verheiratet. Für die Hochzeitsfeier wurde das Schloss Mirabell gemietet. Neunhundert geladene Gäste. Singen musste der Johannes Heesters, spielen mussten die Wiener Philharmoniker.« Pinkas eröffnete mir eine abenteuerliche Welt, die ich unter dem Leichentuch der Nachkriegszeit nicht vermutet hatte. Alles war käuflich, für alles fand sich ein Abnehmer. In dieser Hinsicht fühlte ich mich mitten im Schnürlregen nach Budapest zurückversetzt.

Pinkas war es auch, der mir die Bekanntschaft mit einem jungen Genie ankündigte, das sich derzeit noch in Manchester aufhalte, nämlich dem Maler Georg Eisler. Die beiden kannten sich nicht persönlich, aber Pinkas stand mit Eislers Mutter Charlotte in Verbindung, der ersten Frau des berühmten Komponisten, die selbst eine hervorragende Musikerin war. Von ihr wusste er, dass sie gemeinsam mit ihrem Sohn aus dem englischen Exil nach Österreich zurückkehren werde. Er zeigte mir ein Foto, auf dem ein Gemälde des Junggenies zu sehen war. Es vermochte mich nicht sonderlich zu beeindrucken: drei grimmige Manderln und quer über das Bild, äußerst brutal, der Schriftzug »Ritter, Tod und Teufel«. Unten die Signatur, G. Eisler, in ihrer Größe auch kein Ausbund an Bescheidenheit. »Der kommt bald nach Wien.« Das stimmte, zwei Jahre später lernte ich ihn kennen.

Der Kontakt zu Pinkas Spiegel blieb auch nach meiner Abreise aus Salzburg bestehen. Gelegentlich kam er nach Wien, wo ich erfuhr, dass er im Auftrag der Salzburger Landesregierung einmal in der Woche mit dem Autobus in den Pinzgau fuhr, um drei oder vier jüdische Kinder, die es samt ihren Eltern nach Taxenbach oder Piesendorf verschlagen hatte, in der Thora und im Talmud zu unterweisen. Wenn die christlichen Schüler ihn kommen sahen, sagte Pinkas, riefen sie jedes Mal: »Do kimmt a, da jidische Pforra!«

Als ich schon längst mit Georg Eisler befreundet war, kamen wir manchmal in größerer Runde zusammen. Eines Abends redeten sich alle über die halbherzige Entnazifizierung, das schamlose Werben um Nazistimmen, die Reuelosigkeit der Mörder und die Komplizenschaft der Justiz die Köpfe heiß. Nur Pinkas Spiegel saß stumm neben mir, als ginge ihn das alles nichts an. Plötzlich machte er eine abwehrende Handbewegung und erhob seine Stimme: »Aus! Ich will nichts mehr davon hören. Vergessen, vergeben, verzeihen. Was anderes können wir nicht tun.« Alle schwiegen betreten, nur Eislers Mutter starrte ihn böse an und rief: »Pinkas, Sie sind ja ein Christ!« Und wieder Pinkas: »Na, dann bin ich eben ein Christ.«

Ein entzückender Mensch. Was aus ihm geworden ist, weiß ich nicht. Ihm wäre viel daran gelegen, unsere Freundschaft aufrechtzuerhalten. Er mochte mich, ich ihn auch. Heute frage ich mich, warum ich mich dann nicht weiter um Pinkas gekümmert habe. Zum letzten Mal sah ich ihn, irgendwann in den fünfziger Jahren, in der Zeitung. Die Salzburger Polizei hatte bei einer Nazikundgebung, wie nicht anders zu erwarten, nicht auf die Nazis, sondern auf die Gegendemonstranten eingeprügelt. Auf dem Foto waren vier oder fünf verletzte Nazigegner zu sehen, unter ihnen, in der Bildmitte, Pinkas Spiegel. Er blutete aus einer Kopfwunde. Wieder hatten sie ihm, wie ihre Gesinnungsgenossen oder Berufskollegen zwischen 1938 und 1945 jeden Tag, mit dem Schlagstock eins übergezogen. Aber er nahm es ihnen nicht übel. Pinkas muss wirklich ein ungeheures Potential an Vergessen, Vergeben und Verzeihen besessen haben, andernfalls hätte er es in Salzburg, meine ich, nicht ausgehalten.

Nachdem ich im Frühjahr 1948 die Matura bestanden hatte, gelang es Charles Lipka, mich in die Akademie der Bildenden Künste zu bugsieren. Das heißt, ich musste nicht zu einer Aufnahmsprüfung antreten, sondern wurde auf seine Fürsprache hin in die Klasse von Professor Josef Dobrowsky aufgenommen.

Dobrowsky ließ sich nur die Bilder zeigen, die ich unter Lipkas Einfluss gemalt hatte. Der Andrang an die Akademie hielt sich damals in Grenzen, es waren nicht viele, die sich unter den erbärmlichen Lebensverhältnissen eine Künstlerkarriere zutrauten. Meine erste Beurteilung als Student erhielt ich von Professor Herbert Boeckl. Er warf einen Blick auf die Aktzeichnung, die ich in seinem berühmten Abendkurs angefertigt hatte, und sagte in seiner Kärntner Mundart: »Groß, groß, des san ja Wandgemälde, kaane Zeichnungen, kaa Form, kaa Formvorstellung, und iberhaupt, warum mochen S' nur a Linie, mochen S' hundert Linien, wird scho a richtige drunter sein, oba a Linie und die foisch, des is wenig.« Mir war klar, ich stand am Anfang eines steinigen Weges.

Die meisten Professoren waren mir wenig hilfreich dabei, auf ihm voranzukommen. Entweder ließen sie sich nicht auf der Akademie blicken, weil sie emsig an ihren eigenen Bildern malten, oder sie waren aufgrund ihrer Persönlichkeitsstruktur ungeeignet, ihr Können, so es vorhanden war, an die Studenten weiterzugeben. Sowohl das eine wie das andere traf auf meinen Klassenlehrer Dobrowsky zu, dessen Porträtbilder und Landschaftsaquarelle mich, wie schon erwähnt, mit zwölf, dreizehn Jahren durchaus beeindruckt hatten. Dass sie während der Nazizeit in Wien überhaupt ausgestellt werden konnten und nicht als entartet weggesperrt wurden, lag an Gauleiter Baldur von Schirach, dessen Kunstgeschmack nicht ganz so schlecht war wie der anderer Nazigrößen, weil er sich vom Architekten Josef Hoffmann, dem Mitbegründer der Wiener Werkstätte, beraten ließ. Leuten, die nur die Wahl zwischen bodenständigen, ultrakonservativen und offen nazistischen Malern hatten, galt Dobrowsky als Enfant terrible, eine Art Pablo Picasso der Gauhauptstadt. Aber nach dem Krieg war nicht mehr erkenntlich, worin das Wagnis seiner Kunst bestanden hatte, und er wurde als eher konservativer, altmodischer Maler eingestuft. Das war für ihn schwer zu ertragen und hatte Auswirkungen auf seine Lehrtätigkeit. Denn seine Malweise beruhte nicht auf Grundlagen, sondern auf Intuition, die nicht tradierbar ist. Und selbst wenn er sie vermitteln hätte können, wäre er davor zurückgeschreckt, weil er sich als Auslaufmodell – wie das heute so taktvoll heißt – betrachtete. Er begann sich selbst zu verachten und bewunderte diejenigen, die jetzt anfingen, abstrakte Bilder zu malen und im Kunstbetrieb zackig nach vorn marschierten. Das hätte er auch gern getan, nur genierte er sich und dachte, ach was, lieber resignieren, traurig sein, ins Burgenland fahren – nach St. Margarethen, wo sein Sohn Tierarzt war –, Blumenaquarelle und Dorfansichten malen und sie unter ihrem Wert verschleudern. Er wollte jedenfalls keinen Einfluss ausüben, auf niemanden. Sooft er in die Akademie kam, war sein Raucherkatarrh schon von weitem zu hören. Gespräche, die er mit seinen Studenten führte, mündeten unweigerlich im Fazit, dass alles sehr schwer sei.

Abgesehen von Boeckl, Fritz Wotruba, dem starken Mann im Professorenkollegium, und Albert Paris Gütersloh, über die Berufenere als ich meterdicke Schwarten geschrieben haben, haben sich mir von den damaligen Lehrern eigentlich nur Ludwig Münz und Heimo Kuchling eingeprägt. Münz, Professor für Kunstgeschichte und Direktor der Bildergalerie, gab drei Studenten – Alfred Hrdlicka, Josef Mikl und mir – einmal ein Privatissimum, in dem er uns den Hieronymus-Bosch-Altar, das Glanzstück der Galerie, interpretierte. Leider erfuhr ich viel zu spät, dass Münz zum Freundeskreis von Karl Kraus gehört hatte. Durch ihn hätte ich alles in Erfahrung bringen können, was ich über Kraus gern gewusst hätte.

Weil ihm die Unbildung der Studentenschaft ein stetes Ärgernis war, holte Wotruba den Kärntner Kunsttheoretiker Heimo

Kuchling an die Akademie. Kuchling hatte ein eigenes Fach, Morphologie der Kunst, erfunden, bei der die Ikonographie durch Formanalyse ersetzt wird. Er hielt nicht nur Vorlesungen, sondern führte auch in die von ihm initiierten Montagsgespräche ein, zu denen Vortragende aus verschiedenen Disziplinen eingeladen wurden, und unternahm im Jahr 1955, in meinem allerletzten Studienjahr, eine Exkursion zur großen Picasso-Ausstellung nach München. Drei Tage lang waren wir unter seiner Anleitung nur mit dem Anschauen von Bildern, im Haus der Kunst und in der Alten Pinakothek, befasst; als absoluter Höhepunkt erwies sich Picassos Monumentalgemälde »Guernica«, das für die Dauer der Ausstellung aus dem New Yorker Museum of Modern Art ausgeliehen worden war. Von den Akademieprofessoren wurde Kuchling heftig angefeindet. Einmal, weil ihnen das Betreiben jeder Kunsttheorie überflüssig erschien, zum andern, weil sie sein Engagement für die Studenten störte; ich kann mich nicht erinnern, dass irgendwer sonst auf die Idee kam, mit uns eine Ausstellung zu besuchen oder zum Zeichnen und Malen in eine Fabrik, in die Vorstadt oder meinetwegen in das nächste Weinhaus zu gehen.

Kein Wunder also, dass das Studium in der Malklasse ziemlich ereignislos verlief. Vormittags standen ein Kopfmodell und ein Aktmodell zur Verfügung, nachmittags gab es Vorlesungen und Übungen, zum Beispiel im Fach Anatomie bei Professor Fritz Paul, den Boeckl schon 1931 auf seinem großen Gemälde »Die Anatomie« verewigt hatte. Zum Abschluss jedes Sommersemesters gab Paul eine Vorführung in der Prosektur des Franz-Josef-Spitals, wobei er größten Wert darauflegte, dass möglichst vielen Studenten schlecht wurde.

Der Lehrbetrieb war provisorisch, also planlos. Umso verblüffender erscheint mir heute, dass sich unter den Studenten Zweier-, Vierer- oder Sechserteams bildeten, die wie aus dem Nichts heraus, von niemandem gefördert oder ermutigt, einen eigenen Stil kreierten und Werke schufen, die künstlerisch höchst auffällig waren. Bemerkenswert ist außerdem, dass die damals entstandenen Bilder, an denen die Studenten oft monatelang arbeiteten, Einzelstücke blieben und alles übertrafen, was sie später noch hervorbrachten, als sie zu Ruhm und Ansehen gekommen waren und der Steuerberater Mag. Krethi und der Zahnarzt Dr. Plethi ihre Kaminzimmer mit den hurtig gepinselten, dabei detailfreudigen Bildern von barbusigen Feen oder rostfarbenen Quadraten schmückten. Einwände, dass im Lauf der Zeit doch dies und jenes dazugekommen sei, fechten mich nicht an; ich bleibe dabei, es ist nichts Wesentliches hinzugekommen. Die Grundlage wurde in den Jahren 1948 bis 1950 gelegt. Das gilt sowohl für Ernst Fuchs, Anton Lehmden, Wolfgang Hutter und Erich Brauer, die zusammen mit dem fünfzehn Jahre älteren Rudolf Hausner die »Wiener Schule des Phantastischen Realismus« begründeten – eine Bezeichnung, die auf den kommunistischen Kunstkritiker Johann Muschik zurückgeht – als auch für meine Kommilitonen in der Klasse Dobrowsky, Wolfgang Hollegha und Josef Mikl, die sich auf den Weg in die Abstraktion begaben. Und es trifft ebenso auf die dritte Gruppe zu, der außer Hrdlicka und mir noch Georg Eisler und der Steirer Fritz Martinz zuzurechnen sind.

Hrdlicka war mir als Typ sofort aufgefallen. Ruppig, mit Umgangsformen, die meine schlechten Manieren noch übertrafen, einen breiten Wiener Dialekt sprechend, dabei von glasklarem Verstand, pointiert in seinen Argumenten, polemisch und unwillens, ja unfähig, jemandem nach dem Mund zu reden. Seine Art zu zeichnen beeindruckte mich tief. Eigentlich primitiv, jedoch mit Blick auf das Wesentliche. Er verstand es, Details an den Leibern und Gliedmaßen der Modelle auszuformen, die mir gar nicht aufgefallen waren. Von ihm lernte ich auch, dass Schatten scharf begrenzt sind und nicht an den Rändern abflauen. Aber Hrdlicka übte nicht nur auf künstlerischem Gebiet und wegen seines kämpferischen Naturells starken Einfluss auf mich aus, sondern auch hinsichtlich seiner politischen Haltung. Offenbar erkannte er in mir wesensverwandte oder komplementäre Züge, und so blieb es nicht aus, dass uns bald und auf viele Jahre eine innige Freundschaft verband.

Seine Arbeit war zweigeteilt. Zu Hause malte er Bilder, die er zunächst geheim hielt. Satirische oder karikierende Darstellungen von aufgedunsenen Menschenschindern und Geschäftemachern, in denen biblische Sujets wie der Bethlehemitische Kindermord in die Gegenwart versetzt oder scheinbar entlegene Konflikte in das gewaltsam befriedete und schon wieder kriegslüsterne Europa geholt wurden. In der Klasse Dobrowsky forcierte er in großformatigen Ölbildern und Aquarellen einen realistischen Stil, der aber nicht wie bei vielen unserer Mitstudenten in Richtung Cézanne-Nachfolge ging. Hrdlicka versuchte vielmehr, etwas zu entwickeln, das der holländische kommunistische Filmavantgardist Joris Ivens »militanten Realismus« nannte. Darin folgte ich ihm, wir waren beide der Überzeugung, dort anknüpfen zu müssen, wo man die Malerei liegengelassen hatte. Aber wo war das gewesen? Das war so bald nach Kriegsende schwer herauszufinden.

Überhaupt bleibt es mir ein Rätsel, woher die jungen Maler und Zeichner ihre Kenntnisse bezogen. Nur ein Beispiel für unseren Informationsnotstand: Im Wien der späten vierziger Jahre hielt sich das hartnäckige Gerücht, dass der französische Kulturoffizier oder Kulturdelegierte Armand Jacob in seiner Dienstwohnung das große Max-Ernst-Buch herumliegen habe, es aber nur Künstlern mit Französischkenntnissen zeige. Ich lief ihm ein-

oder zweimal über den Weg, grüßte ihn höflich, hatte aber, des Französischen unkundig, keine Chance, das geheimnisumwitterte Buch zu sehen. Kurz darauf verbreitete sich die Nachricht, dass auch Otto Mauer, der damals Geistlicher Assistent der Katholischen Aktion war, ein Exemplar des Buches in seinen Besitz gebracht und Ernst Fuchs das große Privileg eingeräumt habe, darin blättern zu dürfen. Das waren die Dinge, um die man sich aufgeregt bemüht hat, wobei sich die Frage stellt, warum auf einmal alle wussten, dass dieser Max Ernst, der heute in jeder Ramschbuchhandlung mit zwanzig Monographien und Katalogen aufliegt, ein Künstler von eminenter Bedeutung ist.

Ähnlich rätselhaft war es ja schon bei der ersten Art-Club-Ausstellung 1947 zugegangen. Staunend hatte ich mich damals gefragt, wie diese durchaus bemerkenswerten Bilder oder Skulpturen zustande gekommen waren. Die älteren Clubmitglieder, na gut, die hatten seinerzeit reisen, sich mit der internationalen Avantgarde auseinandersetzen und in ausländischen Museen umsehen können. Aber Maler wie Wolfgang Hutter und Ernst Fuchs, Letzterer zwei Jahre jünger als ich, also noch ein halbes Kind – woher nahmen sie ihre Anregungen? Wieder stolpere ich über die Frage, die mich bis heute umtreibt: Wie kommt man an ein Wissen, das man gar nicht haben kann? Wie stellt man Zusammenhänge her zwischen Kunstströmungen, die einem allesamt unbekannt sind, und wie ist es möglich, mit diesen Strömungen den eigenen Stammbaum zu erstellen? Keine Antwort. Jedenfalls wussten auf einmal viele, worum es ging. Das war vielleicht das auffälligste Phänomen jener Zeit.

Zu den Einzelstücken, die damals entstanden oder zumindest begonnen wurden, weil sich ihre Fertigstellung – wie im Fall Hausner und Hutter – über Jahre hinzog, und die mir noch heute als wesentlich erscheinen, zähle ich die ganz frühen Zeichnungen von Ernst Fuchs, Anton Lehmdens Tafelbild »Panzerschlacht«, Wolfgang Hutters »Theater«, das Bravourstück »Die Arche des Odysseus« von Rudolf Hausner und Hrdlickas »Der Krieg im Fernen Osten«. Bemerkenswert sind auch die Aktzeichnungen Josef Mikls sowie das später entstandene Monumentalgemälde von Claus Pack, »Lawrentij Berija wird 1953 im Zentralkomitee der KPdSU verhaftet«, ein bisschen Picasso, ein bisschen Diego Rivera, dennoch ein höchst persönliches, sehr gut durchdachtes und ebenso gut ausgeführtes Werk. Von mir wären drei Zeichnungen zu nennen, »Geschrei in den Straßen«, »Spieler« und »Toboggan«, dazu drei realistische Ölbilder: ein lebensgroßes Selbstporträt, ein großformatiges Gemälde, »Die Ringer«, und ein Porträt des kommunistischen Stadtrats für Kultur und Volksbildung, Dr. Viktor Matejka.

Er war lange Zeit der Einzige, der in Wien ein offenes Ohr für Künstler hatte, wobei seine Förderungsmaßnahmen mangels eines Budgets für Ankäufe und Stipendien meistens darin bestanden, dass er sich von ihnen porträtieren ließ. Oft lungerten in seinem Büro gleich mehrere Maler herum, jeder bemüht, ihn einigermaßen vorteilhaft oder wenigstens erkennbar abzubilden, während er ungerührt seine Amtsgeschäfte verrichtete, Aktenstücke studierte, telefonierte, aufsprang, durchs Zimmer lief, Antragsteller, untergeordnete Beamte oder Politiker empfing und verabschiedete. War man mit der Arbeit fertig, durfte man sich an seinen Vorzimmersekretär wenden, der dann in der Schreibtischlade kramte und einem ein paar zerknitterte Geldscheine in die Hand drückte. Mir wurde dieses Glück nicht zuteil, weil Matejka 1954, als mein Ölbild entstand, längst nicht mehr Stadtrat war, so dass es seiner Privatsammlung honorarfrei einverleibt wurde, aber ich schätzte ihn trotzdem, wegen seiner Offenheit, seiner unkonventionellen und dabei effektiven Amtsführung und weil er im *Tagebuch*, das er jahrelang gemeinsam mit Ernst Fischer und Bruno Frei herausgab, ebenso witzige wie scharfsinnige Glossen veröffentlichte.

Nicht ganz so ungetrübt war mein Verhältnis zu Matejkas Frau Gerda Matejka-Felden, die der interessierten Öffentlichkeit als Gründerin und langjährige Leiterin der Künstlerischen Volkshochschule in bleibender Erinnerung geblieben ist. Sie hatte an der Akademie den österreichweit einzigen Lehrstuhl für Kunsterziehung inne und missbrauchte ihre Monopolstellung, indem sie unter den Studenten und vor allem den Studentinnen, auf die sie es besonders abgesehen hatte, ein Schreckensregiment ausübte. Die Beschwerden über willkürliche Rausschmisse, grobe Beleidigungen und völlig ungerechtfertigte Suspendierungen häuften sich, was vorderhand keinerlei Reaktionen seitens des zuständigen Ministeriums zur Folge hatte. Denn Frau Professor Matejka-Felden hatte sich politisch dreifach abgesichert: durch die Ehe mit einem kommunistischen Politiker, auch wenn sich die beiden getrennt hatten, durch die Greisenhand, die der sozialdemokratische Bundespräsident Karl Renner schützend über sie hielt, und durch ihr intimes Verhältnis zum katholischen Volksbildner Karl Lugmayer, der für die ÖVP im Bundesrat saß. Sie war also, im heutigen Sprachgebrauch, hervorragend vernetzt, wobei ihr innerhalb der Akademie auch das Wissen über die Nazivergangenheit ihrer Professorenkollegen zugutekam. Sie glaubte deshalb, nichts befürchten zu müssen, unterschätzte allerdings das studentische Protestpotential. Denn das politische Leben an der Kunstakademie war durchaus rege. Die Parteien spielten keine Rolle, bei den Hochschülerwahlen gewann eine Namensliste, auf der auch linksradikale Elemente wie Hrdlicka und ich ihr Unwesen trieben. Den Studenten vom Verband der Unabhängigen war unter Androhung der Prügelstrafe das Betreten des Hauses am Schillerplatz verboten worden. In Vollversammlungen wurde vehement gegen die Erhöhung des Studiengeldes protestiert, man konnte also durchaus das wahrnehmen, was mein späterer Freund Harry Glück als »Töne des Aufruhrs und der Insubordination« bezeichnet hat. Nur die Frau Professor stellte sich taub, und auch im Unterrichtsministerium glaubte man, dass der Krawall von ein paar Narren an der Akademie ungehört verhallen würde.

Erst als die Streikbewegung 1951 auf die Universität und die Hochschulen für Bodenkultur und Welthandel überzugreifen drohte und ein paar Dutzend Akademiestudenten überdies in den Hungerstreik traten – eine Maßnahme, die Hrdlicka und ich als Proponenten eines Generalstreiks für politisch widersinnig hielten –, lenkte das Ministerium ein. Das wichtigste Ergebnis war Matejka-Feldens Entmachtung: Die Lehr- und Lernfreiheit wurde durch einen Erlass hergestellt, der es angehenden Kunsterziehern erlaubte, ihr Studium auch anderswo, zum Beispiel in den Malklassen, bei Dobrowsky, Robin C. Andersen oder Franz Elsner, zu absolvieren. Das war zwar auch kein Honiglecken, wenn ich an die barschen Anweisungen denke, die Andersen seinen Meisterschülern erteilte: »Mit Neapelgelb malen wir hier nicht, mit Klapplack malen wir auch nicht.« Aber es brachte den Kunstpädagogen, die bis dahin von Matejka-Felden schikaniert worden waren, doch eine ungeheure Erleichterung. Plötzlich hatte sie kaum noch Studenten, was sich angeblich positiv auf ihre Umgangsformen auswirkte. Obwohl sie wusste, dass ich während der Vollversammlung in einer feurigen Rede gegen sie polemisiert hatte, drohte mir von ihrer Seite keine Gefahr. Bei einem Examen, im Fach Farbchemie, war sie Beisitzerin. Vom Prüfer gefragt, ob sie noch etwas von mir wissen möchte, antwortete sie: »Nein. Der weiß im Übrigen alles.« Das trug mir den Spott Alfred Hrdlickas ein, der felsenfest behauptete, dass sie mich abgöttisch liebe.

Zwei Jahrzehnte später, irgendwann in den Sechzigern oder frühen Siebzigern, tauchte in meiner Druckwerkstatt in der Pfefferhofgasse ein Jungsoziologe auf, der an einer Doktorarbeit über den Werdegang der Wiener bildenden Künstler schrieb und zu diesem Zweck einen Fragenkatalog erstellt hatte, den ich ihm nun, als einer der zu untersuchenden Künstler, beantworten sollte. Das tat ich, und danach fragte ich ihn, was ihm im Zuge seiner bisherigen Umfrage besonders aufgefallen sei. Für ein Resümee sei es noch zu früh, meinte er, aber eines sei doch bemerkenswert, dass nämlich alle Maler meines Alters, die er bisher befragt habe, schon in ihrer frühen Jugend diesen Beruf ergreifen wollten und ihn bis heute ausüben. Das stimmt, unterscheidet uns von nachfolgenden Generationen und erscheint angesichts der kläglichen Lebensumstände in den ersten Nachkriegsjahren ziemlich paradox. Sie wurden von uns jedoch keineswegs als entwürdigend empfunden, da es ja allen schlecht ging – bis auf die, die man nicht kannte, weil sie sich in ihren Villen im Cottage verbarrikadierten, oder an denen man nicht anstreifen wollte, wie die Architekturstudenten, die in unseren Augen Geldsäcke waren, was insofern nicht ganz falsch war, als viele von ihnen wohlhabende Eltern in der Provinz hatten und wie Grandseigneurs mit dem Taxi zum Heurigen fuhren, während wir stundenlang vom einen Ende der Stadt zum andern latschten, weil das Geld nicht einmal für einen Straßenbahnfahrschein reichte, und im Schweiße unseres Angesichts den Schutt aus dem Keller der Secession schaufelten, für fünf Schilling die Stunde. Die Malereistudenten waren eben das Proletariat der Akademie. Das zeigte sich schon daran, dass ich oft in die Verlegenheit geriet, mir keine Zeichenstifte oder Farben anschaffen zu können.

Vor diesem Problem stand auch Erich (später: Arik) Brauer, der allerdings pfiffiger war als ich und in seiner Not auf folgende Beschaffungsmethode verfiel: In seiner Klasse, bei Gütersloh, studierte auch Karl Stark, ein Kommunist aus der Steiermark, sieben Jahre älter als wir, dessen Bilder sich durch einen ungewöhnlich starken Farbauftrag auszeichneten. Über der Ölfarbe bildete sich langsam eine dünne Haut, unter der die Farbe noch eine Weile flüssig blieb. Sooft Stark seine Arbeit unterbrach, um sich in die verdiente Mittagspause zu begeben, eilte ein Parasit in Gestalt seines mittellosen Kollegen herbei, der wegen seiner stark lasierenden Malweise mit wenig Farbe auskam. Brauer stach mit einer Nadel in einen Farbpatzen, dessen Oberfläche schon halbwegs getrocknet war, entnahm ihm durch vorsichtiges Pressen den flüssigen Untergrund – Chromgelb, Kadmiumgelb, Oxydgrün, was gerade zur Auswahl stand – und beförderte diesen mit einem Farbmesser auf seine Palette. Zuletzt tupfte er die Einstichstelle sorgfältig zu, so dass seine Missetat nicht mehr zu erkennen war. Stark kam ihm nie auf die Schliche; ahnungslos, wie er war, wunderte er sich nur darüber, wie es dem ewig stieren Brauer gelang, seine kleine Palette immer wieder aufzufüllen.

Nicht nur Farben, auch Kohlen und Lebensmittel waren Mangelware. Diesem Umstand versuchte ein anderer Maler abzuhelfen, indem er in seinem großen ungeheizten Untermietzimmer einen winzigen Verschlag aufstellte, der als Dolmetscherkoje von einem kommunistischen Kongress übriggeblieben war. Die Staffelei mit dem Malgrund stand vor der Koje, dahinter saß mein Kollege, zwischen den Beinen einen winzigen Petroleumofen, und malte durch die Fensteröffnung hindurch an seinen Bildern. Ein anderer Student, dessen Name mir wie der des Kojenmalers entfallen ist, war als Künstler noch nicht weit gekommen, hatte aber begüterte Eltern. Um seinen Rückstand aufzuholen, bat er die beiden Stars der Meisterklasse von Professor Sergius Pauser, ihm Privatunterricht zu erteilen. Martin Polasek und Marcell

Schmid erklärten sich dazu bereit und verfügten zunächst, dass er auf dem Naschmarkt Delikatessen, Obst und andere Kostbarkeiten zu besorgen habe, die sie dann zu einem Stillleben arrangierten. Nach drei Tagen erklärten sie die Lektion für beendet, räumten das Stillleben ab und aßen es auf der Stelle auf. Als ich davon erfuhr, musste ich an eine Stelle in Ilja Ehrenburgs Roman *Das bewegte Leben des Lasik Roitschwantz* denken, dessen Titelheld das Stillleben eines Pariser Kubisten verschlingt, nicht ohne einen längeren Entschuldigungsbrief zu hinterlassen.

Heitere Begebenheiten dieser Art sollen nicht die tragischen Aspekte im Alltag der späten vierziger und frühen fünfziger Jahre vergessen lassen. Heute kaum noch vorstellbar, schwebte das Damoklesschwert einer unerwünschten Schwangerschaft über allen Liebespaaren. Verhütungsmittel waren ebenso rar wie Briketts, Ölfarben oder frische Äpfel und dazu noch derart unzuverlässig, dass jeder Beischlaf einem russischen Roulette gleichkam. Wurde eine angehende Malerin oder die Freundin eines angehenden Malers schwanger, dann standen nur zwei Möglichkeiten zur Wahl: Abtreibung, die nur dann straffrei blieb, wenn die Schwangerschaft oder ihre Fortsetzung das Leben der Frau gefährdete, oder Verzicht auf das angestrebte Künstlerdasein, das eigentlich nur zölibatär vorstellbar war, das heißt Abbruch des Studiums, Heirat und Suche nach einem Brotberuf, mit dem die künftige Familie ernährt werden konnte. Leider ergab es sich auch, und nicht allzu selten, dass der angehende Vater jede Verantwortung von sich wies und die betroffene Frau, wenn sie sich nicht dem erniedrigenden und lebensgefährlichen Eingriff bei einer Engelmacherin unterzog, einfach sitzen ließ.

Ich lief zum Glück nie Gefahr, in einer solchen Zwangslage meine Charakterfestigkeit beweisen zu müssen. Ob ich sie im Ernstfall aufgebracht hätte, wage ich zu bezweifeln. Dabei hätte ich mir Brauer zum Vorbild nehmen können. Der kam eines Tages reingetanzt und sagte, dass die Sowieso – eine aus Ostdeutschland eingewanderte Akademiestudentin – ein Kind von ihm erwarte. Mir wurde beim bloßen Zuhören ganz schlabbrig in den Knien. »Alles halb so schlimm. Jetzt werdets mich eine Zeitlang nicht sehen, ich geh nämlich nach Aderklaa, barabern, damit was da ist, wenn der Gschropp zur Welt kommt.« Aderklaa, Zistersdorf, die Erdölfelder der Sowjetischen Mineralölverwaltung. Dort ließ sich schon Geld verdienen, aber in Schwerstarbeit, vor meinem geistigen Auge tauchten Baracken auf, in denen ölverschmierte muskelbepackte Trunkenbolde nach Schichtende bis zum Umfallen Zoten rissen. Immerhin war Brauer, als Stütze des FÖJ-Ensembles, das aus Chor und Tanztruppe bestand, ein kommunistischer Jugendfunktionär, aber das hätte ihnen mehr Hohn als Respekt abgerungen. Auf alle Fälle bot er mir mit der fröhlichen Ankündigung, die Malerei samt Bildermelken beim Kollegen Stark erst einmal zurückzustellen und stattdessen für seine damalige Freundin und das erwartete Kind Sorge zu tragen, ein leuchtendes Beispiel für Anstand und Optimismus. Ich hätte an seiner Stelle eine jämmerliche Figur abgegeben. Ein paar Tage später stellte sich heraus, dass sein Mädel geflunkert oder die Regel dann doch bekommen hatte, und so blieb er der Akademie, Starks dickem Farbauftrag und dem Ensemble der Freien Österreichischen Jugend vorläufig erhalten.

Nach meinem Dafürhalten wäre Brauer auch als unfreiwilliger Familienvater auf allen vier Pfoten gelandet. Das hätte ich ihm auch gegönnt, weil er furchtbar nett, einfallsreich und blitzgescheit war. Die Bilder, die er malte, gefielen mir nicht, die Lieder, die er sang, gefielen mir auch nicht, die Millionen, die er Jahre später kassierte, gefielen mir schon gar nicht, aber sonst gefiel mir alles an ihm. Vif im Argumentieren, schlagfertig, charmant.

Und er verfügte über etwas, das der Kommunistischen Partei in ihrer Gesamtheit abging, nämlich Humor und Lebensfreude, also eine gewisse Lockerheit. Darin erinnerte er mich an den großen Schriftsteller Egon Erwin Kisch, in dessen Reportagen über die Sowjetunion, *Zaren, Popen, Bolschewiken*, ich Brauers Eigenschaften wiederfand. Die Kommunisten waren wegen dieses Buches böse auf Kisch, weil ihm der pathetische Schwulst abging. Und der ging ebenso dem Brauer ab, der die Partei bestens kannte, auch gar nicht gegen den Starrsinn ihrer Funktionäre opponierte, aber ein völlig anderes Prinzip verkörperte, das des FÖJ-Ensembles, also lebensbejahend, sinnenfreudig und immer gut gelaunt.

Als ich Anfang der fünfziger Jahre während der Sommerferien bei der Wien-Film am Rosenhügel arbeitete, einem USIA-Betrieb, tauchte in der dortigen Malerabteilung auch Erich Brauer auf, in und außerhalb der Partei besser bekannt unter seinem Spitznamen Singerl, der nicht weit hergeholt war, weil er gern und viel sang und sich oder andere auf der Gitarre begleitete. Grundakkord, Septakkord und Dominantseptakkord, damit kam er aus, und das reichte, damit ihm die Herzen des weiblichen Publikums zuflogen. Das FÖJ-Ensemble war dazu ausersehen, linientreue Musik unters Volk zu bringen, teils österreichische Volkslieder, teils sowjetische und internationale Kampflieder. Damit waren die jungen Leute auch durchaus einverstanden. Aber wenn das alles runtergeleiert war, bestand das starke Bedürfnis, irgendwas Lustiges zu singen. Das war natürlich riskant, erstens weil man sich damit schnell dem Vorwurf der westlichen Dekadenz aussetzte, und zweitens, weil es nicht dem Ernst der Lage im Stadium der sich zuspitzenden Klassengegensätze angemessen war.

Während Brauer und ich im Freien eine Kulisse für die Filmkomödie *Eine Nacht in Venedig* anpinselten, summte ich – in Gedanken bei einem Mädchen, das ich gerade verehrte – ein Lied vor mich hin. Dieses Mädel war nämlich süchtig nach Schlagermusik aus dem amerikanischen Soldatensender, verstand aber kein Wort Englisch und hatte mich deshalb auserkoren, ihr den einen oder anderen Liedtext zu übersetzen. Ich war also jeden Morgen um sieben damit beschäftigt, das Radio einzuschalten und mir die ärgsten Schnulzen im Blue Danube Network anzuhören. Eine besonders abstoßende hatte sich mir offenbar eingeprägt. Singerl spitzte die Ohren, steckte den Pinsel in den Farbtopf und sagte: »Moment, das musst du mir noch einmal vorsingen.« Gutmütig, wie ich war, brachte ich ihm den Schwachsinn ein zweites Mal zu Gehör. »Hey, good lookin', what you got cookin'? How's about cookin' something up with me?« Nachdem ich ihm auch noch den Text aufgeschrieben hatte, rieb er sich zufrieden die Hände und griff wieder nach dem langen Malerpinsel. »Das werd ich mit dem Ensemble singen. Das wird ein Hadern, wirst sehn.«

Tatsächlich wurde das Lied, flott einstudiert und vierstimmig gesungen, in der Interpretation des FÖJ-Ensembles ein voller Erfolg. Alle waren glücklich darüber. Nur einer nicht, und zwar der Musikkritiker der kommunistischen *Volksstimme*, Genosse Marcel Rubin, als Komponist wegen seiner Gesinnung damals außerhalb der Partei totgeschwiegen und bis heute unterschätzt. Als Wächter über die richtige musikalische Orientierung der kämpfenden Jugend zitierte er Singerl nach dem Konzert zu sich. Brauer später zu mir: »Ui jegerl, da hat's noch einen Wickel gegeben. Also der Marcel Rubin kommt zu mir und sagt: ›Genosse, wie konntest du dich unterstehen, mit unserem Ensemble diesen kompletten Amidreck einzustudieren!‹ Hab ich gesagt: ›Was heißt Dreck? Das ist ein Lied der Werktätigen des amerikanischen Mittelwestens.‹ Warum ich Mittelwesten gesagt habe, weiß ich nicht, ich hätte genauso gut Nordwesten sagen können. Auf alle Fälle, der Marcel Rubin war ganz beruhigt.«

Ferialjobs wie den bei der Wien-Film machte ich sechs Jahre hindurch. Ich fühlte mich meiner Mutter gegenüber verpflichtet, wenigstens im Sommer ein Scherflein zum Haushaltsgeld beizutragen. Das Semester endete am dreißigsten Juni – leicht zu merken, weil das mein Geburtstag ist –, und am ersten Juli trat ich für die nächsten drei Monate in ein Arbeitsverhältnis ein. Ich wollte immer eine manuelle Tätigkeit ausüben, weil ich nichts so sehr verabscheute wie Bürodienst. Da wird man gescholten, wenn man sich verrechnet oder völlig überflüssige Papiere falsch abgelegt hat. Meinen ersten Sommerjob jedoch bekam ich über Vermittlung meiner Mutter bei einer US-amerikanischen Einheit, die Special Services hieß. Das war nicht, wie man aufgrund des Namens vermuten könnte, ein Geheimdienst, sondern eine Stelle, die Baseballspiele und Ähnliches organisierte und eine Zeitschrift herausgab, *Info*, in der das Kinoprogramm abgedruckt war und diverse Veranstaltungen angekündigt wurden. In der Redaktion, die im Haus Neustiftgasse 1, also direkt hinter dem Volkstheater, untergebracht war, fungierte ich als Bürodiener.

Das ganze Gebäude war übrigens von oben bis unten mit amerikanischen Dienststellen belegt, und in ihm lernte ich zum ersten Mal in meinem Leben grundnormale Menschen aus der Nähe kennen. Das waren amerikanische Militärs, denen man das Militärische nicht angesehen hat. Inzwischen sind die Amerikaner auch übergeschnappt und haben den Sadismus für sich entdeckt, aber damals waren sie ruhige, friedliche, zivilisierte Männer und Frauen in Uniform. Das genaue Gegenteil des deutschen Barras, den ich zu meinem Glück zwar nie von innen erleben musste, aber zur Genüge kannte. Ich erinnere mich, 1942 im Hof des Schottenklosters gesehen zu haben, wie Soldaten geschliffen wurden. Es stand irgendein Feldwebel herum, und irgendwelche Gestalten krochen vor ihm auf dem Boden. Der Feldwebel brüllend, mit Schaum vor dem Mund und der unbändigen Freude daran, seine Untergebenen beschimpfen und zugrunde richten zu können. Jeder Kasernenhof, im Übrigen auch jeder Luftschutzkeller und jede Straßenbahngarnitur war während der Nazizeit ein Irrenhaus, in dem es bestenfalls zwei oder drei Normalgebliebene gab, aber wer weiß, ob die nur gut schauspielern konnten und in Wirklichkeit nicht auch schon übergeschnappt waren.

An den Amerikanern war nichts davon zu bemerken. Es gab keine Ehrenbezeugungen, kein Hackenzusammenschlagen, nicht einmal vor einem Colonel, dessen Rang einem Oberst entspricht, in gut deutscher Tradition also einem Wesen, von dem der Teufel in der Hölle noch was lernen könnte. Der Colonel in unserer Abteilung hingegen, Westpoint-Absolvent, First Cavalry, mit einem Adler auf der Mütze, mit guter Gesichtsrose vom vielen Bourbontrinken, klopfte mir jeden Morgen freundlich auf die Schulter, befasste sich untertags mit Schleichhandel und trieb nächtens Unzucht mit toupierten blonden Hausmeistertöchtern, bis endlich seine Ehegattin nach Wien kam. Dann durfte er es nicht mehr. Schleichhandelnde Offiziere, friedfertige Sergeants, kein lautes Wort. Auf die Idee, dass einer den andern anbrüllt, ist zumindest in diesem requirierten Haus Neustiftgasse 1 niemand gekommen.

Ich habe kaum einen Sommer so sehr genossen wie diesen. Erstens hatte ich nichts zu tun, außer dass ich einem rothaarigen Oberleutnant mit rothaariger Frau und vielen rothaarigen Kindern bei der Übersiedlung helfen und anschließend in seinem Büro Daumen drehen musste. Das wurde mir dann doch zu dumm, und deshalb machte ich mich als Schildermaler in der Grafikabteilung zu schaffen. Das ließ mir immer noch genug Zeit, um mit den Amis Kaffee zu trinken und Zigaretten zu rauchen. Meine Englischkenntnisse habe ich mir hauptsächlich dort angeeignet. Kein Wort des Tadels, ich war sehr beliebt und fiel vor allem deshalb auf, weil ich mich nie am Eigentum der United States Forces vergriff. In dieser Hinsicht war ich eine Ausnahmeerscheinung.

Das nächste Jahr war schon anstrengender, hatte aber den Vorteil, dass ich diesmal auch mein Wienerisch verbessern konnte, das noch ziemlich im Argen lag. Die US-amerikanische Besatzungsmacht hatte unter dem Eindruck der Berlin-Blockade 1948/49 in Wien große Lebensmittellager angelegt. Hunderte Arbeiter mussten Mehlsäcke, Zuckersäcke, die besonders schwer waren, und große Schmalzfässer aus Eisenbahnwaggons in Lagerhallen schleppen. Nur wenn ein Güterwaggon Verspätung hatte, gab es kurze Verschnaufpausen, in denen ich mir, im Gespräch mit meinen Arbeitskollegen, urwüchsige Dialektausdrücke einverleibte.

Unvergesslich ist mir der letzte Arbeitstag geblieben. Ich war nicht der einzige Student unter den Beschäftigten, wir waren mindestens zwanzig oder dreißig und standen auf der Pritsche des Armeelastwagens, der uns vom Schlachthof St. Marx, wo wir gerade die letzte Waggonladung verstaut hatten, in die Innenstadt bringen sollte. Da erschien der oberste Vorarbeiter, Herr Kaiser, ein älterer, von einer schweren Krankheit gezeichneter Mann, und hielt eine kurze Ansprache: »Also meine Herren Studenten, heute heißt's Abschied nehmen. Ihr habt sehr gut gearbeitet, allen Respekt, Hut ab, und ihr werdet ja jetzt euer Studium fortsetzen und hoffentlich auch bald zu Ende bringen. Und wenn ihr einmal ganz oben sitzen werdet, dann möcht ich euch nur um eins bitten: Vergesst uns nicht. Ihr habt gesehen, wie wir leben und arbeiten. Also vergesst uns bitte nicht. Das wollt' ich euch noch gesagt haben.« Ich war nicht der Einzige, dem bei diesen Worten des Herrn Kaiser die Tränen kamen.

Im darauffolgenden Sommer war es auch nicht lustig. Ich arbeitete, wieder für die amerikanischen Streitkräfte, in der zentralen Reparaturwerkstätte des Fahrzeugparks. Erneut wurde ich wie ein Weltwunder bestaunt, als der einzige Mensch in der gesamten Hierarchie – vom Oberst bis zum Hausmeister –, der nicht gestohlen hat. In meiner letzten Arbeitswoche, Ende September 1950, brach der sogenannte Oktoberstreik aus. Das von den Sozialpartnern ausgehandelte Vierte Lohn-Preis-Abkommen sorgte wegen der massiven Preiserhöhungen von Heizmaterial und Grundnahrungsmitteln für helle Empörung. Die Streikbewegung begann in Oberösterreich, in der VÖEST und in den Steyr-Werken, und erfasste, vorerst ohne Zutun der Kommunistischen Partei, die von Zeitpunkt und Ausmaß völlig überrascht wurde, Hunderte Betriebe in der Steiermark, in Salzburg und in Niederösterreich. In Wien versuchten wütende Arbeiter, das öffentliche Leben lahmzulegen, indem sie Tramwayschienen mit Beton ausgossen und Pflastersteine aus dem Boden rissen, was ihrem Anliegen sehr schadete. Denn die Koalitionsregierung aus ÖVP und SPÖ nutzte die Ausschreitungen, um die Betriebe durch militarisierte Polizeieinheiten zu besetzen und den Streik als kommunistischen Putschversuch auf Betreiben der sowjetischen Führung hinzustellen – eine kühne Deutung der Ereignisse, die von den beiden Großparteien und den mit ihnen verbandelten Journalisten und Historikern über Jahrzehnte als die allein seligmachende Wahrheit ausgegeben wurde.

Da sie befürchtete, dass im Zuge des Aufruhrs ihre Einrichtungen angegriffen würden, setzte die amerikanische Besatzungsmacht schon am ersten Streiktag entsprechende Maßnahmen. Meine Arbeitskollegen und ich wurden dazu verdonnert, Unmengen von Tränengasflaschen in die Stiftskaserne zu transportieren. Im Kasernenhof kreisten gepanzerte, mit schweren Maschinengewehren ausgerüstete Fahrzeuge, deren Besatzung wir der

Reihe nach die Flaschen zuwerfen mussten. Ein Soldat griff daneben, der Behälter fiel aufs Pflaster, sprang auf, und im Nu breitete sich das Tränengas bis in den letzten Winkel aus. Während die GIs ihre Gasmasken über das Gesicht zogen, rannten wir Zivilisten auf den Ausgang zu, den sie uns jedoch, breitbeinig und mit erhobenem Gewehr, versperrten. So waren wir schutzlos den Gasschwaden ausgesetzt, ein Erlebnis, das ich niemandem empfehlen kann. Bei Demonstrationen war ich gelegentlich schon mit Wasserwerfern behelligt worden, was bei mir auch keine helle Freude hervorgerufen hatte, aber die Wirkung von Tränengas lässt sich damit nicht vergleichen. Die ist so, wie wenn hunderttausend Zwiebeln in einer Sekunde vor deiner Nase geschnitten werden. Absolut mörderisch, man kann nichts mehr tun, man kann nichts mehr sehen, man kann nicht mehr atmen.

Wie ich das überlebt habe, weiß ich nicht. Recht geschah mir, hätte ich mich nicht in einer Schicksalsstunde der österreichischen Arbeiterklasse dem Imperialismus verkauft! Dabei hatte ich das Verhängnis kommen sehen, traf ich mich doch jeden Abend mit Hrdlicka, dessen Vater stellvertretender Vorsitzender der Angestelltengewerkschaft und außerdem Mitglied im ZK der KPÖ war. Aufgrund seines Wissensstandes schwante uns, dass der Streik ein böses Ende nehmen würde. Bei den Protestaktionen und Zusammenstößen Anfang Oktober waren wir nicht dabei, ich nicht, weil ich die Absicht der KPÖ, sich an die Spitze der Streikbewegung zu stellen, für falsch hielt, und Hrdlicka schon deshalb nicht, weil er grundsätzlich keiner war, der sich blindwütig ins Gemetzel stürzt. Nicht weil er dafür zu feig war, sondern weil das nicht seinem Wesen entsprach.

Immerhin hatte ich meine Tränengaslektion gelernt und beschlossen, mich künftig nicht mehr um einen Ferialjob bei den United States Forces zu bemühen. Im nächsten und übernächsten Sommer waren Hrdlicka und ich deshalb als Malergehilfen in den Ateliers der Wien-Film am Rosenhügel tätig, wo ich – wie schon berichtet – Brauer zu seinem großen Erfolg mit der Amischnulze verhelfen konnte. Kurzweilig war die Arbeit auch deshalb, weil gerade ein Film gedreht wurde, der ausnahmsweise nicht für den heimischen Markt bestimmt war, sondern in der Sowjetunion gezeigt werden sollte. Er folgte dem Muster amerikanischer Unterhaltungsfilme der Marke »Wenn Männerträume wahr werden« und lehnte sich stark an die sogenannten Aqua-Musicals an, in denen die attraktive Schwimmerin und Schauspielerin Esther Williams gemeinsam mit anderen gut gewachsenen Mädchen in bonbonfarbenen Badeanzügen in ein Bassin sprang und anmutig durchs Wasser glitt. Dazu blies eine Jazzkapelle aufregende Musik.

Die sowjetische Variante, deren Darstellerinnen von einem Talentescout im Dianabad rekrutiert wurden, unterschied sich von ihrem Vorbild nur durch eine aufgesetzt wirkende Nebenhandlung, die immerhin klassenkämpferische Tendenzen aufwies, sowie durch die ungleich schwierigeren Produktionsbedingungen. Die Ateliers der Wien-Film konnten es ja keinesfalls mit den großen Hollywood-Studios aufnehmen. Wegen der Verzögerungen beim Bau des Schwimmbeckens begannen die Dreharbeiten erst im September, als die Temperaturen schon merklich abgesunken waren. Deshalb weigerten sich die verschnupften Badeanzugnixen, ein ums andere Mal in das eiskalte Wasser zu hüpfen. Um Abhilfe zu schaffen, wurde in mühevoller Tag- und Nachtarbeit eine Lokomotive herbeigeschafft. Das Ungetüm lag verkehrt herum, mit den Rädern nach oben, auf einem extra dafür gegossenen Betonfundament, und sein Kessel wurde eifrig beheizt, damit das Wasser nicht wieder abkühlte. Ständig gab es irgendwelche Pannen. So legte sich einmal über eine besonders gelungene Badeszene schwarzer Rauch, der von der Lokomotive hochstieg und vom Kameramann zu spät bemerkt wurde. Hauptdarstellerin der Musikkomödie, die in der Sowjetunion die Herzen der männlichen Kinobesucher über Jahrzehnte höher schlagen ließ, war die talentierte Schauspielerin Eva Kerbler. Ihr damaliger Mann, der Architekturstudent Harry Glück, betätigte sich während der Dreharbeiten als Kulissenmaler; er kannte alle Songs und Szenen aus Brechts *Dreigroschenoper*, und so war es unvermeidlich, dass Hrdlicka und ich uns mit ihm anfreundeten.

Einmal was Bodenständiges, dachte ich mir im Jahr darauf und bewarb mich um eine Stelle als Hilfsarbeiter im Magazin der Firma Hatschek, der späteren Eternit-Werke. Dort gefiel es mir trotz mancherlei Diebstählen und Bestechungen ganz gut, und offenbar gefiel auch ich Herrn Soukup, dem Personalchef der Wiener Niederlassung in der Kolingasse, der mir an meinem letzten Arbeitstag das Angebot machte, in das Unternehmen einzutreten. »Wir wissen, das ist nicht Ihr Lebensplan, Sie sind an der Kunstakademie und wollen ja fertigstudieren. Aber unsere Firma hat ein Auge auf Sie geworfen, weil Sie drei Monate lang zu unserer vollen Zufriedenheit hier gearbeitet haben. Ich an Ihrer Stelle würde unser Angebot überschlafen, und wenn Sie ihm prinzipiell nicht abgeneigt sind, dann kommen Sie doch zu mir und wir besprechen in Ruhe, welcher Posten für Sie in Frage käme.«

Netter Kerl, dieser Herr Soukup. Ich fühlte mich durchaus geschmeichelt, endlich hatte jemand entdeckt, welche Talente in mir schlummerten, nur leider nicht auf dem Gebiet, auf dem ich weiterkommen wollte. Schweren Herzens gab ich ihm einen Korb, fühle mich in einer Art sentimentaler Anwandlung den Eternit-Werken aber bis auf den heutigen Tag verbunden, auch wenn sie längst von einem ausländischen Konzern geschluckt worden sind. Was den Asbestgehalt in den Platten und Baustoffen betrifft, dessen gesundheitliche Spätfolgen erst nach Jahrzehnten bekannt wurden, so wasche ich meine Hände in Unschuld; in der Kolingasse verkauften wir die aus der Nazizeit übriggebliebenen Dachplatten, denen statt Asbest, das wegen des Krieges nicht zu bekommen gewesen war, gepresstes Packpapier beigefügt wurde. Die waren genauso haltbar wie der echte Eternit, nur viel billiger und frei von Schadstoffen.

Die Freundschaft mit Harry Glück verhalf Hrdlicka und mir zu einer Nebenbeschäftigung am Kleinen Theater im Konzerthaus, das unter der Direktion von Trude Pöschl und der künstlerischen Leitung von Michael Kehlmann einen ambitionierten Spielplan vorlegte. Glück war als Bühnenbildner am Haus beschäftigt und führte auch einige Male Regie. Ein Höhepunkt des Programms war die erste Nachkriegsaufführung von Ödön von Horváths Drama *Glaube, Liebe, Hoffnung*. Kehlmann inszenierte, Glück entwarf das Bühnenbild, das von Bühnenmeister Hrdlicka und seinem Assistenten Schönwald zusammengeschustert wurde und dem Theaterschaffen unseres Freundes nicht gerade ein Glanzlicht aufsteckte. Das empfand wohl auch Kehlmann, der mich beiseitenahm und fragte: »Was hältst du eigentlich von dem Bühnenbild?« Um eine diplomatische Antwort bemüht, sagte ich: »Na ja, genau betrachtet passt es sehr gut zum Stück. Magischer Realismus, würde ich sagen.« Kurz darauf versammelte Kehlmann die Schauspieler zur Regiebesprechung um sich: »Kollegen, bis jetzt bin ich ein bisschen geschwommen, aber jetzt weiß ich, wohin die Inszenierung gehen muss. Ich sag nur ein Wort: magischer Realismus!«

Bei der Aufführung wurde ich nicht nur als Bühnenarbeiter, sondern auch als Claqueur eingesetzt, was mir seitens des Ensembles hohes Lob einbrachte, weil ich es verstand, an den richtigen Stellen gut wahrnehmbar zu applaudieren und damit die

Stimmung im Saal zu heben. Kaum hatte ich zum dritten Mal geklatscht, musste ich auch schon hinter die Bühne kommen, um mich für meinen Auftritt bereit zu halten, in der Rolle des Kriminalers, die so klein war, dass man sie mit keinem Schauspieler besetzen konnte. Ich hatte nichts weiter zu tun, als auf der Bühne zu erscheinen, einen Satz zu sagen: »Sie kommen mit, Sie wissen genau, warum«, und dann das Fräulein Maria abzuführen. Mein Auftritt erregte den Unwillen der Theatergewerkschaft, die der Direktion mit einer Konventionalstrafe drohte, weil ich kein geprüfter Schauspieler war.

Im selben Jahr, 1952, feierte das Theater mit dem Kabarettprogramm *Brettl vorm Kopf* der Firma Bronner, Kehlmann, Martini, Merz und Qualtinger seinen größten Erfolg. So kritisch viele Nummern auch waren und so brillant die Kabarettisten agierten, mit seiner antikommunistischen Schlagseite verstieß das Programm keineswegs gegen die bestehenden Konventionen. Eine Szene spielte vor einem furchterregenden Hintergrund, der ein sibirisches Zwangsarbeitslager samt Stacheldraht, Wachtürmen und Eisschollen darstellen sollte. Als Hrdlicka den Entwurf sah, sagte er zu Harry Glück: »Nicht bös sein, man kann mir wirklich nicht nachsagen, dass ich keinen Humor hab. Aber mein Vater ist im ZK der KP, da kann ich unmöglich dein Bühnenbild basteln.« Ich erklärte mich mit ihm solidarisch, Glück hatte ein Einsehen und suchte sich für das Arbeitslager einen anderen Studenten.

Obwohl es nicht in unserer Absicht lag, hatte sich der Zwischenfall herumgesprochen. Ich höre noch aus der Garderobe ein kurzes Gespräch zwischen Helmut Qualtinger und Gerhard Bronner. Stimme Qualtinger: »Host gheat, de zwaa, die woll'n des Lager ned aufbau'n, des kennans ned mochn.« Stimme Bronner: »Na ja, wenn's ihre Überzeugung ist.« Stimme Qualtinger: »A wos, Überzeugung.«

Jeweils einen Sommer lang waren Hrdlicka und ich auch in der Wiener Messe beschäftigt. Einmal nagelten wir den sowjetischen Pavillon zusammen und das zweite Mal den höchst monumentalen der Volksrepublik China. Dessen Eingang schmückten Repliken der riesigen Bronzelöwen vor dem Tempel am Platz des Himmlischen Friedens, die aus Pappmaché, Leichtholz und Lack höchst virtuos hergestellt worden waren. Die beiden Löwen glichen einander wie ein Ei dem andern, nur hielt der eine mit seiner Pranke eine Kugel fest, der andere hingegen etwas, das ebenfalls einer Kugel glich und sich erst bei genauem Hinsehen als Löwenjunges entpuppte. Wir hatten die Statuen bereits aufgestellt und angeleimt, als uns der chinesische Dolmetscher darauf aufmerksam machte, dass wir sie vertauscht hatten. Stöhnend wollte ich mich daranmachen, den linken Löwen mit der Kugel rechts und den rechten mit dem Welpen links zu positionieren, als mir Hrdlicka Einhalt gebot und sich anschickte, das Jungtier unter der Pranke des einen kurzerhand abzusägen, um es dann dem andern unterzuschieben. Kaum hatte er den Fuchsschwanz angesetzt, flog die Tür des Baubüros auf und ein gutes Dutzend Chinesen stürmte armeschwingend und schreiend auf uns zu. Um uns nicht der Schändung ihres nationalen Heiligtums schuldig zu machen, blieb Hrdlicka und mir nichts anderes übrig, als schwitzend und fluchend die schweren Dinger, die eigentlich nur von vier Männern gestemmt werden konnten, richtig zu adjustieren.

Nicht alles in meinem damaligen Leben war mit Arbeit ausgefüllt, und wenn doch, dann war sie immerhin mit erheblichem Lustgewinn verbunden. Das trifft auch auf die legendären Faschingsfeste an der Akademie zu, wo gegen Mitternacht Mannschaftswagen der Wiener Polizei vorfuhren, um zu verhindern, dass das Haus am Schillerplatz von Hunderten jungen Leuten ge-

stürmt wurde, die keine Eintrittskarten mehr bekommen konnten. In einem Jahr – es muss 1951 gewesen sein – entwarfen
Hrdlicka und ich in nächtelanger Arbeit die Dekorationen, mit
denen wir die Protestaktionen gegen die Erhöhung der Studien-
gebühren weiterführten. Hrdlicka schuf eine riesige Pappmaché-
figur, die einen ausgeplünderten Studenten darstellte, und ich
fertigte nicht minder große Schwarzweißzeichnungen an, mit denen ich nicht nur die Wände, sondern auch den Fußboden in Beschlag nahm.

Sonntags gingen wir manchmal ins Praterstadion oder auf die
Hohe Warte, um uns ein Fußballmatch anzuschauen. Endlich
dämmerte mir, warum mein Vater jedes Mal, wenn mein Bruder
oder ich beim Tipp-Kick-Spielen den Ball weit neben oder über
das Tor geschossen hatten, »Barawitzkagassen!« gerufen hatte:
Die Barawitzkagasse führte an der Hohen Warte vorbei, und in
den Anfangsjahren der Vienna, als es noch keine Tribünen gab,
rollte der Ball nach einem Fehlschuss über die Böschung hinunter auf die Straße. Das war längst nicht mehr der Fall, trotzdem
quittierten die Anhänger der Vienna auch jetzt noch jede Ungeschicklichkeit eines Spielers der gegnerischen Mannschaft mit
diesem Ruf.

Beliebt war auch das Freistilringen auf dem Heumarkt, ein
amüsantes Spektakel unter lautstarker Beteiligung des Publikums, das zu toben anfing, wenn der Weltmeister und ungekrön-
te König des Doppelnelson, Nino Equatore, der in Wirklichkeit
Hans Platter hieß, in den Ring stieg. Da gab es die edlen, aufrechten Guten, wie den eher schmächtigen Publikumsliebling Herbert Audersch, einen blendenden Techniker, der sich durch keine unfaire Attacke provozieren ließ, und die hinterhältigen Bö-
sewichte vom Schlag eines Franz Mrna, der im Privatleben ein
leidenschaftlicher Briefmarkensammler war, oder eines Albert

Strouhal, des »Meisters der Alpenländer« – zwei dicke, ältliche Herren, die ihre Gegner mit Beinscheren und Kopfgriffen traktierten. Sie alle aber standen auf verlorenem Posten, wenn »der Würger von Wien« in den Kampf eingriff, von dem man nur die Initialen kannte, J. K., und der immer mit Maske antrat, weil er angeblich ein hohes Amt bekleidete, das es ihm nicht erlaubte, seine Identität preiszugeben. Ein Hofrat bei der Finanz, behaupteten die einen, ein Polizeioffizier, der die Judokas trainiert, meinten die andern. Als er den Frauenliebling Bob Martin mittels der von hinten angesetzten Würgezange niederstreckte, kochte der Volkszorn über; der Würger von Wien und der Ringrichter mussten in aller Eile die Flucht ergreifen, und es brauchte den Einsatz einer Hundertschaft der Wiener Polizei, damit die aufgebrachte Menge außer den Stühlen nicht auch noch die Masten mit den Tiefstrahlern demolierte.

Als viel anregender für meine geistige Entwicklung erwies sich freilich der Spielplan des von der Kommunistischen Partei unterhaltenen Neuen Theaters in der Scala, das von 1948 bis 1956 existierte. Am meisten imponierte mir ein Gastspiel des Berliner Ensembles, das Brechts Inszenierung der von ihm bearbeiteten Tragikomödie *Der Hofmeister* des Sturm-und-Drang-Dichters Jakob Michael Reinhold Lenz zur Aufführung brachte. Nicht nur die Inszenierung, auch die marxistische Deutung des Stücks machte mir großen Eindruck. Die Hauptfigur, Hauslehrer Läuffer, ist das deutsche Pendant zu Pierre-Augustin Caron de Beaumarchais' Figaro, der die sexuellen Ansprüche des Grafen Almaviva zunichtemacht, während Lenz' Hofmeister, nachdem er die Tochter seines Arbeitgebers verführt hat, sich am Ende kastriert: In Deutschland ist die Revolution ausgeblieben, die Beaumarchais mit seiner Komödie vorweggenommen hatte. Das Stück wurde in Wien neunmal gespielt, und ich sah es mir vom Stehplatz aus neunmal an, gemeinsam mit meinen Freundinnen und Kommilitonen von der Akademie, die ich zum Mitkommen förmlich gezwungen hatte. Sie bereuten es nicht.

Kurz darauf kam es erneut zu einem Gastspiel des Berliner Ensembles, diesmal mit Brechts Bühnenfassung von Maxim Gorkis Roman *Die Mutter*. Mit Helene Weigel und Ernst Busch in den Hauptrollen war das Stück im Januar 1932, ein Jahr vor Hitlers Machtergreifung, in Berlin uraufgeführt worden, und in derselben Besetzung und mit der Originalmusik von Hanns Eisler war es nun auch in der Scala zu sehen. Brecht führte selbst Regie, obwohl er nicht auf dem Programmzettel stand, wegen ihm musste sogar das strenge Rauchverbot in den Wiener Theatern aufgehoben werden. Ich konnte ihn einen ganzen Vormittag lang bei den Proben beobachten. Seine Einwände betrafen ausschließlich das Sprechtempo, mit dem er die Abfolge der Szenen beschleunigte oder verzögerte. Kleinere Rollen mussten mit hauseigenen Schauspielern besetzt werden, für eine ganz kleine wurde der grimmig blickende Bühnenmeister herangezogen.

In guter Erinnerung geblieben sind mir auch die Aufführungen von Gogols *Der Revisor*, Gorkis *Die Kleinbürger* sowie Nestroys Possen *Höllenangst* und *Einen Jux will er sich machen*. Einen großen Erfolg erzielte die Scala schon in ihrem Gründungsjahr mit dem Volksstück *Der Bockerer*, das Ulrich Becher gemeinsam mit Peter Preses verfasst hatte. Danach lange Zeit vergessen, sollte es in der Verfilmung durch Franz Antel Anfang der achtziger Jahre ein Publikum erreichen, das um die als »Russentheater« diffamierte Scala einen weiten Bogen gemacht hätte. Abgesehen von ihrem hohen Unterhaltungswert besticht die Geschichte rund um einen Fleischhacker aus der Paniglgasse dadurch, dass sie das Klischeebild vom typischen Österreicher gleichermaßen bestätigt wie unterläuft. *Der Bockerer* ist, wenn man so will, die vorweggenommene Antwort auf Qualtingers *Herr Karl*. Ich will nicht verschweigen, dass mir in Wien der Herr Karl viel öfter über den Weg gelaufen ist als der Bockerer, halte aber dagegen, dass ich lieber mit diesem zum Heurigen gegangen bin.

Auch Ernst Fischers wuchtiger Fünfakter *Der große Verrat*, den er 1948 anlässlich des Zerwürfnisses zwischen Stalin und Tito geschrieben hatte, kam in der Scala zur Aufführung. Alle Stars des Theaters standen in den Rollen, die ihnen Fischer auf den Leib geschrieben hatte, auf der Bühne. Ungeachtet seiner fragwürdigen Tendenz nötigte mir das Stück allein deshalb Respekt ab, weil Fischer sich überhaupt an das Thema gewagt hatte. Er war damit der einzige Literat weit und breit. Schlimmer war es um sein zweites Drama bestellt, *Die Brücken von Breisach*, das den Friedenskampf der deutschen Jugend darstellen sollte, aber so wenig überzeugend ausfiel, dass sich die besten Schauspieler des Hauses davor drückten, die ihnen zugedachten Rollen zu übernehmen. Bei einer Aufführung waren Hrdlicka und ich wie so oft auf dem Stehplatz dabei. Das Stück wurde immer langweiliger, und als endlich ein abgefeimter US-amerikanischer Agent den Satz hervorstieß: »Wer von euch Idioten ist auf die verdammt schwachsinnige Idee gekommen ...«, unterbrach ihn Hrdlicka mit dem Zwischenruf »... dieses Stück aufzuführen«.

Zwischen 1950 und 1955 passierte so viel, dass mir die Chronologie der Ereignisse im Rückblick durcheinanderkommt. Zum einen übersiedelten meine Mutter, mein Bruder und ich in eine Wohnung in der Piaristengasse, in der ich heute noch lebe. Dass wir es bei meiner Großmutter auf Dauer nicht aushalten würden, war uns bald klar geworden; einerseits stiegen wir uns dort auf die Füße, und zum andern konnte meine Mutter sie nicht ausstehen. Die Betty Schönwald war eine ziemlich grausliche Person, launenhaft und ungebildet, und für meine Mutter der Inbegriff von Wien, das ihr aus tiefer Seele zuwider war. Sie hat die schlechten Eigenschaften der Wiener dramatisiert und für die guten nicht das geringste Verständnis aufgebracht. Die Wiener Lebensart, die Lebensfreude, die es ja auch gibt, war ihr völlig fremd. Ihre Mutter war ebenfalls eine Wienerin gewesen, wenn auch in Saybusch geboren, und mit der hatte sie sich nie gut verstanden. Ihre Schwiegermutter, nun ja, sie konnte ihr die hinterfotzige Art nicht nachsehen, was für mich als gelernten Wiener inzwischen die größte Selbstverständlichkeit war. Gelegentlich billigte ich meiner Großmutter sogar zu, dass sie eigentlich ganz gemütlich war, die hätte ab und zu gern ein Vierterl getrunken und ein Backhendl gegessen, außerdem konnte sie als typische Wiener Böhmin sehr gut kochen. Aber meiner Mutter war das Zusammenleben mit ihr eine Qual, und sie trachtete danach, sich möglichst bald aus dieser Symbiose zu entfernen. Das gelang ihr auch, indem sie ganz in der Nähe, ebenfalls in der Billrothstraße, eine große Wohnung mietete, in einem Haus, das niemandem zu gehören schien, bis sich herausstellte, dass die Besitzerin eine Wiener Jüdin war, die nach New York emigriert war und uns durch einen amerikanischen Rechtsanwalt von dort raustreiben ließ. Das war eine Fleißaufgabe des Anwalts, denn wir machten überhaupt keine Anstalten, uns gegen die angedrohte Delogierung zu wehren, sondern hatten nur um einen Aufschub von höchstens einem halben Jahr gebeten, bis eine andere Wohnung frei wurde, die uns bereits zugesagt worden war. Dann zogen wir in die Pyrkergasse, immer noch im selben Grätzl, ehe meine Mutter 1950 die Wohnung in der Josefstadt fand.

Ungefähr zur selben Zeit starb meine Großmutter, und etwas früher oder wenig später entschloss sich meine Mutter auf Zureden ihrer Tante und anderer Verwandten in den Vereinigten Staaten, das zu tun, was sie besser schon 1933 oder 1936 getan hätte, nämlich auf einem Schiff den Atlantik zu überqueren. Sie ließ sich in Los Angeles nieder, wo sie als Sekretärin bei einer Versicherung arbeitete, die mit ihr vollauf zufrieden war. Auch ihr schien es dort zu gefallen, den Briefen nach zu urteilen, die sie uns in ihrem zurückhaltenden Ton schrieb. Viel aus sich machen konnte meine Mutter nie, wofür ich sie sehr verehrt habe. Sie schickte uns regelmäßig Geld, vor allem mir, mein Bruder hatte ja sein Auskommen als Bibliothekar im Amerikahaus, was übrigens der Grund war, warum ich nie Mitglied der Kommunistischen Partei wurde, denn dann wäre ihm auf der Stelle gekündigt worden.

Nach zwei Jahren war meine Mutter wieder in Wien. Insgeheim hatte sie wahrscheinlich gehofft, dass ihre Söhne nachkommen würden. Mein Bruder war von Haus aus dagegen. Obwohl oder gerade weil er bei den Amerikanern arbeitete, schob er den Gedanken, drüben sein Leben fristen zu müssen, weit von sich. Er war nie besonders unternehmungslustig, und außerdem erkannte er früher als ich, wie begrenzt die Möglichkeiten im Land der unbegrenzten Möglichkeiten im Grunde waren.

Für mich stellte sich die Lage anders dar. Was war Wien denn für eine Heimat? Ich kam hin im Jahr 1940, musste 1943 fliehen, kehrte 1945 zurück. Das war nun weiß Gott kein Paradies. Und fünf Jahre später galt Amerika immer noch als Sehnsuchtsland. Junge Wienerinnen ergriffen jauchzend jede Gelegenheit, einen Ami zu heiraten und mit ihm nach Little Rock, Arkansas oder Youngstown, Ohio zu ziehen, wo sie dann Tupperware-Partys feierten und am Thanksgiving Day einen Truthahn tranchierten. Wer je ein paar tausend Kilometer durch die Vereinigten Staaten gefahren ist, weiß ja, wie es dort aussieht. Ein Kaff nach dem andern, jedes aus aneinandergereihten Bretterhäusern bestehend, die wie überdimensionierte Würstelstände aussehen, und aus einem Würstelstand ragt ein goldenes Kreuz, das ist die Kirche. Aber diese Seite des American Eagle kannte ich damals noch nicht. Weg aus Wien war die Devise, verbreitet vor allem von den ehemaligen Nazis, die sich unter eine Käseglocke aus Zynismus und Gönnerhaftigkeit zurückgezogen hatten und jedem, der ihnen über den Weg lief, dazu rieten, das Weite zu suchen. »Was wollen S' eigentlich hier? Schauen S', hier gibt's gar nichts mehr.« Bis zu einem gewissen Grad teilte ich diese Meinung, wenn auch nicht in dieser aggressiven Form. Ich kann's ja probieren, dachte ich. Aber dann brach der Koreakrieg aus. Plötzlich wäre ich auf der Warteliste nach oben gerutscht. »Pass auf, sei nicht leichtsinnig«, schrieb mir meine Mutter, »die führen jetzt Krieg.« Daraufhin blies ich das Vorhaben ab. Heute weiß ich, dass man mich nicht hätte zwingen können, als frischgefangener Einwanderer in Fernost gegen den großen Satan zu kämpfen, aber damals war damit zu rechnen, und als der Koreakrieg nach drei Jahren zu Ende ging, hatte ich nicht das geringste Interesse mehr, aus Wien fortzugehen.

Die Kommunistenhatz, die schon mit der Berlin-Blockade eingesetzt hatte, nahm nach der Niederschlagung des Oktoberstreiks ungeheure Dimensionen an. In den amerikanischen und britischen Besatzungszonen wurden die Arbeiter zu Hunderten entlassen. Viele von ihnen, aber längst nicht alle kamen vor Ort in der Privatwirtschaft unter. Die andern, die der Partei als Betriebsräte oder Vertrauensmänner besonders wichtig und wertvoll waren, mussten nach Niederösterreich übersiedeln, wo sie von Betrieben übernommen wurden, die unter sowjetischer Verwaltung standen. Von den »Maßregelungen«, wie der euphemistische Fachterminus hieß, waren indirekt auch meine Freunde Alfred Hrdlicka und Georg Eisler betroffen.

Hrdlickas Vater Leopold wurde im November 1950 aus dem Gewerkschaftsbund ausgeschlossen. Er war in der Nazizeit zwar verfolgt worden, hatte eine Zeitlang auch in der Organisation Todt Zwangsarbeit leisten müssen, besaß aber keine Amtsbescheinigung, die ihn – wie seinen Parteigenossen im Sekretariat der Angestelltengewerkschaft, den ehemaligen KZ-Häftling Otto Horn – vor dem Rauswurf geschützt hätte. Eine Zeitlang arbeitete Leopold Hrdlicka im Parteiapparat der KPÖ, dann machte man ihm auch dort das Leben schwer, und er beschloss, sich auf die eigenen Füße zu stellen. Das gelang ihm auch. Er war ursprünglich ungelernter Arbeiter, hatte sich in Eigenregie Buchhaltung beigebracht und bekam nun das Angebot, bei Waagner-Biro – einem USIA-Betrieb, der Krananlagen und andere Stahlkonstruktionen herstellte – die Stelle eines Verkaufsdirektors für den Osthandel zu übernehmen, für die eigentlich nur ein Diplom-Kaufmann oder Diplom-Ingenieur in Frage kam. Er war weder das eine noch das andere und trotzdem erfolgreich, nachdem er sich zu Hause, im Arbeiterbezirk Brigittenau, an den Küchentisch gesetzt und ein paar Wochen lang Fachbücher gewälzt hatte. Sein Aufstieg beeindruckte mich umso mehr, als er keine einzige Fremdsprache beherrschte. Hätte er Russisch gesprochen, wäre man versucht gewesen zu sagen, na gut, er kann den Russki bei Verhandlungen ein Loch in den Bauch reden. Das wäre allerdings schon deshalb nicht gegangen, weil es seiner Wesensart widersprach. Er war immer sehr ernst, schweigsam bis zur Verschlossenheit, dabei von hellwachem Verstand. Ein außergewöhnlicher Mensch, mit dem ich mich gern unterhielt und dem ich ehrfürchtig zuhörte. Noch sein Tod hat mich beeindruckt. Leopold Hrdlicka starb mit siebzig an Lungenkrebs, wobei er etwas Richtiges getan hat, um sein Ende zu beschleunigen, nämlich alle Schläuche rauszureißen und selbst über den Styx zu rudern, ohne die Dienste eines Fährmanns im Ärztekittel in Anspruch zu nehmen.

Charlotte Eisler verlor ihren Posten als Gesangslehrerin an der Musikschule Kagran erst anderthalb Jahre nach dem großen Streik. Eine Beteiligung daran war ihr nicht nachzuweisen gewesen, deshalb warteten die Nebochanten der Gemeinde Wien so lange, bis ihr Zeitvertrag auslief, und fanden dann irgendwelche Gründe, ihn nicht mehr zu verlängern. Von da an musste ihr Sohn sie erhalten, was er auch sehr gewissenhaft tat. Sie gab wohl noch Privatstunden, war aber eigentlich arbeitslos, was für Österreich eine ziemliche Schande darstellt. Denn egal, wie man das Verhalten der KPÖ beim Oktoberstreik beurteilen mag, Georgs Mutter war als Musikerin für die Außenstelle Kagran überqualifiziert gewesen, aber am Konservatorium selbst hatte man sie schon damals nicht haben wollen, und ihre Entlassung jetzt war Teil der Strategie, die Planstellen in öffentlichen Einrichtungen von Kommunisten, Juden und Emigranten freizumachen, deren intellektuelles Potential bei aller Beschränktheit im Einzelfall weit über dem nationalen Durchschnitt lag. Bei Charlotte Eisler griffen alle drei Zuschreibungen, und dazu war sie noch kränklich – ein Grund mehr, sich ihrer zu entledigen.

Nun musste Hanns Eisler in Ostberlin dazu bewegt werden, etwas zum Unterhalt seiner von ihm weiland verlassenen Frau beizutragen, was er ungern tat, da er wie alle Leute, die Geld haben oder in auskömmlichen Verhältnissen leben, ein großer Geizkragen war. Erst ein Brief Georgs an Walter Ulbricht bewirkte einen Sinneswandel; der Komponist zahlte, wenn auch widerwillig. Viel kann es nicht gewesen sein, denn in der Hauptsache brachte Georg seine Mamschi durch, und zwar als Sekretär der Österreichisch-Tschechoslowakischen Gesellschaft. Ich beneidete ihn nicht um diese Funktion, weil die Tschechoslowakei damals kein besonderes Ansehen genoss, allein schon wegen des Slánský-Prozesses im November 1952, an dessen Ende elf Angeklagte, darunter der Generalsekretär der Kommunistischen Partei, als trotzkistisch-titoistisch-zionistische Verschwörer hingerichtet wurden. Auf allfällige Anfragen, einem doch bitte zu erklären, warum man so viele verdienstvolle Genossen, in ihrer Mehrzahl Spanienkämpfer, KZ-Häftlinge und Westemigranten, gefoltert, vor Gericht gestellt und anschließend abgemurkst habe, hätte ich nur schwer Auskunft geben können. Wie er sich da aus der Affäre zog, weiß ich nicht, aber als Kulturmanager machte er keine schlechte Figur. Mitten im Prozess, also im kältesten Kalten Krieg, gelang es ihm, eine Ausstellung tschechoslowakischer Grafik an die Kunstakademie zu bringen, und wenig später holte er auch das Smetana-Quartett für einen Konzertabend nach Wien. Auf diesem Gebiet besaß er einiges Talent, er konnte gut mit den hohen Beamten im Unterrichtsministerium und in der Gemeinde Wien umgehen, den Hofräten und Amtsdirektoren, war in dieser Hinsicht also das genaue Gegenteil von mir, weil ich die fürchterliche Eigenschaft besitze, dass mir bei Leuten, die ich von Haus aus nicht leiden kann, die falschen Äußerungen nur so aus dem Mund sprudeln. Ich mache das nicht absichtlich, ich kann es einfach nicht verhindern. Jedenfalls war Georg Eisler als Funktionär durchaus erfolgreich. Darüber haben wir uns aber nie unterhalten. Erstens, weil ich es nicht wissen wollte, und zweitens, weil auch er kein Interesse hatte, davon zu erzählen. Wir hatten anderen Gesprächsstoff in Hülle und Fülle.

Wie vom alten Pinkas Spiegel prophezeit, war an Eisler kein Vorbeikommen gewesen. Eines Tages im Jahr 1948 hatte er sich mir in Boeckls Abendakt vorgestellt, den er als freier Hörer besuchte. Georg Eisler sein Name, er sei Maler und mit Kokoschka gut bekannt, habe lange in England gelebt und arbeite zur Zeit für die TASS. Kunstpause. »Hier mein Journalistenausweis.«

Ich meine, es gibt Begegnungen zwischen Menschen, die sich

zum ersten Mal sehen, aber das Gefühl haben, einander schon lange zu kennen. So war es in unserem Fall. Eisler sah mich und dachte sich, auf den hab ich gewartet. Und ich sah den Eisler und sagte mir auch, auf den hab ich gewartet. Wir verloren keine Zeit mit Förmlichkeiten, sondern begaben uns nach dem Abendakt in seine Wohnung in der Lichtenfelsgasse, in der er mir seine Bücher zeigte und seine Schallplatten vorspielte. Von da an standen wir in lebhaftem Kontakt zueinander. Man merkte, er war ein geübter Kommunist. Wo immer er hinkam, fand er sofort die Leute, die ihm künstlerisch nahestanden oder etwas hatten, das sie für seine Weltanschauung anfällig machte. An der Akademie waren sie nicht allzu schwer zu finden. Da war der Hrdlicka, und da war ich, dann gab es in der Gütersloh-Klasse noch den Fritz Martinz, mit Abstrichen auch den Karl Stark, und das war es im Wesentlichen schon.

Rabiate Luftschutzwarte und volltrunkene Rotarmisten können einem nicht die Welt erklären. Deshalb hatte ich immer noch das dringende Bedürfnis, von jenem Teil der Menschheit etwas zu erfahren, der mir so lange vorenthalten worden war. Dabei war mir Eisler außerordentlich hilfreich. Paradoxerweise erklärte er mir den kapitalistischen Westen, nicht den sozialistischen Osten, von dem er genauso wenig wusste wie ich, obwohl er immerhin ein Jahr lang in Moskau die Karl-Liebknecht-Schule besucht hatte. Sein Lebensstil, seine Bildung und seine Vorstellungen waren stark von England geprägt. Dafür war ich sehr empfänglich. Die Freundschaft mit ihm übte somit einen zivilisierenden Einfluss auf mich aus, außerdem schätzte ich an ihm, dass er trotz seiner Umtriebigkeit Charakter hatte und sich in Belangen, die ihm wichtig waren, eher in Stücke hätte hauen lassen, als dass es ihm eingefallen wäre, nachzugeben; umgekehrt war ich für ihn wertvoll, weil er in Wien gar nicht so viele Freunde hatte. In der Kommunistischen Partei wurde er eine Zeitlang als eine Art Witzfigur angesehen, da ihm alles Kernige, Proletarische fehlte. Er wurde gepflanzt und sekkiert und von seinen Genossen, die sich am Aussehen eines von Alexander Gerassimow gemalten Stahlarbeiters orientierten, als Muttersöhnchen belächelt.»Und a bissl blad is er aa.«

Andererseits hatte er auch Pech mit den Leuten außerhalb der Partei. Er hatte sich bald nach seinem Eintreffen in Wien mit aufstrebenden Künstlern wie Qualtinger und dem Pianisten Hans Kann angefreundet, die ihn nach Ausbruch des Kalten Krieges von heute auf morgen schnitten. Das heißt, der arme Eisler war plötzlich mutterseelenallein. Die Leute, mit denen er gerne geredet hätte, zeigten ihm die kalte Schulter. Deshalb wäre er, wenn es nicht mich oder den Hrdlicka gegeben hätte, wieder auf die Partei angewiesen gewesen, die sich notgedrungen einigelte, was schon darin zum Ausdruck kam, dass ihre Mitglieder, wie die einer Sekte, untereinander heirateten. In dieser Situation, unter der er natürlich gelitten hat, kam ich ihm wie gerufen. Auf das Verhältnis zu Hrdlicka hatte mein Umgang mit ihm keinen Einfluss, weil ich diesen in künstlerischer Hinsicht als meinen gleichaltrigen Lehrer ansah, während mich Eislers Malweise nie sonderlich beeindruckt hat. Vielleicht habe ich ihn das spüren lassen, aber er war in seiner Eitelkeit auch schwer zu ertragen.

Aus diesem Grund ist unsere Beziehung in späteren Jahren etwas abgekühlt. Natürlich haben wir uns noch hunderte Male gesehen, aber da er wusste, dass ich ihn als Maler nicht übermäßig schätzte, neigte er dazu, meinem künstlerischen Zwergwuchs seine Riesengestalt entgegenzusetzen. Als ich ihm das einmal sagte, musste er sehr lachen, was aber nichts daran änderte, dass er weiterhin nur davon reden konnte, welcher Sammler ihm schon wieder ein Bild abgekauft habe und wo seine nächste Ausstellung stattfinden werde. Dagegen hatte ich überhaupt nichts einzuwenden, aber ich wollte und will mich mit Menschen nicht ständig über ihren Beruf unterhalten. Er schon, und zwar manisch, und deshalb ging er mir ebenso auf die Nerven wie ich ihm durch meine offen zur Schau getragene Passivität, Gleichgültigkeit, Unproduktivität, was auch immer mich ausgezeichnet oder eben nicht ausgezeichnet hat.

In der Frühzeit unserer Freundschaft war das kein Thema. Wir waren beide Nebbichs, schlugen uns mehr schlecht als recht durchs Leben, konnten gut miteinander reden, waren aber nicht imstande, unseren Gesprächen gemeinsame künstlerische Taten folgen zu lassen. Die paar Male, an denen dies doch geschah, waren nicht gerade von Erfolg gekrönt.

Die Initialzündung zu unserem ersten Unternehmen, an dem sich auch Hrdlicka und Martinz beteiligten, gab eine Ausstellung mexikanischer Linolschnitte im Rahmen des Dritten Weltgewerkschaftskongresses. Wien war bis 1955 für kommunistische Großveranstaltungen dieser Art gut geeignet, weil der erste Bezirk, die Innenstadt, im Monatsrhythmus von den Besatzungsmächten verwaltet wurde. In den vier Wochen, die in die Zuständigkeit der sowjetischen Kommandantur fielen, war man demnach vor Störaktionen und behördlichen Schikanen gefeit. Das war schon beim Völkerkongress für den Frieden der Fall gewesen, der im Dezember 1952 in Wien stattgefunden und alles vereint hatte, was in der fortschrittlichen Welt Rang und Namen hatte: Jorge Amado und Anna Seghers, Diego Rivera und Jean-Paul Sartre, Dmitri Schostakowitsch und Frédéric Joliot-Curie, Nazim Hikmet und den Dean of Canterbury ... Wie nicht anders zu erwarten, hatten Hrdlicka und ich diese Völkerschau, bei der US-amerikanische und nordkoreanische Delegierte einträchtig nebeneinander über die Ringstraße zogen, auch dazu genutzt, uns durch das Anmalen von Festdekorationen und andere Hilfsarbeiten ein paar Schilling zu verdienen.

Beim Gewerkschaftskongress zehn Monate später lernte Eisler die beiden Grafiker Leopoldo Méndez und Luis Arenal kennen, die zur Eröffnung der Ausstellung nach Wien gekommen waren, und brachte uns, also Hrdlicka, Martinz und mich, mit ihnen zusammen. Die beiden waren führende Mitglieder des *Taller de Gráfica Popular,* der 1937 in Mexiko-Stadt gegründet worden war und es sich zum Ziel gesetzt hatte, die revolutionären Kräfte in ihrem Land mit Flugblättern und Plakaten zu unterstützen. Beim Betrachten der ausgestellten Blätter – die besonders gelungenen Linolschnitte stammten von Méndez selbst – fiel es uns wie Schuppen von den Augen: So und nicht anders sah der militante Realismus aus, über den Hrdlicka und ich uns den Kopf zerbrochen hatten. Wir bestürmten Méndez und Arenal mit Fragen, die sowohl die gesellschaftlichen Verhältnisse in Mexiko als auch die Arbeitsweise des Künstlerkollektivs und die Technik des Linolschnitts betrafen, mit dem wir uns bis dahin nicht beschäftigt hatten. Das Gespräch musste von Eisler und mir mit Arenal geführt werden, der lange in den USA gelebt hatte und deshalb fließend Englisch sprach, während Méndez, Hrdlicka und Martinz auf unsere Übersetzungen angewiesen waren.

Beim Abschiednehmen luden uns die beiden zu sich nach Mexiko ein; sie würden uns Kontakte zu anderen revolutionären Künstlern vermitteln und dafür sorgen, dass wir Land und Leute kennenlernten. Meine betrübte Antwort, dass wir uns eine Schiffsreise nach Mexiko nicht leisten könnten, tat Arenal mit einer wegwerfenden Handbewegung ab.»Auch die mexikanischen Künstler stecken in Geldnöten«, sagte er.»Aber niemand hindert euch, wie sie eine Tombola oder Lotterie zu veranstalten. Darüber spannt ihr ein Transparent mit der Aufschrift: ›Arme Kunststudenten wollen sich eine Reise nach Mexiko finanzieren.‹« Obwohl er erst am Vortag in Wien eingetroffen war, konnte uns Arenal auch schon einen geeigneten Ort nennen. Er sei heute früh mit der Straßenbahn über die Donau gefahren. Der breite, nicht verbaute Wiesenstreifen am jenseitigen Ufer würde sich für ein solches Vorhaben anbieten. Er wusste nicht, dass dort, im Überschwemmungsgebiet, laufend Tombolas veranstaltet wurden. Eine mehr würde kaum Leute anlocken. Außerdem hätten wir mit dem Einschreiten der Polizei zu rechnen. Er war von unseren Bedenken sichtlich enttäuscht. »Ihr seid doch junge Leute. In eurem Alter ist es nur legitim, sich über die Vorschriften der Behörden hinwegzusetzen.« Das hörten wir zwar gern, schreckten aber vor der Aussicht zurück, eine Nacht in der Ausnüchterungszelle des Polizeikommissariats Floridsdorf zu verbringen, weil wir die über uns verhängte Strafe wegen illegalen Glückspiels nicht bezahlen konnten. So endete die Begegnung zwischen zwei Giganten und vier Lehrbuben auf dem Gebiet der aufwühlenden politischen Grafik mit großen Illusionen und einem winzig kleinen Misston.

Aber die Idee, es den Mexikanern nachzumachen, hatte gezündet. Schon am nächsten Tag pilgerte ich in die Lange Gasse, um mir in einem Geschäft für Malerbedarf von meinem kümmerlichen Taschengeld Klingen, Holzgriff, Walze und Linoleum zu besorgen. Dann machten wir uns mit Feuereifer ans Werk. Um ein aktuelles Thema waren wir nicht verlegen. Das war der wieder aufflammende Nazimilitarismus. Er äußerte sich vor allem in Form von Soldatentreffen, die allenthalben stattfanden und von den Behörden wohlwollend geduldet wurden. Und das wollten wir mit Hohn und Satire aufs Korn nehmen, also endlich einmal dem Feind die Stirn bieten und nicht nur immer jammern, dass schon wieder vor einem Kriegerdenkmal, in einem Wirtshaus oder in einer Sporthalle ehemalige Angehörige der Waffen-SS Nazilieder gegrölt und sich ihrer Heldentaten im Kampf gegen den russischen Untermenschen gerühmt hatten. Wir folgten also der Aufforderung aus Alphonse Daudets Roman über *Die wunderbaren Abenteuer des Tartarin aus Tarascon*: »Degenstiche, meine Herren, Degenstiche, aber keine Nadelstiche!«

Jeder von uns machte sechs Linolschnitte, die dann auf Rotationspapier, also besonders primitiv, wie Flugblätter, mit dem Falzbein abgezogen wurden. Dazu bastelten wir eine Mappe für die vierundzwanzig Blätter, und ich verfasste unter dem Pseudonym Otto Schemansky noch ein Vorwort, für das ich mich von Bert Brecht inspirieren ließ. Als Gesellenstück konnte sich das Ergebnis unserer Meinung nach durchaus sehen lassen, auch wenn diese Art von Satire vielleicht nur einem von uns, nämlich mir, wirklich lag und Eisler in handwerklichen Belangen nicht gerade zur Höchstform auflief, so dass ich gezwungen war, den Großteil seiner Vorzeichnungen in Linol zu schneiden. Dafür übernahm er es, die Mappe mit dem Titel »Soldatentreffen« an die KPÖ heranzutragen. Das Kulturreferat der Partei wurde von Nelly Bohl geleitet, die seinerzeit wie Eisler aus dem britischen Exil nach Wien zurückgekehrt war und nun von unseren Kunstwerken hellauf entsetzt war.

Mit ihr hatte ich gelegentlich diskutiert, was wenig ergiebig war, weil sie nur doktrinäres Geschwätz von sich gab. Wenn man mit Ernst Fischer redete, dem einzigen österreichweit beachteten Kommunisten, konnte man wenigstens sicher sein, dass er einem zuhörte und nicht nur die Phrasen des weisen Vaters aller Völker wiederkäute. Bei Nelly Bohl hingegen hatte man das Gefühl, gegen eine Wand aus Schdanow-Zitaten und Beschwichtigungsfloskeln anzurennen. Es war deutlich zu erkennen, dass sie unsere Linolschnitte schon deshalb für verabscheuungswürdig hielt, weil sie nicht unter den Fittichen der Partei entstanden waren. Viel zu hässlich, lautete das Verdikt, das uns aus der Partei entgegenschallte. Dass Soldatentreffen keine Misswahlen sind, war ihren Funktionären nicht beizubringen.

Schon davor hatten wir die Mappe stolz Viktor Matejka gezeigt und waren von seiner verhaltenen Reaktion enttäuscht gewesen. Ich begriff erst viel später, dass sie als Warnung zu verstehen war. »Kinder, verderbt euch mit sowas doch nicht eure Zukunft...« Das war die Botschaft hinter der gespielten Ratlosigkeit, mit der er die Blätter betrachtete. Allerdings kamen wir gar nicht dazu, uns mit ihnen die Zukunft zu verbauen, denn sie wurden nirgends erwähnt und schon gar nicht besprochen, und mehr als sechs oder sieben Mappen sind wir nicht losgeworden. Wir hatten allesamt auch keinen guten Ruf. Eisler – gut, das war hoher Parteiadel. Aber Hrdlicka und ich galten als verkrachte Existenzen, die bestenfalls eine Hilfsarbeiterkarriere vor sich hatten. Eigenbrötlerisch, bei keiner Parteiveranstaltung zu sehen, dann plötzlich in einem Seminar von Walter Hollitscher über Kunst und Marxismus auftauchend und den an sich gescheiten, aber blutleeren Philosophen anstänkernd. Diese Umgangsformen hatte nicht ich kreiert, sondern Hrdlicka, ich war verbindlicher als er, in einer Ehe oder eheähnlichen Beziehung nach traditionellem Muster wäre er der Mann und ich die Frau gewesen.

Mit dem Vierten im Bunde, Fritz Martinz, wusste die Partei auch nichts anzufangen. Wie ich begnügte er sich mit der Rolle des Sympathisanten. Er war vier Jahre älter als wir, ein hübscher blonder Bengel, dem Typ nach ein Träumer und Schwärmer, Eiskunstlaufmeister und Vogelstimmenimitator aus Bruck an der Mur, mit Naziverwandten gesegnet, die sich bei näherem Hinsehen als wunderliche Wichteln erwiesen, die den Führer mit dem Heiland oder dem Urschlamm verwechselt hatten.

Martinz hatte schon früh, ab 1939, an der Kunstgewerbeschule in Graz bei Rudolf Szyszkowitz Malerei studiert, war zwei Jahre lang Soldat gewesen und 1947, ein Jahr vor mir, an die Kunstakademie gekommen. Er litt an einer ausgeprägten Steiermarkphobie, was meiner Meinung nach schädlich war, weil er sich dort leichter getan hätte, als freier Künstler zu bestehen. Denn in der Provinz, außerhalb Wiens, gab und gibt es immer noch einen Lokalpatriotismus, der dafür sorgt, dass selbst der kompromissloseste, von einem unheilvollen Selbstzerstörungstrieb erfasste Maler private Gönner findet oder hin und wieder einen öffentlichen Auftrag erhält. Wie und warum sich Martinz dem Kommunismus angenähert hat, ist mir unbekannt. Vielleicht wegen seines älteren Freundes und näheren Landsmanns Karl Stark, eines erbitterten Gegners der abstrakten Kunst, den ich Anfang der fünfziger Jahre aus den Augen verlor, als er nach Kärnten übersiedelte, oder unter dem Einfluss von Alfred Hrdlicka, dem Martinz später auch künstlerisch, in der expressiven Darstellung von nackten Körpern und praller Fleischlichkeit, nacheifern sollte.

Der Misserfolg der ersten gemeinschaftlichen Arbeit hielt uns nicht davon ab, uns bald darauf in die nächste zu stürzen. Davor aber betätigten wir uns als Wahlkampfhelfer für die KPÖ, die bei der niederösterreichischen Landtagswahl Mitte Oktober 1954 zusammen mit den Linkssozialisten unter dem Namen Volksopposition antrat. Wir wurden im schwarzen Tatraplan des Zentralkomitees nach Krems und dann weiter nach Amstetten chauffiert. In beiden Städten waren Plakatsäulen mit weißem Papier beklebt worden. Ein Gerüst stand da wie dort bereit, wir machten uns ans Werk. Ich malte das Plakat »Fürst Starhemberg verschlingt seine Güter«, in Anspielung auf die vom Verwaltungsgerichtshof verfügte Rückgabe der Besitzungen an den ehemaligen Heimwehrführer. Die wenigen Passanten zerstreuten sich, sobald sie erfuhren, für welche Partei hier geworben wurde. Nur ein paar Polizisten harrten aus. Sie warfen uns verächtliche Blicke zu; weil Niederösterreich immer noch sowjetisch besetzt war, durften sie uns nicht bei der Arbeit behindern.

Wenig später kamen Hrdlicka, Martinz und ich doch noch zu einem größeren Auftrag. Es ging um ein Sgraffito, das an der Außenwand der Gänserndorfer Zweigstelle der Fraktion der Gewerkschaftlichen Einheit angebracht werden sollte. Das Sujet war vorgegeben, Erdölarbeiter, und mit unserem Entwurf, den ich unter Martinz' billigendem Schweigen und Hrdlickas lauten Bravorufen angefertigt hatte, setzten wir uns gegen alle Mitbewerber durch. Immerhin wehte seit Stalins Tod innerhalb der Partei ein laues Lüftchen, das einen Hauch Modernität in sich trug, außerdem nahm ich mir in der abstrahierenden Formensprache mit Fernand Léger einen Maler zum Vorbild, der Mitglied der Kommunistischen Partei Frankreichs war. Mit diesem Argument hätten wir den Vorwurf des Formalismus entkräftet, der zu unserem Erstaunen jedoch ausblieb.

Ein Arbeiter mit Helm, ein Hebel, eine Zange, mit der ein Rohr an ein anderes geschraubt wird. Das war, wenn ich mich recht erinnere, auf dem Entwurf zu sehen, den wir an einem stürmischen Tag und auf einem entsprechend schwankenden Gerüst umsetzten. Zuvor hatten Maurer drei farbige Putzschichten, rot, schwarz und weiß, an der Fassade aufgetragen. Die wurden jetzt von uns auf Grundlage der Zeichnung, die uns der Wind immer wieder vertrieb, mit dem Messer freigelegt. Als wir die Arbeit beendet hatten und das Ergebnis von unten in Augenschein nahmen, stellte ich fest, dass die Beine des Arbeiters zu kurz geraten waren. Schuld daran war, dass wir den Entwurf, den ich wegen seiner Größe auf dem Fußboden zeichnen musste, nie aus der richtigen Perspektive, nur von einer Leiter aus hatten sehen können.

Tags darauf fand die Abnahme statt, bei der die Gewerkschafts-funktionäre unser Werk mit gequältem Gesichtsausdruck, aber immerhin ohne Unmutsäußerungen betrachteten. Ein weitblickender Mann pflanzte noch am selben Tag direkt unter dem Sgraffito einen Baum, so dass es fünf Jahre später hinter dichtem Blattwerk verschwunden war. Inzwischen ist das Gewerkschafts-haus längst abgerissen, jedenfalls war es vor zwölf oder fünfzehn Jahren, als ich einen Ausflug nach Gänserndorf unternahm, nicht mehr aufzufinden.

Kaum dass sie begonnen hatte, war unsere Karriere als Wand-malerkollektiv mangels weiterer Aufträge schon wieder zu Ende. Darunter litt ich mehr als meine Gefährten, weil mir immer eine künstlerische Arbeit vorschwebte, bei der, wie in der Architek-tur, drei oder mehr Personen gleichzeitig mit einem Entwurf be-schäftigt sind. Einmal schlug ich Hrdlicka vor, nach dem Vorbild der dreiköpfigen Kukryniksy-Gruppe in der Sowjetunion, die ganz außergewöhnliche politische Karikaturen und Plakate ge-schaffen hatte, eine Arbeitsgemeinschaft zu gründen: Ein vor-gegebenes Thema, jeder macht dazu einen Entwurf, der beste wird ausgewählt und gemeinsam weiterentwickelt. »Hm, muss ich darüber nachdenken.« Er dachte nach, ich dachte nach, ir-gendwann ließen wir die Idee fallen.

Aber einen Versuch, an unsere erfolglose Linolschnittmappe anzuschließen, gab es noch. Ich glaube, es war Hrdlickas Vater, der für uns die Erlaubnis erwirkte, im Keller eines leerstehenden Hauses in der Phorusgasse eine Lithografiewerkstatt einzurich-ten. Es gehörte der USIA und war für den Zweck denkbar unge-eignet. Kein Strom, kein Gas, kein Wasser, kein Klo. Wir behalfen uns mit Petroleumlampen und holten das Wasser, das zum Litho-grafieren in großen Mengen benötigt wird, in Kübeln vom nahen Phorusmarkt. Dort gab es zum Glück auch ein öffentliches WC,

214

das – anders als heutzutage – nicht ständig außer Betrieb war. Unser einziger Luxus bestand aus einem Eisenofen, den wir tüchtig beheizten. Wie es uns gelang, die zentnerschwere riesige Lithopresse samt den dazugehörigen, nicht minder schweren Steinen in den Keller zu schaffen, ist mir ein Rätsel. Jedenfalls hatten wir bald alles, was es zum Lithografieren braucht, nur wussten wir nicht, wie man das eigentlich macht. An der Akademie war es uns nicht beigebracht worden, auf der Graphischen konnten wir auch nichts Näheres in Erfahrung bringen. Schließlich eilte uns Wilhelm Perschl zu Hilfe, der bis zu seiner Pensionierung im Kartographischen Institut Landkarten lithografiert hatte. Ein Altmeister seines Fachs also, um die siebzig, als Kommunist unbeirrbar und wie alle im Druckgewerbe Tätigen außerordentlich belesen. Einer seiner Schätze war das berühmte Schwarzbuch über Spanien, *Menschenopfer unerhört*, das 1937 in Paris veröffentlicht wurde. »Von dem, na wie heißt er, der dann zum Klassenfeind übergelaufen ist?« Arthur Koestler, ich konnte seinem Gedächtnis auf die Sprünge helfen.

Perschl hatte in der Nazizeit für untergetauchte Regimegegner Ausweise und Stempel gefälscht, wofür er als Lithograf bestens geeignet war. Wie er selbstkritisch anmerkte, war er so leichtsinnig gewesen, kompromittierende Schriftstücke zusammengerollt in einem hohlen Stuhlbein zu verstecken. »Wenn die Pülcher von der Gestapo gekommen wären, hätten sie als Erstes den Sessel umgedreht und das Stuhlbein abgeschraubt.« Das Schafott wäre ihm nicht erspart geblieben.

Nach seinen Anweisungen machten wir uns zu dritt – Eisler schreckte wie immer vor körperlicher Anstrengung zurück – munter ans Werk. Besonders fleißig war Martinz, der in kurzer Zeit sechzehn Lithografien mit Szenen aus dem Schlachthof St. Marx schuf. Auch ich konnte einen ganzen Lithozyklus fertigstellen, der von Voltaires Novelle *Candide oder der Optimismus* angeregt wurde. Mit dieser Serie bin ich noch heute einverstanden. Ziemlich luzid, was mir da auf einen Schlag gelang. Überhaupt waren wir in Stimmung. Wir begingen zwar einige technische Fehler, nahmen das falsche Papier, aber gerade weil die Arbeiten unter professionellen Gesichtspunkten halb verpatzt waren, gerieten sie uns nicht schlecht. Wir arbeiteten also auf Teufel komm raus und hatten diesen feuchten Keller samt den Petroleumlampen richtig liebgewonnen. Aber dann nahte der Mai 1955, mit ihm die feierliche Unterzeichnung des Staatsvertrags, »Österreich ist frei!«, und gleich darauf mussten wir das Atelier räumen. Das Haus fiel, als Teil der sowjetischen Vermögenschaften, an die Republik Österreich, die an Kellerasseln wie uns kein Interesse hatte. Wahrscheinlich verschacherte sie es an einen Spekulanten. Die Lithopresse wurde verschrottet, was mit den Steinen geschah, ist mir nicht bekannt.

Am nächsten Unternehmen, der Gründung einer Radierwerkstatt, war ich nur noch am Rand beteiligt und am übernächsten gar nicht mehr, weil ich keine Zeit hatte. Ich hüpfte damals von Job zu Job, verrichtete weiterhin Hilfsarbeiten bei Kongressen oder übernahm Grafikaufträge von dubiosen Werbebüros. Zwischendurch versuchte ich, künstlerisch zu arbeiten, es kam wenig dabei heraus.

Eigentlich hatte ich die Akademie 1953 verlassen wollen, wurde aber von dem peinigenden Gedanken befallen, für meine Zukunft Sorge tragen zu müssen, und beschloss, ein Kunsterzieherstudium anzuhängen. Wenn alle Stricke reißen, dachte ich, könnte ich ja an einem Gymnasium Zeichnen unterrichten. Die Vorstellung, dass es dafür unerlässlich wäre, einer der beiden Großparteien beizutreten, schob ich mit Todesverachtung beiseite. Ich studierte tatsächlich zwei Jahre lang Kunsterziehung, also auch Geschichte, und legte die entsprechenden Prüfungen ab, bis mir klar wurde, dass ich für den Beruf völlig ungeeignet war. Zehn Jahre später hätte ich ihn sofort und ohne Widerwillen ergriffen. Aber damals ging es an den Schulen nach dem Proporzsystem derart autoritär zu, dass ich mir sagte, lieber Kohlen schaufeln, als mich von wildgewordenen Direktoren und hinterhältigen Inspektoren sekkieren zu lassen. Deshalb verließ ich 1955 die Akademie ohne Diplom, für das mir nur zwei Zeugnisse gefehlt hätten. Im Jahr darauf war ich noch inskribiert, besuchte aber keine Lehrveranstaltung mehr. Hrdlicka hingegen war 1953 von Dobrowsky zu Wotruba abgewandert, in die Bildhauerklasse, aus der er sich erst 1957, mit dem Diplom in der Tasche, endgültig verabschiedete.

Das Verhältnis zwischen den beiden war ziemlich ungewöhnlich. Hrdlicka nahm gegenüber Wotruba eine außerordentlich herausfordernde Haltung ein, was dieser brummig, aber ohne Androhung von Sanktionen zur Kenntnis nahm, weil sein ungezogener Student ihm aus irgendeinem Grund – beide Proleten, echte Wiener mit tschechischen Wurzeln – sympathisch war. Hrdlicka ließ es jedoch nicht dabei bewenden, den alten Bären ständig zu provozieren; er wartete mit einer zusätzlichen Dreistigkeit auf, nämlich seiner Weltanschauung. Wotruba hasste nichts so sehr wie die Kummerln, was ich 1953 zu spüren bekommen hatte, als er mein Ringer-Bild aus der Jahrgangsausstellung der Akademie entfernen ließ – nicht wegen mir, den er kaum kannte, sondern weil er in diesem Gemälde, durchaus zu Recht, Elemente des Sozialistischen Realismus zu erkennen glaubte. In seinem Verhalten gegenüber Hrdlicka ließ er sich zu solchen Maßnahmen im Kampf gegen den Kulturbolschewismus nicht hinreißen. Er wusste, dass Hrdlicka ein Kommunist war, benachteiligte ihn deshalb aber nicht. Er hätte ihn ja jederzeit rausschmeißen können oder erst gar nicht in seine Klasse aufnehmen müssen. Als Künstler übte er auf seinen Schüler großen Einfluss aus, deshalb ist der Bildhauer Hrdlicka ohne den Bildhauer Wotruba auch nicht vorstellbar. Allerdings auch nicht ohne die Vehemenz, mit der er seiner Überzeugung Ausdruck verlieh, dass dieser den falschen Weg eingeschlagen und sich einer unverbindlichen internationalen Abstraktion ergeben habe, die sowohl langweilig als auch abstoßend sei. Dieses Urteil blieb Wotruba nicht verborgen. Ob er es zähneknirschend oder gleichgültig aufnahm – ich weiß es nicht. Ich weiß nur, dass er zu Hrdlicka ausgesprochen nett war, was dieser auch gar nicht abgestritten hat.

Aufgrund der räumlichen Entfernung – die Bildhauerklasse befand sich in der Rustenschacherallee, in Praternähe – klebten Hrdlicka und ich nicht mehr so eng aneinander, sahen uns aber weiterhin alle naselang, so dass wir die bestürzenden Ereignisse in Ungarn, im Oktober und November 1956, gemeinsam verfolgten und aus ihnen auch die gleichen Konsequenzen zogen. Dem Volksaufstand in unserem Nachbarland waren zwei Ereignisse vorausgegangen, die unter den österreichischen Kommunisten für helle Aufregung sorgten. Das eine war die fünfstündige Geheimrede des Ersten Sekretärs der KPdSU, Nikita Chruschtschow, am Zwanzigsten Parteitag, von deren Inhalt die KPÖ zunächst gar nicht informiert wurde. Als Details der Rede und damit auch über das Ausmaß des Stalinterrors durchsickerten, fielen die hiesigen Kommunisten in eine Art Schockstarre; die große Mutterpartei selbst, die als sakrosankt galt, hatte enthüllt, was bisher als antikommunistische Propagandalüge abgetan worden war. Nur vier Monate später, Ende Juni 1956, schlug ein Streik von Posener Fabrikarbeitern in einen Aufstand um, der von der polnischen Armee blutig niedergeschlagen wurde. Eine kommunistische Regierung, die auf Arbeiter schießt! In der österreichischen Partei herrschte Verwirrung. Dann setzte sich die Version durch, dass der Aufstand von westlichen Agenten und Propagandasendern geschürt worden sei.

Ich erinnere mich, dass Hrdlicka und ich uns damals wieder einmal mit Nelly Bohl herumstritten. Dieses ständige Lügen, Kaschieren und Um-den-heißen-Brei-Herumreden müsse endlich aufhören, meinten wir. Die Partei schaufle sich damit ihr eigenes Grab. »Ja, wenn das alles so einfach wäre«, erwiderte Genossin Bohl. »Man hat ja in Polen gesehen, dass die Konterrevolution nicht schläft. Wer die sozialistische Ordnung gefährdet, ist ein Klassenfeind.« – »Und was werden Sie sagen«, antwortete ich, »wenn es in drei Wochen heißt, dass die Arbeiter in Posen sich zu Recht gewehrt haben?« Daraufhin bekam die Frau einen Weinkrampf, schluchzte, dass sie von lauter Reaktionären und Querulanten umgeben sei, und erklärte das Gespräch für beendet. Drei Wochen später war aus Parteikreisen tatsächlich zu hören, dass die schlechte Versorgungslage und die Erhöhung der Arbeitsnormen den polnischen Arbeitern keine andere Wahl gelassen hätten, als Kampfmaßnahmen gegen die Regierung zu ergreifen.

Was die Vorgänge in Ungarn betrifft, fällt mir ein Vortrag ein, den Georg Lukács im Sommer 1956 in der Urania gehalten hat. Es war nicht sein erster in Wien, den ich besucht hatte. Die meisten fanden auf Einladung des *Tagebuch* in Parteilokalen oder Hinterzimmern von Kaffeehäusern statt, manche auch im kleinen Kreis in Privatwohnungen. Diesmal stellte der bedeutende Philosoph, für mich jedenfalls, seine bisherige Literaturtheorie auf den Kopf. Was er zuvor als formalistisch und dekadent abgelehnt hatte, nämlich die Moderne von Proust bis Joyce, von Musil bis Kafka, fand nun seine ungeteilte Zustimmung. Ich war begeistert, weil mir die einseitige, vollkommen bornierte Literaturbetrachtung, wie sie vor allem in der DDR betrieben wurde, schwer auf die Nerven ging.

Wäre die internationale Presse bei Lukács' Vortrag dabei gewesen, hätte sie wertvolle Rückschlüsse auf das geistige Klima in Ungarn ziehen können. Dann wäre sie von der Dynamik der Ereignisse, wenige Wochen später, weniger überrascht gewesen. So spontan die Volkserhebung auch erfolgte, nämlich als Solidaritätskundgebung für die polnischen Arbeiter, und sosehr sie sich in ihren Aktionen und Zielen radikalisierte, war sie doch nicht denkbar ohne die Forderungen des intellektuellen Petőfi-Kreises und der reformwilligen Kräfte innerhalb der kommunistischen Partei der Ungarischen Werktätigen, den demokratischen Lippenbekenntnissen endlich Taten folgen zu lassen. Nach Ausbruch der Kämpfe galt ich unter meinen Freunden plötzlich als Experte für das Nachbarland, vermochte ihnen aufgrund meiner Erfahrung während des Zweiten Weltkriegs aber nicht viel mehr zu sagen, als dass die Ungarn zur Phantastik neigen und deshalb gewillt sind, Dinge für wahr zu nehmen, die nur in ihrer Vorstellung existieren. Offenbar glaubten sie, wie seinerzeit Horthy in seiner berühmten Rede, das Joch der Fremdherrschaft abschütteln zu können, indem sie sich vom bisherigen Bündnispartner lossagten und durch die militärische Eskalation eine andere Großmacht – in diesem Fall die Vereinigten Staaten – zum Eingreifen bewegten. Diese Hoffnung erfüllte sich nicht; der amerikanische Generalstab zeigte kein Interesse daran, den Dritten Weltkrieg wegen eines Landes ausbrechen zu lassen, das weder in seiner Einflusssphäre lag noch über nennenswerte Rohstoffvorkommen verfügte.

Revolution oder Konterrevolution? Das war die große Frage, die Hrdlicka, Eisler und mich beschäftigte. Tatsächlich waren es ja nicht von Radio Free Europe oder anderen zwielichtigen Propagandainstrumenten ferngelenkte Menschenhorden gewesen, die den Aufstand ausgelöst und bis zum bitteren Ende getragen hatten; Kommunisten standen gegen Kommunisten, und die besseren von ihnen wurden, wie Ministerpräsident Imre Nagy oder Verteidigungsminister Pál Maléter, nach der Niederschlagung hingerichtet oder zu langen Freiheitsstrafen verurteilt.

Solange die Kämpfe andauerten, war die Grenze zu Österreich offen. Die Grenzsoldaten standen Gewehr bei Fuß, die Sowjets ließen sich noch nicht blicken. Diese Gelegenheit nutzten 200 000 Ungarn zur Flucht. Die einen, weil sie ohnehin auf eine Gelegenheit gewartet hatten, das Land zu verlassen, die anderen aus Angst vor den zu erwartenden Repressalien. Aus Solidarität mit den Aufständischen und in der Hoffnung, von den geflüchteten Ungarn mehr über die Hintergründe und den Ablauf des Geschehens zu erfahren, beschlossen Hrdlicka und ich, uns als hilfswillige Studenten im Flüchtlingslager Traiskirchen zu melden. Wir wurden auch sofort eingeteilt, und zwar zum Ofenheizen, eine Fertigkeit, auf die wir uns hervorragend verstanden, nutzten jedoch jede Gelegenheit, um mit den Leuten ins Gespräch zu kommen. Ich mit meinen eingefrorenen Ungarischkenntnissen, Hrdlicka mit Händen und Füßen. Aber das klappte nicht schlecht. Wir freundeten uns mit ein paar gleichaltrigen Architekturstudenten an, die uns ein genaues Bild von der repressiven Struktur der ungarischen Volksdemokratie und natürlich auch vom Ausbruch und von der Fortdauer der Kämpfe vermittelten. Die Arbeiter von Csepel, dem Zentrum der Schwerindustrie, niederkartätscht von der Armee! Je länger wir ihnen zuhörten, umso weniger zweifelten wir daran, dass nebenan eine Revolution stattfand, die von sowjetischen Panzerdivisionen gerade niedergewalzt wurde.

Angesichts der tragischen Umstände waren wir von den kindischen Wünschen verblüfft, die von den Flüchtlingen an uns herangetragen wurden. Einmal musste ich ihnen Besen besorgen, damit sie sich an hübsche Mädels aus Australien oder Schweden herankehren konnten, die sich aus lauter Begeisterung über das heldenmütige Volk der Magyaren ebenfalls zum Hilfsdienst gemeldet hatten und für die Sauberkeit im Lager zuständig waren. Ein andermal wollte sich eine Gruppe von zehn oder zwölf jungen Leuten ihren Herzenswunsch erfüllen, endlich einmal Coca-Cola zu trinken – just im Weinort Traiskirchen, in dem es einen ausgezeichneten Heurigen gab! Um ihnen trotz Ausgehverbots zu ihrem Sehnsuchtsgesöff zu verhelfen, statteten wir sie mit rotweiß-roten Armbinden aus und führten sie zum Ausgang. Alle passierten ungehindert den Schlagbaum, nur der Letzte wurde von den Gendarmen als Ungar erkannt und angehalten, nämlich Alfred Hrdlicka. »He, Magyar, du nix ausse!« Selbst seine mit Wiener Zungenschlag ausgesprochene Einladung, ihm den Buckel runterzurutschen, fruchtete nichts. »Nix, Magyar, du wieder zruck!« Wahrscheinlich hielten ihn die Uniformierten für den Nachfahren eines Tatarenstamms, der sich in grauer Vorzeit in der Puszta angesiedelt hatte. Erst beim dritten Versuch ließen sie ihn durch, wir steuerten ein Café an, Hrdlicka und ich kratzten unser letztes Geld zusammen und bestellten für jeden unserer Schützlinge eine Flasche Coca-Cola, die sie, tief befriedigt vom aufregenden Geschmack des freien Westens, in kleinen genießerischen Schlucken leerten.

Nach einer Woche bekam ich einen Lagerkoller. Ich beanstandete die Anweisungen der Beamten vom Innenministerium, die den Flüchtlingen – um sie nicht zu erniedrigen, wie es offiziell hieß – jede Tätigkeit untersagten. Ich beanstandete die von sich und ihren fragwürdigen Behandlungsmethoden eingenommenen Nervenärzte, die ich allesamt für verrückt erklärte. Ich beanstandete die Transportkommandos, die nach unerfindlichen Kriterien von einer Minute auf die nächste zusammengestellt wurden: Autobus zum Flughafen, und ab nach Uruguay oder Argentinien! Als meine Streitsucht überhandnahm, verabschiedeten wir uns von den Flüchtlingen, bestiegen die Badener Bahn und kehrten nach Wien zurück.

Mit dem blutigen Ausgang der Ungarischen Revolution endete auch meine Zugehörigkeit zum Lager des Friedens und des Fortschritts. Die Liebe zur Partei war schon vorher erkaltet, da sich herausgestellt hatte, dass sie nicht auf Gegenseitigkeit beruhte. Als Sympathisant brauchte ich gar nicht erst auszutreten, so wie Hrdlicka und sein Vater, dem der Kragen platzte, als die KPÖ die Volkserhebung als konterrevolutionären Putsch verurteilte.

Genau betrachtet, gab es für mich noch ein zweites, vielleicht sogar stärkeres Motiv für meine Entscheidung, mich von der Kommunistischen Partei abzuwenden: Ich war weder materiell noch charakterlich gefestigt genug, um die gesellschaftliche Ächtung als Kommunist – ob Mitglied oder Wegbegleiter, spielte keine Rolle – länger zu ertragen. Eine Ächtung, die so weit ging, dass ich von Nachbarn nicht mehr gegrüßt wurde, seit sich im Haus herumgesprochen hatte, dass der Schönwald in der Akademie kommunistische Reden schwingt. Mit der Isolation, in die mich die Ideen gebracht hatten, die in einem Budapester Flüchtlingslager der letzte Abgesandte des Judentums in mein Herz gepflanzt hatte, sollte es von nun an vorbei sein. Erwartungsvoll machte ich mich auf, den dritten Teil der Menschheit zu erkunden.

4

Kurioserweise brachte mich mein unausgelebter Drang nach Geselligkeit genau dorthin, wo sich, salopp gesagt, die Österreich-Zentrale zur Förderung der abstrakten Malerei befand, nämlich in die Galerie St. Stephan, die der politisch einflussreiche Domprediger Otto Mauer 1954 in der Grünangergasse eröffnet hatte. Ursprünglich ein Gegner der radikalen Moderne, war Mauer über Nacht zu einem glühenden Verfechter der neuen Kunstrichtung mutiert und hatte sich deshalb vorgenommen, eine Gruppe von vier Malern – Wolfgang Hollegha, Josef Mikl, Markus Prachensky und Arnulf Rainer – als Speerspitze im Kampf um die kulturelle Hegemonie einzusetzen. Das geschah zu einer Zeit, in der die abstrakte Malerei in der westlichen Hemisphäre beinahe mit Gewalt lanciert wurde, als ideologischer Gegenpol zur sozialistischen Kunstauffassung und mit dem Ziel, den Führungsanspruch der Vereinigten Staaten auch auf künstlerischem Gebiet zu untermauern.

Die Tendenz war ja nicht neu; ich erinnere mich, dass die militanten Vertreter der Freien Welt schon in den Anfangsjahren meines Studiums ein auffälliges Interesse für die Akademie der Bildenden Künste an den Tag gelegt hatten. Einmal tauchte dort ein Student namens Ralph T. Rosenbaum auf, der sich als US-amerikanischer Kommunist ausgab und sogleich den Kontakt zu mir suchte, anscheinend nur deshalb, weil er sich mit mir auf Englisch unterhalten konnte. Alfred Hrdlicka, der in solchen Fällen einen sechsten Sinn entwickelte, war von Anfang an misstrauisch, und ich wurde es auch, als der französische antifaschistische Schriftsteller Vladimir Pozner, mit dem uns Georg Eisler bekannt machte, beim Namen Rosenbaum wie elektrisiert aufhorchte und ihn als Schurken bezeichnete, der schon in Paris sein Unwesen getrieben habe. Ein Spitzel im Sold der CIA? Bevor wir Näheres über ihn in Erfahrung bringen konnten, verschwand Rosenbaum aus Wien. Dafür kam als amerikanischer Gastdozent der österreichische Baron Rudolf Charles von Ripper an die Akademie, der als Nazigegner 1934 im Konzentrationslager Oranienburg inhaftiert gewesen war, ehe er auf Intervention der österreichischen Botschaft entlassen und aus Deutschland ausgewiesen wurde. Dann ging er zur französischen Fremdenlegion, kämpfte angeblich auf Seiten der Republik im Spanischen Bürgerkrieg und nahm als Offizier im militärischen Nachrichtendienst der USA, dem Office of Strategic Services, am Zweiten Weltkrieg teil. Bekannt gemacht hatte ihn eine Mappe mit Radierungen, in denen er seine KZ-Erlebnisse verarbeitet hatte. Während seiner Zeit an der Akademie machte er keine antifaschistischen Grafiken mehr, sondern malte harmlose surrealistische Bilder und bemühte sich, die jungen Künstler im Art Club auf den Kampf gegen den Kommunismus einzuschwören. Er tat dies so wild dramatisch, dass nicht viel dabei herausschaute.

Dem gebieterisch vorgetragenen Verlangen nach Abstraktion unterwarfen sich auch Maler, die guten Grund hatten, ihren markanten politischen Werdegang hinter inhaltsleeren Bildern zu verstecken. Nur sehr selten holte einen von ihnen die Vergangenheit ein. So erging es immerhin dem hochgeschätzten westdeutschen Künstler Wilhelm Wessel. Bei der Eröffnung seiner ersten Ausstellung in der Pariser Galerie Stadler, 1958, erschien der Kompositionsstudent – und nachmalige Theoretiker der seriellen Mu sik – Heinz-Klaus Metzger mit einem Buch unter dem Arm, das er gut sichtbar auf dem Tisch mit den Ausstellungskatalogen platzierte. Es handelte sich um das reich illustrierte Werk *Mit Rommel in der Wüste. Ein Erlebnisbuch des nordafrikanischen Feldzuges,* das Wessel im Auftrag und im Geist des deutschen Propagandaministeriums 1943 veröffentlicht hatte. Der Zwischenfall tat Wessels Ansehen als Großmeister des Informels keinen Abbruch; zwei Jahre später stellte Mauer seine Arbeiten auch in Wien aus.

Ungefähr zur selben Zeit trug der Komponist, Pianist und Dichter Gerhard Rühm im Wiener Musikhaus ¾ seine neodadaistischen Chansons vor. Als er geendet hatte, sprang ein älterer Mann im Publikum auf, in dem ich den Schriftsteller Heimito von Doderer erkannte, rannte auf Rühm zu und spendete diesem langen und frenetischen Beifall. Ich fragte mich, was den ehemaligen Nationalsozialisten und, nebenbei gesagt, hervorragenden Romancier Doderer dazu gebracht hatte, Rühm und dessen literarischen Ahnen Kurt Schwitters und August Stramm zu huldigen. Ich meinte, und meine es immer noch, es war die Begeisterung für eine vordergründig experimentelle Literatur, die sich wie die abstrakte Malerei von sozialen und zeitkritischen Verpflichtungen lossagte.

Für mich war die Abstraktion keine Lösung. Kunst, die gesellschaftliche Verhältnisse ausspart, erschien mir sinnlos. Mittlerweile hatte ich aber auch begriffen, dass mit politischem Engagement und dem Beharren auf figurative Darstellung auf dem Gebiet der Malerei kein Fortkommen möglich war, und wandte mich deshalb endgültig der Grafik zu. Die Inspiration für die meisten Zyklen, die von nun an entstanden, fand ich in der Literatur. Den Anfang hatte, wie schon erwähnt, Voltaires *Candide* gemacht, auf ihn folgten 1956/57 einundzwanzig Radierungen zu Daniel Defoes Abenteuerroman *Kapitän Singleton*, den mir Eisler als Lektüre empfohlen hatte, und in den Jahren, Jahrzehnten danach weitere Radierungen sowie Holz- und Linolschnitte zu François Rabelais' fünfbändigem Opus magnum *Gargantua und Pantagruel*, zu Alfred Jarrys jugendlichem Geniestreich *König Ubu* und zum Songspiel *Mahagonny* von Kurt Weill und Bertolt Brecht.

Die Beschäftigung mit literarischen Vorlagen war schon deshalb ratsam, weil selbst in der Grafik Gegenständlichkeit in der Regel nur dann geduldet wurde, wenn sie im Gewand der Illustration oder des Porträts daherkam. Andernfalls hätte ich die Hoffnung auf Ausstellungen oder Ankäufe gleich begraben und mich der schweißtreibenden Tätigkeit des Kohlenschaufelns zuwenden können, die ich mir während meines Kunsterzieherstudiums als Option offengehalten hatte. Ich tarnte mein figürliches Zeichnen also mit literarischen Themen, was ohnehin meinem Bedürfnis nach Büchern entgegenkam, die mir die Welt erklärten und zugleich großes Lesevergnügen bereiteten, da sie gesellschaftliche Auswüchse mit den Mitteln der Satire darstellten. In der grafischen Umsetzung ging es mir nicht um politische Aktualität; weit davon entfernt, mich mit ihm vergleichen zu wollen, nahm ich mir Brecht zum Vorbild, der in seinen Theaterbearbeitungen alten Stücken einen neuen Sinn verliehen, jedoch darauf verzichtet hatte, sie in die Gegenwart zu stellen. Dass dieses aus der Not geborene und meinen Interessen doch zuträgliche Verfahren letztlich nichts nützte, erwies sich bei meiner ersten Ausstellung, 1957 in der Wiener Secession, in der neben einigen Aktzeichnungen die Serien zu *Candide* und *Kapitän Singleton* gezeigt wurden. Ich sehe heute noch Besucher vor mir, die hinter vorgehaltener Hand ihr Unbehagen über die verpönte Gegenständlichkeit der Bilder äußerten. Es war nicht schwer zu erraten, welcher Gedanke ihnen durch den Kopf ging: Das muss von einem Kommunisten stammen, jedenfalls von einem, der kein Antikommunist ist. Und ein solcher war ich tatsächlich nicht geworden.

Dass ich trotzdem in der Galerie St. Stephan verkehrte, lag an meinem Bestreben, möglichst viel unter Leute zu kommen. Die Galerie hatte sich binnen kurzem zu einem Mittelpunkt des gesellschaftlichen Lebens entwickelt, so dass sich zu den Vernissagen und sonstigen Veranstaltungen nicht nur Künstler und Kritiker einfanden, sondern auch Männer und Frauen aus kunstfernen Berufen, die meinen geistigen Horizont erweiterten und sich darüber hinaus gern mit mir unterhielten. Sogar Otto Mauer selbst war ein durchaus ergiebiger Gesprächspartner, wenn er nicht gerade auf den Gedanken verfiel, einem die Höllenlehre des heiligen Augustinus nahezubringen oder sich als glühender Feind des Kommunismus auszuweisen. In solchen Fällen versuchte ich, das Gespräch auf die Nazizeit in Österreich zu lenken, über die er genau Bescheid wusste. Überhaupt hatte man den Eindruck, dass er jedes Alpental, jede Dorfkirche, jede Almhütte in- und auswendig kannte. Mauer war in seiner Jugend im Bund Neuland aktiv gewesen, einer katholischen Reformbewegung mit einem starken deutschnationalen Flügel, dessen Exponenten vor 1938 heimlich und dann offen zu den Nationalsozialisten überliefen und nach 1945 führende Positionen in der Österreichischen Volkspartei, in den Zeitungsredaktionen und an den Universitäten einnahmen. Über diesen Klüngel war von Mauer, wenn man es richtig anstellte, einiges zu erfahren.

Bereichernder noch war die Bekanntschaft mit dem Historiker und Publizisten Friedrich Heer, der als Stammgast fast jeden Abend in der Galerie anzutreffen war. Trinkfest, zutraulich, immens belesen, als Buchautor und Redakteur der Wochenzeitung *Die Furche* unglaublich produktiv, vertrat er in gesellschaftlichen Fragen Standpunkte, die sich kaum von marxistischen Auffas sungen unterschieden. Das war umso bemerkenswerter, als auch er dem katholischen Lager angehörte und mit den Granden des österreichischen Konservativismus befreundet war. Mauer warf ihm hinter seinem Rücken vor, ein Doppelspiel zu treiben: »Ja, untertags gibt er sich mit denen ab, und in der Nacht schwingt er die Brandfackel.« Das stimmte, die Brandfackel schwang Heer sehr kräftig, und deshalb blieb ihm auch ein eigener Lehrstuhl verwehrt. Immerhin brachte er es nach Jahren als Privatdozent zum außerordentlichen Professor für Europäische Geistesgeschichte. Über zwei Semester hörte ich mir seine Vorlesungen an, die um Punkt acht Uhr im Hauptgebäude der Universität begannen. Trotz der frühen Stunde war der Hörsaal 41 jedes Mal bis auf den letzten Platz besetzt. Heer sprach völlig frei, in druckreifen Sätzen, ohne auch nur einen Notizzettel in die Hand zu nehmen oder ein Zitat aus einem Buch abzulesen, und endete nach neunzig Minuten mit einer Pointe, die einem den Gehalt seines Vortrags noch einmal erschloss. Es war ein reiner Genuss, ihm zuzuhören, und ich konnte es von einem Mal aufs andere kaum erwarten, seinen Wortkaskaden zu folgen, mit denen er komplexe Zusammenhänge anschaulich, und ohne sie zu simplifizieren, darzustellen vermochte. Heer war unter allen Menschen, die ich im Lauf meines Lebens kennenlernte, der einzige mit genialischen Zügen.

Meine Begeisterung für ihn wurde von einer jungen Frau geteilt, die damals als Sekretärin in der Galerie St. Stephan arbeitete. Gilli, eigentlich: Angela, Hillmayr war vier Jahre jünger als ich, groß und schlank, hatte kurzgeschnittene braune Haare, kleine Hände, einen langen Hals, leicht vorstehende Schneidezähne und ein schmales ausdrucksstarkes Gesicht, dazu einen scharfen Intellekt und wie Heer die Gabe, komplizierte Gedanken auf den Punkt zu bringen. Dem vorherrschenden Frauenbild entsprach sie schon deshalb nicht, weil sie nicht bereit war, Männer nur wegen ihres Geschlechts und Ranges zu bewundern. Sie redete keinem nach dem Mund und hielt es nicht für notwendig, sich für jemanden herauszuputzen. Das einzige ungewöhnliche Kleidungsstück in ihrer Garderobe war ein ungarischer Pelzmantel, bei dem das Schaffell innen und das Leder außen getragen wurde und der mit schwarzen Schnüren besetzt war. Darunter trug sie meistens einfache Jerseykostüme, bei Kälte Rollkragenpullover aus englischer Wolle. Weit davon entfernt, sich mit der kulturpolitischen Ausrichtung der Galerie zu identifizieren, betrachtete sie ihre Tätigkeit dort wie ich meine vergangenen Sommerjobs als Brotarbeit, der sie allerdings unermüdlich nachkam. Ihr eigentliches Interesse galt der Literatur, und das war ein Grund mehr, dass ich mich in sie verliebte.

Die Geschichte meines Liebeslebens ist nicht sehr ergiebig. Immer wieder war ich mit Mädels befreundet, bei denen sich über kurz oder lang herausstellte, dass sie mit jemand anderem liiert waren. Wer weiß, ob ich solche Beziehungen unbewusst nicht gerade deshalb suchte, weil ihr sang- und klangloses Ende vorherzusehen war. Für eine dauerhafte Bindung war meiner Meinung nach ein Mindestmaß an materieller Sicherheit vonnöten, auf die ich nicht bauen konnte. Meiner amourösen Bewegungsfreiheit waren also Grenzen gesetzt, und aus mir unbekannten Gründen fand ich mich damit ab. Auch mein Verhältnis zu Gilli folgte anfangs diesem Muster: Sie hatte gerade eine Affäre mit einem erheblich älteren Mann, so dass sich unser Verhältnis vorderhand nicht von meinen früheren Dreiecksbeziehungen unterschied. Ich schloss mich eng an sie, an ihre beste Freundin, die Journalistin Barbara Coudenhove-Kalergi, und an die Malerin Gertie Fröhlich an, die Otto Mauer in Kunstfragen beriet und die Agenda der Galerie führte.

Meine Geringschätzung der abstrakten Malerei ging nicht mit

einer Aversion gegen die Maler selbst einher. Mauers Protegés waren mir persönlich nicht unsympathisch, mit Josef Mikl und Markus Prachensky verband mich sogar eine enge Freundschaft. Beide kannte ich seit Akademiezeiten, Mikl von Anfang an und Prachensky seit 1952, als er nach Wien gekommen war, um bei seinem näheren Landsmann Lois Welzenbacher Architektur zu studieren. Er schloss das Studium in Rekordzeit ab, dachte aber keineswegs daran, der Familientradition entsprechend nach Innsbruck zurückzukehren und in das Architekturbüro seines Vaters einzutreten. Das heilige Land Tirol konnte ihm, wie die grüne Steiermark dem Fritz Martinz, gestohlen bleiben. Dass Prachensky und ich, künstlerisch gesehen, Antipoden waren, focht uns nicht weiter an. Hatte einer von uns eine Ausstellung vor sich, dann zeigte er dem andern seine Arbeiten, jeweils mit einem ironischen Unterton:

»Ich weiß schon, bei meinem Krempel kriegst du eine Gänsehaut, aber sag, welche Bilder würdest du an meiner Stelle aussuchen?«

»Das da ist sehr gut, das geht auch. Das daneben würde ich lieber nicht nehmen.«

Unsere gegenseitige Beurteilung erfolgte im stillen Einverständnis, dass wir auf künstlerischem Gebiet nicht viel voneinander hielten, und in der Gewissheit, dass wir einander darin nicht in die Quere kamen. Wir hatten ja genug andere Gemeinsamkeiten. Erstens saßen wir lang und gern und am liebsten in anregender Gesellschaft in Wirtshäusern herum. Zweitens war auch Prachensky ein fanatischer Leser. Ihm verdanke ich den Hinweis auf eines meiner Lieblingsbücher, Jan Potockis Roman *Die Handschrift von Saragossa*, außerdem kannte er sich bestens in der angelsächsischen Kriminalliteratur aus, bei Dashiell Hammett, Raymond Chandler und Eric Ambler. Und schließlich hasste Prachensky die Nazis inbrünstig. Er war mein Begleiter bei allen anti-faschistischen Demonstrationen, ob es nun darum ging, an Schillers zweihundertstem Todestag einen Aufmarsch deutschnationaler und neonazistischer Radaubrüder zu verhindern oder die Abberufung und Strafverfolgung des antisemitischen Welthandelsprofessors Taras Borodajkewycz zu fordern, der wegen seiner Vergangenheit im Christlich-Deutschen Studentenbund ebenso tief im katholischen Nazisumpf steckte wie seine Cartellbrüder, die nun nicht umhinkamen, ihn auszuschließen. Bei den Protesten gegen Borodajkewycz wurde der Kommunist Ernst Kirchweger von einem Nazischläger und Olympia-Burschenschafter so schwer verletzt, dass er zwei Tage später starb.

Für den Sommer 1957 war Prachensky nach Alpbach eingeladen worden, wo das bald nach Kriegsende gegründete Österreichische College jährlich internationale Hochschulwochen veranstaltete. Er behauptete, es höchstens drei Tage in diesem Tiroler Kaff auszuhalten, und bot mir an, die restliche Zeit mit seinem Stipendium dort zu verbringen. Ich zögerte, aber er köderte mich mit dem Hinweis, dass die von mir umworbene Gilli Hillmayr wegen einer Gemeinschaftsausstellung junger Künstler, in der auch Arbeiten von mir gezeigt wurden, in Alpbach anwesend sein werde. Ich bereute meine Entscheidung, sein Angebot anzunehmen, schon deshalb nicht, weil ich weder vorher noch nachher so gut behandelt wurde. Natürlich entging mir nicht die ideologische Schlagseite der Hochschulwochen, in denen die europäische Einigung, selbstverständlich unter Ausschluss der Kommunisten, sowie die Freiheit des Geistes und der Wirtschaft propagiert wurden. Aber allein die Tatsache, dass die Vortragenden sich mit den jungen Stipendiaten auf eine Flasche Bier oder ein Glas Wein zusammensetzten, verblüffte mich. An der Universität Wien wäre ein solches Verhalten undenkbar gewesen. Wenn man als Student seinen Mantel irrtümlich an den für einen Professor reservierten Kleiderhaken hängte, provozierte man unweigerlich einen Tobsuchtsanfall. Jeder Auftritt eines hochrangigen österreichischen Politikers glich einem barocken Staatsakt. Eine schwarze Limousine fuhr vor, der Chauffeur sprang heraus, riss den Wagenschlag auf, worauf ein korpulenter Würdenträger zum Vorschein kam, der die ihm erwiesenen Bücklinge und Ehrerweisungen huldvoll zur Kenntnis nahm und die Stiege hinauf in den Vortragssaal schwebte, wo bereits ein goldener Sessel seiner harrte. Nach einer salbungsvollen Rede beantwortete er zwei, höchstens drei Fragen, sofern er in ihnen keinen Widerspruch witterte. Hierauf begab er sich gemessenen Schrittes zu seiner Dienstkarosse. Davor wartete schon der Chauffeur, riss sich die Mütze vom Kopf, salutierte und öffnete wieder den Wagenschlag, und der dicke Herr Minister wälzte sich auf den Rücksitz, um sich zu seinem nächsten Auftritt kutschieren zu lassen.

Den Intellektuellen und Wissenschaftlern, die ich in Alpbach kennenlernte, waren solche Marotten fremd. Gleich am ersten Abend führte Mikl mich an einen Tisch, an dem der weltberühmte kommunistische Renegat Arthur Koestler in Gesellschaft des Ehepaars Torberg und des Tiroler Publizisten Wolfgang Pfaundler eifrig dem Alkohol zusprach. Ich kannte Koestlers zweibändigen Lebensbericht – *Pfeil ins Blaue* und *Die Geheimschrift* –, den ich voller Begeisterung auf Englisch gelesen hatte. Nun ergab sich die unverhoffte Gelegenheit, mich mit dem Verfasser dieser Erinnerungen zu unterhalten, die ich, neben Franz Jungs Aufzeichnungen *Der Weg nach unten*, auch heute noch zu den besten Autobiografien aller Zeiten zähle. Koestlers frühe Begeisterung für den Zionismus, sein Flug über die Arktis an Bord des Luftschiffs Zeppelin, seine Hinwendung zum Kommunismus, seine einjährige Reise durch die Sowjetunion, seine Abenteuer in Spanien, wo er, als rechtsstehender Reporter getarnt, Beweise für die deutsche und italienische Militärhilfe an General Franco sammelte und nach seiner Verhaftung in Málaga in einem Sevillaner Gefängnis monatelang auf seine Hinrichtung wartete, sein Abfall vom Stalinismus, seine Konflikte mit den ehemaligen Genossen – all diese aufregenden Erlebnisse hatte Koestler klar, spannend und, wie mir schien, ohne jeden Anflug von Selbstgerechtigkeit niedergeschrieben. Obwohl er an jenem Abend nicht mehr ganz nüchtern war, beantwortete er mir geduldig alle Fragen. Nur eine Antwort blieb er mir schuldig. Ich hätte nämlich gern gewusst, wo sich die Bude der jüdischen Burschenschaft Unitas befand, in der er während seines Studiums in Wien die Zeit verplempert hatte. Irgendwo in der Josefstadt, war in seinem Lebensbericht zu lesen, und ich wollte unbedingt, als hinge mein Leben davon ab, von ihm die genaue Adresse in Erfahrung bringen.

Unter den Künstlern, die sich 1957 in Alpbach aufhielten, stach ich positiv hervor, weil ich nicht schon zum Frühstück Birnenschnaps trank und den Rest des Tages allerlei Unfug trieb. Stattdessen besuchte ich fleißig alle Vorträge und Arbeitskreise, wofür ich auch mehrmals gelobt wurde. Nur mit einer Lesung aus H. C. Artmanns Geschichten *Von denen Husaren und anderen Seil-Tänzern* erntete ich ungerechte Kritik beim spärlich erschienenen Publikum, nicht wegen meiner Vortragskunst, sondern weil ich für den Autor gehalten wurde, dem man seinen manierierten Stil übelnahm. Ihn hatte ich im selben Jahr bei einer Tagung der Galerie St. Stephan im Zisterzienserkloster Schlierbach kennengelernt, nun war ich für ihn eingesprungen, nachdem er an seinem ersten Abend in Alpbach mit einem Elefantenjäger in Streit geraten war, auf den er schon lange einen Pick hatte. Die verbale Auseinandersetzung mündete in eine Prügelei, worauf Artmann von der Teilnahme an den Hochschulwochen ausgeschlossen wurde.

Der Dichter trug die Nachricht mit Fassung, teilte seinen Freunden mit, dass er »cum infamia chassieret« worden sei, und fuhr mit einem Koffer voller Bücher ins Friaul.

Wenig später ereilte den Filmemacher Peter Kubelka, mit dem ich mich ebenfalls in Schlierbach angefreundet hatte, das gleiche Schicksal. Er hatte nämlich den Jakober-Wirt mit einem gekonnten Judogriff vor die Tür seines eigenen Gasthauses gesetzt, ein fluchwürdiges Verbrechen des ehemaligen Jugendmeisters im Diskuswerfen, das auf der Stelle geahndet wurde. Das tat mir sehr leid, denn Kubelka war schon damals ein vielseitiger Künstler, mit dem ich mich bis heute bestens verstehe. Er erschließt einem in zahllosen Anekdoten nicht nur die große weite Welt, sondern auch den reichhaltigen Kosmos der Innviertler Marktgemeinde Taufkirchen an der Pram, in der er aufgewachsen ist.

Mit Wohlwollen des Spiritus Rector der Alpbacher Hochschulwochen, Otto Molden, und ihres Generalsekretärs Alexander Auer hatte ich meinen Aufenthalt immer wieder verlängern dürfen. Als ich jedoch merkte, dass mir die Intensität des gesellschaftlichen Lebens zuzusetzen begann, packte ich meine Siebensachen und kehrte, dankbar für die Gastfreundschaft und die vielen anregenden Begegnungen, nach Wien zurück.

In meinem Liebeswerben war ich in Alpbach nicht wirklich weitergekommen, sah aber keinen Grund, aufzugeben. In kleinen Schritten ging es doch vorwärts, andernfalls hätte Gilli mich nicht kurz darauf zu einem Treffen mit Ruth Fischer begleitet, das deren Neffe Georg Eisler für uns, Hrdlicka und den in Leeds lehrenden Historiker Ernst Wangermann im Café Eiles arrangiert hatte.

Ruth Fischer war eine schillernde Persönlichkeit der revolutionären Arbeiterbewegung. Mitbegründerin der KPÖ mit der Mitgliedsnummer 1, führte sie im Berlin der zwanziger Jahre gemeinsam mit ihrem Lebensgefährten Arkadi Maslow den ultralinken Flügel der KPD an und stieg binnen kurzem zur Vorsitzenden des Politbüros und Reichstagsabgeordneten der Partei auf, ehe sie aufgrund ihrer Kritik am Kurs der KPdSU und der Komintern ausgeschlossen wurde. Daraufhin war sie an der Gründung des linksoppositionellen Leninbunds beteiligt, arbeitete als Fürsorgerin im Berliner Arbeiterbezirk Wedding und floh nach der Machtübernahme durch die Nazis 1933 nach Frankreich. Wegen ihrer kurzzeitigen Mitarbeit in Trotzkis Internationalem Sekretariat wurden sie und Maslow beim ersten Moskauer Prozess, im August 1936, in Abwesenheit zum Tode verurteilt. 1941 gelangte Fischer in die USA. Weil er kein Visum für die Vereinigten Staaten erhalten konnte, emigrierte Maslow nach Kuba, wo er noch im selben Jahr unter mysteriösen Umständen ums Leben kam. In der Überzeugung, dass er einem Anschlag des sowjetischen Geheimdienstes zum Opfer gefallen war, kämpfte Ruth Fischer von nun an auf mehreren Fronten – als Herausgeberin eines antistalinistischen Rundbriefes, als Informantin des Geheimdienstes The Pond, als Buchautorin und als Historikerin – gegen den Sowjetkommunismus und seine Parteigänger. Großes Aufsehen erregte ihr Erscheinen vor dem Komitee für unamerikanische Aktivitäten, bei dem sie 1947 als Kronzeugin gegen ihre Brüder Gerhart und Hanns Eisler auftrat – den Komponisten nannte sie einen Kommunisten »im philosophischen Sinn«, den Journalisten und Komintern-Emissär in China, Spanien und den USA »einen der gefährlichsten Terroristen sowohl gegenüber dem amerikanischen als auch dem deutschen Volk« und bezichtigte ihn überdies der Mittäterschaft an zahlreichen Verbrechen der frühen Stalin-Ära. Nach ihrer Aussage vor dem Komitee wurde Hanns Eisler aus den USA ausgewiesen, sein älterer Bruder zu einer Haftstrafe von vier Jahren verurteilt, aber bald darauf gegen Kaution entlassen. 1949 flüchtete Gerhart als blinder Passagier auf einem polnischen Frachtschiff nach Ostdeutschland, wo er hohe Positionen im Amt für Information, dann im Rundfunk der DDR bekleidete, zwischenzeitlich aber aller politischen Ämter enthoben wurde.

Trotz des Bruchs zwischen den Geschwistern hatte Georg Eisler den Kontakt zu seiner Tante aufrechterhalten, und das war vermutlich auch der eigentliche Grund, warum sie aus Paris, wo sie seit 1955 lebte, nach Wien gekommen war: Unter dem Eindruck der sowjetischen »Tauwetterperiode« hatte Ruth Fischer erneut eine politische Kehrtwendung vollzogen. Sie hielt es für möglich, dass die sozialistischen Staaten das stalinistische Erbe überwinden könnten, und wollte sich der Hilfe ihres Neffen versichern, um sich mit ihren Brüdern auszusöhnen und vielleicht sogar Anschluss an die mächtige Weltbewegung zu finden, in der ihr kometenhafter Aufstieg und abgrundtiefer Sturz erfolgt war.

Der offizielle Anlass ihres Aufenthalts war eine mir nicht näher bekannte Konferenz, zu der sie eingeladen worden war. Ruth Fischer logierte im Hotel Imperial, und die Veranstalter der Tagung stellten ihr ein Auto samt Chauffeur zur Verfügung. Ihrem Neffen hatte sie im Vorfeld mitgeteilt, dass sie an den Wiener »Tappschädeln« grundsätzlich nicht interessiert sei. Georg möge aber eine Frau ausfindig machen, mit der sie Ende 1918 im Polizeigefängnis auf der Elisabethpromenade eine Zelle geteilt habe – Ruth Fischer wegen ihrer Teilnahme an der gewaltsamen Besetzung der Redaktion der *Neuen Freien Presse*, die andere wegen versuchten Giftmordes an der Gattin des Landesschulinspektors Rudolf Piffl, in den sie sich verliebt hatte. Sie hieß Milica Vukobrancovics, stammte aus einem serbischen Adelsgeschlecht und hatte dem Ziehsohn des Ehepaars Piffl Nachhilfeunterricht erteilt. In einem aufsehenerregenden Indizienprozess konnte der

Junglehrerin Vukobrancovics der Mordversuch nicht nachgewiesen werden. Während ihrer Kerkerhaft, zu der sie wegen Verleumdung trotzdem verurteilt worden war, hatte sie sich zur überzeugten Sozialistin gewandelt. Eisler gelang es tatsächlich, die ehemalige Zellengenossin seiner Tante ausfindig zu machen, die nach einem neuerlichen Giftmordanschlag und einem gefahrvollen Leben als Widerstandskämpferin und Gestapohäftling unter dem Namen Elisabeth Thury eine der einflussreichsten und bestinformierten Journalistinnen des Landes geworden war. Unter Eislers Aufsicht durfte ich einen Blick in den Speisesaal des Hotel Imperial werfen, in dem die beiden Frauen bei Kerzenschimmer soupierten und dabei, vermutlich, alte Zeiten beschworen.

Von unserer Begegnung im Café Eiles ist nicht viel mehr zu berichten, als dass die temperamentvolle Ruth Fischer das Gespräch von Anfang an bestimmt hat. Immer wieder zitierte sie begeistert ihren indisch-katalanischen Freund Raimon Panikkar, einen Religionsphilosophen, demzufolge Europa als Ganzes seinem Ende entgegengehe, keine Zukunft und keine Visionen mehr habe und dass man sich damit abfinden müsse. Wie alle am Tisch war auch Hrdlicka gezwungen, ihre Tiraden schweigend anzuhören. Irgendwann jedoch unterbrach er Fischers Redefluss. Er sagte, dass er ihre und Panikkars Überlegungen durchaus nachvollziehen könne, sich aber fragen müsse, warum sie sich über Europas Niedergang so sehr freue. Mit einem solchen Angriff hatte sie nicht gerechnet. Sie schluckte kurz, funkelte ihren Widersacher böse an, fand ihn gerade wegen seines respektlosen Einwurfs sympathisch und unterhielt sich von da an nur noch mit ihm. Natürlich konnten sie sich in keinem Punkt einigen.

Vor ihrer Abreise sagte Ruth ihrem Neffen, dass sie alt und auch ein bisschen sentimental geworden und letztlich doch eine Wienerin geblieben sei. »Frag bitte diese Frauensperson, die gestern an unserem Tisch gesessen ist, ob sie nicht meine Sekretärin werden will. Du brauchst mir nichts über sie zu erzählen, ich bin schon lang genug auf der Welt, um mich bei Menschen auszukennen.«

Gilli erbat sich einige Tage Bedenkzeit, sagte dann zu, Eisler meldete es nach Paris, aber wenig später erkrankte seine Tante, erholte sich nicht mehr von ihren Beschwerden, und zweieinhalb Jahre später war sie tot.

Abgesehen von der Galerie St. Stephan und den diversen Salons, von denen mir speziell die von Gertie Fröhlich, Traudl Hutter und dem Ehepaar Marcel und Christine Faust in dankbarer Erinnerung geblieben sind, war das Café Hawelka aus meinem Leben nicht wegzudenken. Ich traf mich dort oft mit Freunden wie den Komponisten Peter Ronnefeld und Francis Burt oder dem Grafiker Kurt Moldovan, einem besonders liebenswerten und hilfsbereiten Kollegen. Mit dem Ehepaar Hawelka stand ich in gutem Einvernehmen, was gar nicht selbstverständlich war, denn es gab etliche Tschecheranten, denen von der energischen Frau Hawelka wegen ungebührlichen Verhaltens ein Hausverbot erteilt wurde. Die Sache wieder einzurenken, war fast ein Ding der Unmöglichkeit und allenfalls mit dem Canossagang Heinrichs IV. zu vergleichen. Zum Glück kam ich nie in die Verlegenheit, nächtelang in einem härenen Büßerkleid vor dem Café ausharren zu müssen, bis Frau Hawelka sich endlich meiner erbarmte und den Bann aufhob. Allerdings wurde ich zweimal rausgeschmissen, das erste Mal wegen Singens einer Ballade aus dem Spanischen Bürgerkrieg: »In Spanien stand's um unsre Sache schlecht, zurück ging's Schritt um Schritt. Und die Faschisten brüllten schon: Gefallen ist ...« Auf Schritt reimte sich die Stadt Madrid, aber bis dahin kam ich nicht, denn flugs stand der Herr Hawelka an meinem Tisch. »Herr Schönwald, des hamma da ned gern, also i muss schon bitten, da is die Tür.« Ein zweites Mal wurde ich an die frische Luft gesetzt, nachdem ich mit dem Maler Mikl anlässlich der Aufhebung des Einreiseverbots für die Familie Habsburg den kommunistischen Slogan lautstark skandiert hatte: »Werft den Otto, diesen Schuft, in die Kapuzinergruft!«

Das Hawelka war vor allem für junge Frauen ein beliebter Zufluchtsort. In jedem anderen Café oder Espresso wurde ein Mädel, wenn es allein an einem Tisch saß, über kurz oder lang von Männern belästigt. »Freilein, derf i Ihna auf irgendwos einlad'n?« Eine harsche Abfuhr half genauso wenig wie angestrengtes Weghören, die Lustmolche ließen sich einfach nicht abwimmeln. Das war im Hawelka anders. Dort fanden sich abends viele Frauen ein, Künstlerinnen oder Studentinnen, die eine Melange trinken und ansonsten ihre Ruhe haben wollten. Wehe, einer erfrechte sich, sie anzusprechen, schon war die Frau Hawelka zur Stelle: »Des machma da hier ned. Des lassma schön bleiben.« Über das Café Hawelka ist im Lauf der Jahrzehnte viel geredet, geschrieben, gesungen und geflunkert worden, nur dieses sympathische frauenfreundliche Merkmal habe ich nirgendwo gewürdigt gefunden.

Weniger bekannt als das Hawelka, allerdings auch viel kurzlebiger, war das Theater am Fleischmarkt, das ein Dreivierteljahr lang meine ganze Zeit in Anspruch nahm. Ich meine, dass die Idee, zu den großen Bühnenhäusern wie dem Burgtheater, dem Volkstheater oder dem Theater in der Josefstadt ein ehrgeiziges Konkurrenzunternehmen zu etablieren, im Umfeld der Alpbacher Hochschulwochen geboren wurde. Alexander Auer war nicht nur Generalsekretär des Österreichischen College, sondern auch des vom Industriellen Manfred Mautner-Markhof finanzierten Instituts zur Förderung der Künste, das dieses Projekt mit einer stattlichen, aber letztlich ungenügenden Summe subventionierte. Ein passender Ort war schnell gefunden und gemietet, nämlich ein großer Saal mit einem Fassungsvermögen von zweihundertfünfzig Sitzplätzen, in dem vor Urzeiten der Theaterverein Pokrok, »Fortschritt«, tschechische Volksstücke aufgeführt hatte. Der Saal befand sich im Keller des Hotel Post, das der tschechisch-österreichischen Genossenschaft Český dům gehörte. Die alten, wurmstichigen Kulissen mussten entsorgt, die Räumlichkeiten den neuen Bedürfnissen angepasst werden. Mit dem Umbau wurden die Architekten Friedrich Kurrent, Johannes Spalt und Wilhelm Holzbauer von der »Arbeitsgruppe 4« beauftragt, die als Bannerträger der modernen Architektur galten. Aber dann intervenierte der Sponsor Mautner-Markhof zugunsten seines Freundes Roland Rainer, was sich in zweierlei Hinsicht negativ auswirkte: zum einen dadurch, dass Rainers Planungsbüro durch eine neu eingezogene Zwischendecke den prunkvollen Saal beinahe um seine Wirkung brachte, und zum andern, weil die Renovierungskosten einen erheblichen Teil des Budgets verschlangen, so dass an der technischen Ausstattung über Gebühr gespart werden musste. Das betraf vor allem meine Tätigkeit am neuen Haus, weil mir zu meiner Überraschung die Stelle des technischen Leiters angetragen worden war. Ich nehme an, das war eine Folge meines vorbildlichen Betragens in Alpbach, denn ich verfügte über keine einschlägigen Erfahrungen. Trotzdem zögerte ich nicht, das Angebot anzunehmen. Erstens, weil es mich reizte, etwas zu tun, wovon ich keine Ahnung hatte, und zweitens, weil ich dadurch in ein neues Milieu eintauchen und mein nach wie vor ungestilltes Bedürfnis nach menschlicher Gesellschaft befriedigen konnte. Der neue Beruf machte es vorerst, im Winter 1957/58, erforderlich, dass ich wochenlang wie ein Galeerensträfling schuftete, um den Keller auszuräumen und für den zeitgerechten Start des Theaterbetriebs zu sorgen.

Künstlerischer Direktor des Theaters am Fleischmarkt war der Kärntner Schauspieler und Regisseur Herbert Wochinz, der in Paris eine Pantomimenschule besucht und darüber hinaus enge Kontakte zu führenden Vertretern des absurden Theaters geknüpft hatte. Von diesem Einfluss war auch der Spielplan der ersten – und wie sich weisen sollte: gleichzeitig letzten – Saison geprägt, mit Stücken von Eugène Ionesco, Michel de Ghelderode, Jean Genet sowie, als besonderes Glanzstück, der österreichischen Erstaufführung von Becketts *Endspiel*. Das Theater am Fleischmarkt verfügte über eine eigene Bühnenwerkstatt, einen Tischlermeister, der für die Dekorationen zuständig war, eine Kostümschneiderin und mehrere arrivierte Bühnenbildner, nämlich die Maler Mikl, Hutter und Hollegha sowie den Bildhauer Wander Bertoni. Ich war für ein Stück von H. C. Artmann eingeplant, das leider nicht mehr zur Aufführung kommen sollte. Großes Pech – ich hätte liebend gern das Bühnenbild gemacht.

Weil die Premieren kurz hintereinander angesetzt waren, wurde mit Feuereifer geprobt. Die jeweiligen Rollen waren erstklassig besetzt, unter anderem mit dem deutschen Schauspieler Klaus Kinski, der in allen großen Häusern, auch im Burgtheater, Furore gemacht hatte. Sowie er erfuhr, dass in Wien ein neues Theater gegründet werde, meldete er sich und wurde auch engagiert – zur geringen Freude des Direktors Wochinz, dem nicht verborgen geblieben war, dass Kinski sich in seiner fulminanten Karriere mit fast allen Kollegen und Regisseuren überworfen hatte. Tatsächlich dauerte es nicht lange, bis er auch im Theater am Fleischmarkt seine Schreckensherrschaft errichtete. Kinski ließ sich prinzipiell nichts sagen. Von fanatischer Pünktlichkeit und höchster Konzentration vor jeder Vorstellung, war er humorlos, todernst und komplett verkrampft. Wie alle Sadisten stürzte er sich auf die Schwachen und Unterlegenen. Wenn er sich, nur mit

Unterhose bekleidet, in der Garderobe auf seinen Auftritt vorbereitete, erinnerte mich Kinski, zäh und mager, wie er war, an einen rasierten Foxterrier.

In Michel de Ghelderodes Einakter *Escorial* spielte er den König, und der hochbegabte, aus Kärnten stammende, in Wien noch völlig unbekannte Schauspieler Georg Bucher gab den Hofnarren. Eigentlich war *Escorial* ein Zweipersonenstück, für das Mikl ebenso gewagte wie treffende Kostüm- und Bühnenbildentwürfe gemacht hatte. Aber da war noch eine dritte Rolle zu besetzen, die des stummen Henkers, der nichts weiter zu tun hatte, als die Bühne zu betreten und den Narren abzuführen. Sie wurde mit Tom Krinzinger besetzt, der später am Burgtheater »Baam« gespielt hat, wie es in der Wiener Theatersprache so schön heißt, Bäume also, kleine Rollen. Krinzinger war umgänglich und frei von Allüren, nur mit dem Nachteil behaftet, dass er weit draußen in Kagran wohnte. Die Fahrt von dort in den ersten Bezirk glich damals, als es noch keine U-Bahn gab und die Tramway nach dem Zufallsprinzip verkehrte, einer halben Weltreise. Weil er wusste, dass ich ohnehin jeden Abend anwesend war, bat er mich nach der zweiten oder dritten Vorstellung, für ihn einzuspringen. »Ich hab den Wochinz schon gefragt, er hat nichts dagegen.« Ich auch nicht, ich hatte ja nichts weiter zu tun, als mir eine Kapuze über den Kopf zu ziehen und auf Kinskis Stichwort »Henker!« den Narren Schorsch Bucher abzuführen. Niemand hatte etwas dagegen, auch nicht das Publikum, das gar nicht merkte, dass unter der Kapuze nicht Tom Krinzinger, sondern Rudolf Schönwald steckte. Doch – einen gab es, der daran Anstoß nahm, nämlich Klaus Kinski, dem durch die stillschweigende Umbesetzung vor Augen geführt wurde, dass er an einer Schmierenbühne gelandet war, in der sich ein blutiger Laie anmaßen durfte, eine Rolle zu spielen. Er reagierte auf dieses Sakrileg, indem er mir bei jeder Vorstellung das Leben schwer machte und sich immer neue Varianten für das Stichwort ausdachte. »Hey, du da hinten.« Ich wusste natürlich, jetzt sollte ich auftreten, tat es aber nicht. Erst als er das Wort Henker hauchte, erschien ich und waltete meines Amtes. Nach der Vorstellung wurde ich von Kinski gerüffelt.

»Mensch, wieso kommst du nicht, wenn ich dir ein Zeichen gebe!«

»Bitte, ich hab auf das Stichwort gewartet.«

»Scheißschmiere! Was heißt Stichwort? Du bist nicht mal ein Schauspieler, Mensch!«

Trotz des allabendlichen Scharmützels zwischen König Kinski und Henker Schönwald darf ich mich nicht über ihn beklagen. Denn bei der Premiere – just der einzigen Vorstellung in der kurzen Geschichte des Theaters am Fleischmarkt, die völlig ausverkauft war – sah er großzügig über mein Versagen hinweg. Kurz vor Beginn hatte sich herausgestellt, dass unser Beleuchter nicht zur Arbeit erschienen war. Während er irgendwo in Ottakring sturzbetrunken unter einem Wirtshaustisch lag, versuchte ich in panischer Eile, mich mit der Lichtanlage vertraut zu machen. Das Problem war, dass er sie als sein Eigentum betrachtet und mich nie in ihre Nähe gelassen hatte, so dass ich nicht wusste, wie sie zu bedienen wäre. Als der Vorhang hochging, wollte ich das Bühnenlicht einschalten und betätigte in dieser Absicht einen Schalter nach dem andern. Der Erfolg war nicht zu übersehen. Es gingen alle Lichter in der Herrentoilette an, es gingen alle Lichter in der Damentoilette an, es gingen auch alle Lichter im Buffet, in der Garderobe, im Stiegenhaus und im Zuschauerraum an – nur auf der Bühne leuchtete nicht eine matte Glühbirne. König, Narr und für kurze Zeit auch der Henker irrten im Halbdunkel herum, während das Parkett voll ausgeleuchtet war. Alle paar Minuten steckte Wochinz seinen Kopf in meine Kabine, zischte einen Fluch und wünschte mich zum Teufel. Gottergeben wartete ich auf den Schlussapplaus, der auch wirklich aufbrandete, obwohl das Publikum meine Lichtspiele nicht übermäßig goutiert hatte. Bald darauf stand ich Kinski gegenüber, der für seinen Jähzorn bekannt und gefürchtet war. Oft hatte er aus nichtigem Anlass eine Schlägerei angezettelt, die nur durch das Eingreifen der Polizei beendet werden konnte. Er durchbohrte mich mit einem stechenden Blick und sagte: »Was war das? Das Knipsen da, das Knipsen, das Knipsen.« Das Geräusch beim Umlegen der Lichtschalter hatte ihn gestört, nicht die Tatsache, dass er auf der Bühne nur schemenhaft zu sehen gewesen war. »Scheißschmiere! In Berlin haben wir gespielt, da gab's im ganzen Theater nichts als eine Petroleumfunzel.« Mit diesen Worten trollte er sich, ohne mir auch nur einmal in den Hintern zu treten.

Während seines Engagements machte Kinski mit einer Rimbaud-Lesung Furore, bei der er eine selbstentworfene orangerote Kutte trug und die gängigen Übersetzungen stellenweise durch eigenes Zutun verbessern wollte, was ihm, vorsichtig gesagt, eher misslang. Der Kritiker und spätere Theaterdirektor Paul Blaha brachte meinen Eindruck von der gut besuchten und heftig akklamierten Matinee im Theater am Fleischmarkt auf den Punkt, als er seine Besprechung in der Tageszeitung *Express* mit der Überschrift »Kinski erbricht Verse von Rimbaud« versah.

Die zweite Berühmtheit, die ich im Theater am Fleischmarkt zu Gesicht bekam, war der Schriftsteller Jean Genet, dem wegen seiner kriminellen Vergangenheit, seiner offen zur Schau gestellten Homosexualität und seiner antibürgerlichen Moralpostulate der Ruch des Skandals vorausging. Wochinz war es gelungen, ihn zur Aufführung seines Dramas *Die Zofen* nach Wien zu lotsen. Allerdings hatte Genet zur Bedingung gemacht, dass im Theater alle Vorkehrungen getroffen würden, damit sich in einer Höhe von einem Meter ein Drahtseil spannen ließ. Deshalb musste eine Baufirma damit beauftragt werden, zwei starke Metallbügel beiderseits der Bühne einzubetonieren. Von der Direktion hatte ich die Anweisung erhalten, am Tag von Genets Eintreffen im Theater auf ihn zu warten und ihm gegebenenfalls behilflich zu sein. Wenn nicht, könne ich nach Hause gehen, denn im Hotel Post, seiner Absteige, werde man einen Schlüssel für ihn hinterlegen.

Ein paar Stunden nach Ende der Abendvorstellung hörte ich von der eisernen Wendeltreppe her lautes Gepolter. An ihrem unteren Ende tauchten zwei Männer auf, ein alter mit aufgestelltem Mantelkragen, eingedrückter Nase und hoher Stirnglatze. Das war der berühmte Dichter. In seinem Gefolge ein auffallend hübscher junger Mann, schwarzhaarig und mit dunklem Teint. Die beiden mühten sich mit einer schweren Holzkiste ab, in der sich das Drahtseil befand. Noch bevor sie es mit Hilfe eines Wagenhebers quer über die Bühne spannten, bedeutete mir Genet, dass ich verschwinden sollte. Ich entfernte mich auch, schlich mich aber vom Vestibül aus auf den Rang, weil ich wissen wollte, was die beiden mit dem Seil vorhatten. Genet ahnte, dass ich mich irgendwo versteckte, blickte misstrauisch um sich, konnte mich aber nirgends entdecken. Schließlich setzte er sich in die erste oder zweite Reihe, gleich darauf erschien sein Begleiter in einem schwarzen Balletttrikot, um nach Genets eher dürftigen, mit grausamer Beharrlichkeit wiederholten Anweisungen Seiltanzen zu üben. »Un, deux, trois, quatre, demi-tour.« Bis dahin gelang es dem jungen Mann, sich auf dem Seil zu halten, bei der Drehung verlor er jedes Mal das Gleichgewicht. Er war bald schweißüberströmt, versuchte es aber immer wieder. So ging das Abend für Abend, jeweils nach der Vorstellung, und allmählich gewöhnten sie sich an meine Anwesenheit. Im Gegensatz zu Genet, der sich äußerst zugeknöpft gab, war sein Begleiter ausgesprochen freundlich. Er hieß Abdallah Bengata und war ein Algerier mit einer deutschen Mutter, so dass er fließend berlinerte. Ein Zirkuskind, unter Artisten aufgewachsen, als Jongleur ein Spitzenmann, fürs Seiltanzen leider schrecklich unbegabt. Jahre später fiel mir das Prosagedicht *Der Seiltänzer* in die Hände, das Genet seinem Geliebten gewidmet hatte. »Das Seil trägt dich, doch auf dem Erdboden wirst du stolpern.« So in der Art. Das Gegenteil war der Fall, bei Demi-tour hopste der liebenswürdige Abdallah unweigerlich vom Seil.

Nach dem nächtlichen Training zogen sich die beiden ins Hotel zurück, zum Bedauern der besseren Wiener Gesellschaft, die sich glücklich geschätzt hätte, wenn Genet ihren Einladungen gefolgt wäre. »Ein Verbrecher, das wär doch was!« Er wies aber alle Annäherungsversuche schroff von sich und war nicht einmal zu bewegen, die Schauspielerinnen, die die beiden Zofen und die Madame gespielt hatten, nach der Premiere in der Garderobe aufzusuchen. Immerhin ließ er ihnen ausrichten, sie hätten besser gespielt, als das ganze Stück wert sei. Wien fand er in hohem Maße abstoßend. »Die Leute sehen aus wie Clowns.« Er beanstandete vor allem, dass es hier keine Matrosen gab. Ich hätte ihm gern welche besorgt, aber woher hätte ich sie nehmen sollen, vom Winterhafen?

Als wesentlich angenehmerer Zeitgenosse erwies sich der Schauspieler und Regisseur Roger Blin, der Becketts *Endspiel* inszenierte, obwohl er kein Wort Deutsch sprach. Als Übersetzerin stand ihm die Künstlerin Eva Auer zur Seite, die wie alle höheren Wiener Töchter das Sacré Coeur besucht hatte und deshalb gut Französisch sprach. Blin war einundfünfzig, sah aber zwanzig Jahre jünger aus und lief mitten im österreichischen Winter in Tennisschuhen herum. Das Theater wurde während der Proben noch umgebaut, überall lagen aufgerissene Zementsäcke, Mischmaschinen ratterten, es staubte zum Gotterbarmen, und es war saukalt. Aber das schien Blin gar nicht wahrzunehmen; er war ausschließlich auf die Schauspieler konzentriert. Bucher hatte die schwierige Rolle des Hamm zu bewältigen, des gelähmten Blinden, der im Rollstuhl sitzt. Für die zweite Hauptrolle, den Clov, war Blin ein junger Schauspieler empfohlen worden, der ihm nicht geeignet erschien. Er sah dann in der Garderobe den ältlichen Mimen Karl Schellenberg sitzen, der in den Wiener Kellertheatern und in Heimatfilmen wie *Mit Rosen fängt die Liebe an* oder *Skandal in Ischl* nie über kleine Partien hinausgekommen war. Der gefiel ihm auf Anhieb, und damit hatte Schellenberg die Rolle seines Lebens gefunden.

Das Theater am Fleischmarkt stellte per Ende Mai 1958 den Spielbetrieb ein. Nach den rasanten Premieren wurde zuletzt noch Georges Feydeaus Boulevardstück *Der Gefoppte* in der Übersetzung von H. C. Artmann aufgeführt. Bei den Vorstellungen war die niedergedrückte Stimmung deutlich zu spüren. Wochinz schwebte ein körperbetontes Spiel vor, ein Bewegungstheater in der Art der Commedia dell'arte, aber dafür waren die Wiener Schauspieler denkbar ungeeignet. Sie konnten sehr gut sprechen, mit ihrer Physis haperte es. Das trifft überhaupt auf das hiesige Theaterschaffen zu. Bei Grillparzer als seinem ersten, Nestroy als seinem zweiten, Karl Kraus als seinem dritten, Jura Soyfer als seinem vierten Höhepunkt hat sich die Dramatik in die Sprache zurückgezogen. Jedenfalls geriet die Inszenierung viel zu statisch, was zusammen mit den schäbigen Kostümen, die aus Geldmangel nicht mehr extra angefertigt werden konnten, sondern aus einem Verleih stammten, den wenigen Zuschauern das Gefühl gab, einer Schmierenkomödie beizuwohnen. Ich schwöre, diesmal traf mich keine Schuld am Fiasko, obwohl ich bei den Vorstellungen gleich drei Rollen zu verkörpern hatte, einen stummen Kammerdiener, einen Hotelgast im Nachthemd, der sich beklagt, dass seine Frau nicht schlafen kann, und einen Kriminalbeamten, der Watschen austeilt.

Das abrupte Ende des Unternehmens, das mit so großem Enthusiasmus in die Saison gestartet war, hatte mehrere Ursachen. Es ist keine Übertreibung, wenn ich behaupte, dass die geballte Niedertracht der Presse und der alteingesessenen Theater, die sich an der lästigen Konkurrenz austobten, die Hauptschuld trugen. Friedrich Torberg schrieb säuerliche Kritiken, Helmut Qualtinger machte sich in seiner wöchentlichen Kolumne im *Kurier* in alberner Weise über das *Endspiel* lustig. Dagegen half auch keine Autorität wie Theodor W. Adorno, der von der Aufführung begeistert gewesen war. Zweifellos sind dem Management des Theaters auch gravierende Fehler unterlaufen. Die Dramaturgie machte einen ziemlich hilflosen Eindruck, und Planungen über einen längeren Zeitraum fehlten. Obwohl die Besucherzahlen weit unter unseren Erwartungen blieben, hatte sich ein harter Kern von Anhängern herausgebildet. Sie mussten für die letzten Vorstellungen kein Eintrittsgeld mehr bezahlen. Eine Zeitlang fand ein obdachloser Komponist, der schwarze US-Amerikaner Howard Swanson, bei uns Aufnahme. Das Leben in Paris war ihm zu teuer geworden, jetzt hauste er inmitten von Requisiten in einem fensterlosen Raum. Nur das Klavier war keine Dekoration. Wie er mir erzählte, war er mit einer Auftragsarbeit beschäftigt, einem Violinkonzert für das Boston Symphony Orchestra, die sich so lange hinzog, dass der Vorschuss längst aufgezehrt war.

1959 erwachte das Theater am Fleischmarkt noch einmal zum Leben. Die Galerie St. Stephan – noch war ihr nicht das Beiwort »nächst« untergeschoben worden – hatte vom schweizerisch-ungarischen Psychoanalytiker, Kunsthändler und Zeitschriftenherausgeber Carl Laszlo den Auftrag erhalten, mit dem Franzosen

Georges Mathieu einen Abend zu gestalten. Mathieu galt als aufgehender Stern am Himmel der abstrakten Malerei. Er hatte eine Variante des Action-Painting erfunden, bei der er auf einer Bühne enorm große Bilder malte, und damit im Pariser Théâtre Sarah-Bernhardt vor zweitausend Zuschauern Furore gemacht. Das sollte auf Laszlos Betreiben und unter den Fittichen der Galerie auch in Wien geschehen, und tatsächlich war das Theater am Fleischmarkt zum zweiten Mal in seiner Geschichte – nach meiner Festbeleuchtung bei der Premiere von Ghelderodes *Escorial* – bis auf den letzten Platz gefüllt.

Markus Prachensky war in das Geschehen gleich zweimal involviert. Zum einen trug er die Hauptverantwortung für den ganzen Abend, zum andern kam er im ersten Teil des Programms selbst zum Einsatz, und zwar mit einem Bühnenbild, das er ähnlich wie Mathieu vor versammeltem Publikum malen wollte. Von ihm zum technischen Leiter des Abends ernannt, hatte ich alle Hände voll zu tun. Ich musste die Lichtanlage, die Elektroanschlüsse und die Mechanik des eisernen Vorhangs überholen lassen, Kabel verlegen, mich um die Musiker kümmern, die als ersten Programmpunkt eine Kurzoper mit dem Libretto von Carl Laszlo aufführten, für Prachensky einen Kanal aus Kunststoff oder Gummi legen, damit die Farbe abfließen konnte, die er über das Bild schütten würde, und dafür sorgen, dass für Mathieus Auftritt alles bereit war. Das war nicht ganz einfach, denn seine Leinwand musste, den aus Paris telegrafierten Angaben zufolge, sechs Meter lang und zweieinhalb Meter hoch sein – ein riesiger Malgrund, den wir auf einen Keilrahmen spannten und versiegelten.

Für Laszlos Oper kamen drei Instrumente zum Einsatz: ein Klavier, eine Wurlitzerorgel und ein Schlagzeug. Die Musiker waren schnell gefunden: Iván Eröd, der zwei Jahre vorher aus Ungarn nach Österreich geflüchtet war, der Wiener Otto M. Zykan und der englische Schlagwerker Peter Greenham. Eröd und Zykan waren nicht nur ausgebildete Konzertpianisten, sondern auch hervorragende Tonsetzer, Greenham zudem ein bedeutender Vertreter der Konkreten Poesie. Aber das alles war dem Komponisten, dem schüchternen jungen Schweizer Rolf Fenkart, unbekannt, als er ans Dirigentenpult trat und sie in der Meinung, er habe es mit gewöhnlichen Orchestermusikern zu tun, auf die Komplexität der Partitur hinwies, die sie sich zu Hause genau ansehen sollten. »Heute machen wir nur eine kleine Verständigungsprobe.« Er hob den Dirigentenstab, und gleich darauf begannen die drei Musiker, das Stück vom Blatt weg fehlerfrei zu spielen. Nach acht Takten klopfte Fenkart ab. »Ich bitte vielmals um Entschuldigung, dass ich Sie derart unterschätzt habe. Mir war nicht bewusst, mit wem ich es zu tun habe.« Nach der Probe sagte er begeistert: »Unglaublich, woher nehmt Ihr solche Musiker!« Prachensky klopfte ihm auf die Schulter und meinte: »Ja, mein Lieber, bei uns geht's nicht zu wie bei den armen Leuten.«

Bis zur Pause verlief alles nach Plan. Während der Opernaufführung goss Prachensky, für das Publikum nicht sichtbar, rote Farbe über den oberen Rand der Leinwand. Das war die Geburtsstunde der Peinture liquide, die zu seinem Markenzeichen wurde. Im Jahr darauf sollte er sie im Stadttheater Aschaffenburg unter meiner Mithilfe erneut zelebrieren. Freunde und Bekannte, die wegen des großen Andrangs für die Wiener Veranstaltung keine Eintrittskarten mehr bekommen konnten, hatte ich kurzerhand als Gehilfen angeworben; ich brauchte sie ja tatsächlich, denn irgendwer musste den beiden Malern zur Hand gehen. Alfred Hrdlicka und der Bildhauer Andreas Urteil zum Beispiel rührten für Prachensky die Farbe an und stemmten die Kübel in die Höhe, die er dann von hinten über die Leinwand kippte; ich bin mir ziemlich sicher, dass Hrdlicka dem Spektakel nur als sportliche Herausforderung etwas abgewinnen konnte.

Mathieus großer Auftritt wurde von einer Toncollage aus Straßenlärm und anderen Alltagsgeräuschen untermalt. Ihr Urheber war der Komponist Pierre Henry, ein angesehener und technisch versierter Vertreter der Musique concrète, der alle Gerätschaften, darunter einen kompletten Satz an Elektrikerwerkzeug, aus Paris mitgebracht hatte. In der Pause traf der schnauzbärtige Mathieu in Begleitung seines Kunsthändlers und dessen blonder Freundin ein. Der Galerist trug unter seinem Anzug eine Weste aus Goldbrokat und sah aus wie der Bösewicht in einem James-Bond-Film. Es war ausgemacht, dass er die Farben und Pinsel besorgen würde. Farbe hatte er in ausreichender Menge, in ein paar hundert Tuben, ins Theater schaffen lassen, konnte aber nur vier kümmerliche kleine Pinsel vorweisen, die Mathieu als ungenügend zurückwies. Nun war guter Rat teuer. Plötzlich fiel mir ein, dass ich seinerzeit, als das Theater geschlossen worden war, es nicht übers Herz gebracht hatte, acht dicke große Dachshaarpinsel samt all dem übriggebliebenen Krempel wegzuwerfen. In Begleitung der aufgeregten Kunsthändlerfreundin lief ich in den Keller, wo ich zu ihrer Begeisterung hinter einem losen Ziegelstein die ersehnten Pinsel hervorzauberte. Damit stand der Vorführung nichts mehr im Weg. Der Vorhang hob sich, Henrys ohrenbetäubende Klangcollage setzte ein, der Meister erschien in schwarzer Hose, weißem Hemd und Pariser Maßschuhen auf der Bühne und sah zu, wie die riesige Leinwand von sechs Männern auf den Boden gelegt wurde. Als Erstes verspritzte er mehrere Tuben Preußischblau, dann goss er aus einer Bronzekanne eine Flüssigkeit auf die Leinwand und begann, sie mit einem Lappen zu verstreichen. Beißender Benzingeruch verbreitete sich im Theater. Nun muss man wissen, dass die Feuerschutzbestimmungen seit dem großen Ringtheaterbrand 1881, bei dem vierhundert Zuschauer ums Leben gekommen waren, in Wien überaus streng gehandhabt wurden. Deshalb dauerte es nur wenige Sekunden, bis der anwesende Feuerwehrmann von seinem Sitz aufsprang. »Aus! Schluss! Der is ja narrisch. Eisernen Vorhang runterlassen. Sofort abbrechen!«

Als stolzer Besitzer eines Diploms, das mich als geprüften Kurtinenwärter auswies, wäre es meine Pflicht gewesen, seiner Anordnung Folge zu leisten. Stattdessen versuchte ich ihn zu beruhigen, indem ich behauptete, dass Mathieu nicht Benzin, sondern Terpentin auf die Leinwand geschüttet habe. Zu meiner Überraschung gab sich der Mann mit der Auskunft zufrieden. Sobald Mathieu die Leinwand mit dem Malmittel zur Gänze eingefärbt hatte, wurde der Keilrahmen aufgerichtet, so dass das Bild für das ungeduldig gewordene Publikum endlich zu sehen war. Nun konnte der eigentliche Malakt beginnen.

Mathieu verfügte über ein starkes Rhythmusgefühl und ein ausgeprägtes kalligrafisches Talent. Bald tänzelte, bald schritt, bald schlich er wie ein Raubtier um die Leinwand herum, hockte sich vor sie hin, sprang auf sie zu und von ihr weg, quetschte die Ölfarben aus den Tuben, schleuderte sie in großen Batzen auf die Leinwand oder rührte sie in einer Schale an, um gleich darauf mit einem langen Pinsel fein geschwungene Linien aufzutragen, die an chinesische Schriftzeichen erinnerten. Die Zuschauer verfolgten die Darbietung gebannt, nur den prominenten Vertretern des Wiener Kulturlebens war anzumerken, dass sie es bereuten, in der ersten Reihe Platz genommen zu haben. Aber ihre Befürchtung, von Mathieus Farbspritzern getroffen zu werden, erwies sich als unbegründet. Der Einzige, der von seiner brachialen Malweise in Mitleidenschaft gezogen wurde, war einer meiner Gehilfen, der Schaufensterdekorateur Adolf Frohner. Er hatte seinen

Platz hinter der Bühne eigenmächtig verlassen, um sich in seinem Sonntagsanzug neben dem Bild aufzupflanzen und mit abschätzigen Blicken die Aufmerksamkeit des Publikums auf sich zu ziehen. Dabei übersah er den Moment, in dem Mathieu mit einer weit ausholenden Geste den Inhalt eines Farbtopfes gegen und auch neben die Leinwand schleuderte. Belämmert blickte der weiß gescheckte Frohner an sich hinunter, ehe er aus dem Rampenlicht stakste und mir vorwurfsvoll sagte: »Schau, was der Trottel da angerichtet hat!«

Mathieu malte unentwegt weiter, bis er nach vierzig Minuten, völlig erschöpft und vom Scheitel bis zur Sohle in allen Farben schillernd, sein Werk für vollendet ansah. Die Reaktion des Publikums war durchaus gemischt. Es gab tosenden Applaus, Bravo-Rufe waren zu hören, aber auch Pfiffe und vereinzelte Unmutsäußerungen. »Betrug! Prostitution! Haut's den Schmähtandler auße!« Ein großer Erfolg war der Abend dennoch. Mathieu nannte sein Bild »Hommage au Connétable de Bourbon«, widmete es also dem kriegslüsternen Herzog von Bourbon-Montpensier, dessen Landsknechtheer im Mai 1527 Rom erstürmt und geplündert hatte. Mit seinem Angebot, das Gemälde der Stadt Wien unter der Voraussetzung zu überlassen, dass es als Altarbild in einer extra dafür zu errichtenden Kapelle aufgestellt würde, stieß er bei den Gemeindevätern und Sponsoren auf taube Ohren.

Den absoluten Höhepunkt meiner Hinterbühnenkarriere erreichte ich zwei Jahre später als Schneeflockenmaler im Auftrag des Österreichischen Rundfunks. Mitten im Hochsommer zeichnete er im Stadttheater Berndorf eine Folge der Fernsehshow *Jede Sekunde ein Schilling* auf, die erst im Dezember gesendet werden sollte. Der etwas angegraute Quizmaster Lou van Burg hüpfte popowackelnd durch die Kulissen und sang dabei ein Lied mit dem mitreißenden Refrain: »Wenn es Winter wird in den Bergen, bei Schneewittchen und den sieben Zwergen, kommt für mich die schönste Zeit, wenn es schneit, wenn es schneit, wenn es schneit.« Und jetzt musste es eben schneien. Dazu wurde eine lange schwarze Papierbahn, auf die ich mit viel Deckweiß Schneeflocken gemalt hatte, um eine Walze gewickelt und mit einer Kurbel abgespult.

Als nicht weniger publikumswirksam erwies sich eine andere Tätigkeit, die mich neben meiner künstlerischen Arbeit elf oder zwölf Jahre lang in Anspruch nahm. Ehe ich sie beschreibe, muss ich den in vielerlei Hinsicht außergewöhnlichen und doch folgerichtigen Werdegang des Ehepaars Fritz und Edith Herrmann skizzieren, dem das Kunststück gelang, im Jahr 1950 – also schon mitten im Kalten Krieg – am Germanistikinstitut der Universität Wien mit Doktorarbeiten über zwei als Kommunisten verrufene Bühnenautoren zu promovieren: Edith über Ferdinand Bruckner, Fritz über den auch als Lyriker und Romanautor herausragenden Jura Soyfer. Davor hatten sie das Zentralorgan des Verbandes Sozialistischer Studenten, die Monatsschrift *strom*, in Opposition zum Rechtskurs der SP gebracht – zum Ärger der Parteispitze, die sich bemühte, die beiden aufsässigen Redakteure loszuwerden. Das gelang ihnen insofern, als Fritz und Edith Herrmann bald klar wurde, dass sie als Sozialisten in der falschen Partei waren.

Als ich sie 1952 oder 1953 kennenlernte, schrieb Edith für die *Volksstimme*, Fritz für die von der sowjetischen Besatzungsmacht herausgegebene *Österreichische Zeitung*. Zwei Jahre lang war er außerdem dramaturgischer Mitarbeiter der Scala. Mit Inkrafttreten des Staatsvertrags wurde er arbeitslos. Er schlug sich als Werbetexter für Waschpulver, Rasierklingen und Rattengift durch, bevor er als außenpolitischer Redakteur bei der Boulevardzeitung *Bild-Telegraf* unterkam, die von Gerd Bacher, dem späteren Generalintendanten des ORF, geleitet wurde. Herrmanns unmittelbarer Vorgesetzter war ein Altnazi und Militarist, dem es unbändige Freude bereitete, den neuen Mitarbeiter durch allerlei Schikanen seine kommunistischen Sünden büßen zu lassen. Trotzdem gelang es Herrmann, in der Zeitung Fuß zu fassen. Er wechselte ins Kulturressort, wo er Kunstkritiken schrieb, die an Scharfsinn und Wortwitz alles übertrafen, was man sonst zu lesen bekam.

Seine Frau hatte ihre Stelle in der Redaktion der *Volksstimme* in weiser Voraussicht kommenden Unheils schon 1954 gekündigt. Drei Jahre später gründete sie gemeinsam mit dem Schriftsteller Leopold Hnidek, der sich für seine kuriosen Romane und Erzählungen vier verschiedener Pseudonyme bediente, das *Favoritner Wochenblatt*, machte Fritz Herrmann zum Chefredakteur und beschäftigte in der Redaktion überhaupt nur ehemalige Kommunisten. Mit gutem Grund, denn zum einen waren das gewiefte Journalisten, denen man nichts beibringen musste, zum andern wären sie bei keiner anderen Zeitung untergekommen, und außerdem waren sie bereit, die ausgegebene Losung »Wenn schon Boulevard, dann tiefster Boulevard« mit Todesverachtung in die Tat umzusetzen.

Das Unternehmen hatte auf Anhieb enormen Erfolg, so dass Herrmann und Hnidek zuerst eine Reihe von Ablegern – für die Leopoldstadt, die Donaustadt, Hernals, Ottakring und so weiter – produzierten, ehe sie alle Bezirksausgaben zum *Wiener Wochenblatt* zusammenfassten. Otto Moldens Bruder Fritz, der Wiener Pressetycoon, kaufte es ihnen schon 1960 ab, aber Fritz Herrmann blieb auch unter dem neuen Eigentümer acht Jahre lang Chefredakteur, Edith bis zuletzt Verlagsleiterin. Die Zeitung setzte auf Mord und Totschlag und schreckte auch sonst vor keiner Geschmacklosigkeit zurück. Fritz Herrmann rekrutierte mich also für ein Revolverblatt, das mit Aufmachern wie »Männliches Geschlechtsteil gefunden. Polizei sucht Verstümmelten« oder »Hitlers Sohn lebt!« jedes goldene Wienerherz höherschlagen ließ. Ich hatte als Grafiker drei Aufgaben zu erfüllen: erstens die wöchentliche Kriminalgeschichte möglichst knallig zu illustrieren, zweitens Lücken im Klebeumbruch mit Karikaturen zu füllen und drittens die Witzseite zu entschärfen, die dem Chefredakteur besonders am Herzen lag. Er schnitt die Zeichnungen höchstpersönlich aus ausländischen Zeitungen aus und setzte sie ins Blatt, selbstverständlich, ohne je Abdruckrechte einzuholen. Die Seite war aber aus einem anderen Grund sorgfältig zu redigieren. Der Pädagoge Anton Tesarek, ein hochrangiger Funktionär der sozialdemokratischen Kinderfreunde, hatte nämlich sein wachsames Auge speziell auf das *Wiener Wochenblatt* gerichtet und reagierte auf jugendgefährdende Zeichnungen – im Redaktionsjargon als Professor-Tesarek-Witze bezeichnet – sofort mit Strafandrohungen. Ich musste deshalb mit Deckweiß und Tusche Busen verkleinern, Rocksäume verlängern und Pobacken verhüllen.

Zu diesem Zweck suchte ich einmal pro Woche die Redaktion auf, die zuerst am Fleischmarkt und dann im neuen Pressehaus in der Muthgasse residierte. Dort lernte ich auch die anderen Mitarbeiter kennen, die mir bereitwillig Einblick in ihre Arbeitsweise gewährten. Einer von ihnen konnte als ehemaliger Setzer spiegelverkehrt lesen. Dadurch war es ihm möglich, sich blitzschnell Protokolle von Zeugenaussagen einzuprägen, die der Polizeibeamte auf dem Revier vor sich liegen hatte. Der wunderte sich dann, den Inhalt der Aktenstücke, stark ausgeschmückt, ein paar Tage später in der Zeitung wiederzufinden. Einmal fragte ich den Lokalchef Fritz Fehringer, der seinerzeit für die Russische Stunde der RAVAG, dann für den kommunistischen *Abend* gearbeitet hatte, wie er und seine Kollegen es anstellten, um aus den Leuten höchst intime Details herauszuholen. Daraufhin spielte er mir seinen Auftritt vor. Der Trick bestand darin, sich wie ein Kriminalbeamter zu verhalten, der alles daransetzt, nicht als solcher erkannt zu werden, also auf die Anrede »Herr Inspektor« mit dem Satz zu reagieren: »I bin kaa Inspektor«, um gleich darauf zu sagen: »So hat's kommen müssen, anders hat's ja nicht kommen können«, als wäre ihm der Fall längst bekannt. Daraufhin sprudelte es aus seinem Gegenüber nur so heraus.

»Aber was ist«, fragte ich, »wenn einer absolut nichts sagen will? Gibt's das auch?«

»Ja, das kann schon vorkommen. Dann schau ich ihn streng an und sage so von oben herab: ›Sie haben wohl noch nie was vom Pressegesetz gehört.‹ Dann erzählt er mir alles.«

Nach seinem Ausscheiden aus der Redaktion zog sich Fritz Herrmann für ein halbes Jahr nach Sizilien zurück, wo er einen umfangreichen satirischen Roman verfasste, der nie erschienen ist. Dabei konnte er mit anderen literarischen Werken, Hörspielen und Theaterstücken über so unterschiedliche Persönlichkeiten wie Michail Bakunin, Generalfeldmarschall Radetzky und Ulrike Meinhof durchaus reüssieren. Später holte ihn einer seiner Unterläufel aus der Zeit beim VSStÖ, der nachmalige Wiener Bürgermeister Leopold Gratz, als Berater ins Unterrichtsministerium. 1977 sorgte Herrmann, bereits unter Gratz' Nachfolger Fred Sinowatz, für einen handfesten Skandal, als er die österreichische Kulturpolitik in siebenunddreißig Gstanzln verspottete. Besonderes Aufsehen erregten diese beiden: »Aus Salzburg quetscht der Karajan / zu Ostern auße, was er kann, / ab Juli melkt er nach die Kuah – / ein Leben für die Hochkultur! // Es scheißt der Herr von Karajan / bei jedem falschen Ton sich an / und wascht sein Arsch im Goldlawur / anal sein g'hört zur Hochkultur!«

Der tödlich beleidigte Stardirigent verkündete, dass er nie wieder Wiener Boden betreten werde, worauf Sinowatz nach Salzburg pilgerte, um sich für die Frechheit seines Untergebenen untertänig zu entschuldigen. Damit endete Herrmanns Karriere im Beamtenstadel der Republik. Er ließ sich mit seiner Frau im Burgenland nieder, wo die beiden bis zu ihrem Tod ganz vergnügt lebten. Ihr Kompagnon im *Wiener Wochenblatt,* Leopold Hnidek, erfüllte sich seinen Lebenstraum und übersiedelte als Pensionist aus einer Floridsdorfer Gemeindewohnung in eine Holzhütte auf der Karibikinsel Dominica, wo er auch gestorben ist. Fritz Fehringer liegt auf dem Friedhof Kagran begraben.

In den sechziger Jahren fand meine Liebe zu Gilli Hillmayr endlich ihre Erfüllung. Wir hatten zusammengefunden, uns wieder getrennt, waren neue Beziehungen eingegangen, hatten uns aus den Augen verloren, eines Abends zufällig wiedergesehen, eine halbe Nacht durchgeredet und waren zur Sperrstunde des letzten Wirtshauses, das noch offen hatte, übereingekommen, dass wir ohne einander nicht auskommen konnten. 1966 gaben wir uns auf dem Standesamt Josefstadt das Jawort. Unsere Trauzeugen waren, wie konnte es anders sein, der vor Aufregung schon etwas beschwipste Hrdlicka und Eisler, der der Zeremonie gelassen, wie ein waschechter britischer Gentleman, beiwohnte. Schon im Jahr zuvor hatte meine Mutter uns die Wohnung in der Piaristengasse überlassen. Peter war längst ausgezogen. Beide hatten sich nach dem Abzug der Besatzer beruflich neu orientieren müssen. Während sie eine Stelle als Direktionssekretärin in einer Textilfirma fand, trat mein Bruder in den Gesundheitsdienst der Gemeinde Wien. Er begann als Materialverwalter, arbeitete sich zäh nach oben und ging als Verwaltungsdirektor der Glanzinger Kinderklinik in Pension.

Kaum war sie im Ruhestand, übersiedelte meine Mutter in ein Altersheim in Ober St. Veit. Zwei Gründe waren für diesen Entschluss maßgeblich. Zum einen wollte sie unserem jungen Glück nicht im Wege stehen, zum andern folgte sie dem Rat ihrer Freun-

din Erika Mitterer, einer durchaus ernstzunehmenden Schriftstellerin, die sich ebenfalls für dieses Altersheim angemeldet hatte. Von dort aus korrespondierte meine Mutter weiterhin mit ihren Lagerkameradinnen Krambach in New York und Nemetschek
in Berlin sowie mit ihrer Breslauer Kindheitsfreundin Eva Stern,
der jüngeren Schwester des Philosophen Günther Anders, die in
Israel lebte. Auch mit dessen zweiter Frau Elisabeth Freundlich
und mit Ruth Tassoni, zwei sträflich unterschätzten Autorinnen,
war sie eng befreundet. Nach wie vor legte sie keinen Wert darauf,
sich ihr Dasein auf die vergleichsweise kurze Zeit als KZ-Häftling
reduzieren zu lassen. Ich kann mich erinnern, dass sie eines Tages, schon Ende der vierziger Jahre, zu Hause ihren linken Ärmel
hochkrempelte.

»Ich hab mir die Nummer da rausnehmen lassen.«

»Warum hast du das getan?«

»Weil die Leute immer darauf schauen.«

»Na, sollen sie darauf schauen.«

Aber nein, sie hatte die Tätowierung unbedingt loswerden wollen. Andere lebten sehr gut damit, die wären nie auf die Idee gekommen, sich wegschneiden zu lassen. Ich bin sicher, dass
niemand von den jungen Leuten, mit denen meine Mutter als eh-
renamtliche Mitarbeiterin von Amnesty International fast täglich
zusammensteckte, ihre Verfolgungsgeschichte kannte. Straßen-
stände betreuen, Informationsmaterial verteilen, Briefe an politische Gefangene schreiben, das wurde ihr als Pensionistin zur Le-
bensaufgabe, die sie fast bis zu ihrem Tod, im September 1999, auf
Trab hielt. Zwölf Jahre nach ihr starb mein Bruder. Wir sahen uns
gelegentlich, waren aufeinander nicht böse, hatten uns aber bis
zuletzt wenig zu sagen.

Künstlerisch gesehen waren die sechziger und frühen siebziger Jahre durchaus ertragreich. Gegenständlichkeit war nicht

länger verfemt, allmählich sogar erwünscht, außer in den Direktionsetagen von Banken und anderen Konzernen, in denen nach wie vor abstrakte Bilder herumhingen, und der Aufschwung der Neuen Linken mit ihrem Bedarf an Flugblättern und Plakaten brachte es mit sich, dass die Druckgrafik an Bedeutung gewann, weil die Arbeiten relativ schnell herzustellen und einfach zu reproduzieren waren. Ich hatte eine Ausstellung nach der andern, nicht ohne Intervention meiner Freunde, denn dass ich meine Zeichnungen, als erster nichtabstrakter Künstler, in der Galerie nächst St. Stephan zeigen durfte, war Prachenskys Fürsprache geschuldet, und zu einer Einzelausstellung in der Salzburger Galerie Welz verhalf mir Hrdlicka, an dem der alte Nazi Friedrich Welz einen Narren gefressen hatte. Dazu kamen Einladungen zu internationalen Grafikbiennalen – in Lugano, Krakau, Bradford, Lüttich, Ljubljana, Florenz und weiß der Teufel, wo noch –, die mir auch ein paar Preise einbrachten. Das bedeutete aber nicht, dass Gilli und ich in Geld schwammen. Eher das Gegenteil war der Fall, was auch daran lag, dass sie nach ihrer Tätigkeit in der Galerie St. Stephan, einem kurzen Intermezzo in Liechtenstein, wo sie als Privatsekretärin des Schauspielers Oskar Werner arbeitete, und einem Jahr als Lektorin in der Wiener Niederlassung des Oldenbourg Verlags nur sporadisch einen Übersetzungsauftrag bekam.

Als Au-pair-Mädchen hatte sie ein Faible für Fremdsprachen entwickelt, anschließend Dolmetsch, Mathematik und Soziologie studiert, jeweils nur für kurze Zeit, denn sie litt unter einer Prüfungsneurose, die sie mit rationalen Begründungen – »Ich halte es für obszön, wenn mir jemand nach eigenem Gutdünken Fragen stellen darf« – zu überspielen versuchte. Sicher ist der Grund für ihre Versagensangst in der Kindheit zu suchen, in der es wie in einem Schauermärchen zugegangen war. Ihre Mutter starb bei der Entbindung, ihre Stiefmutter hasste sie, und ihr Vater war ein

Nazi. Als sie vierzehn war, steckte er sie in ein Internat, zu den Ursulinen in Salzburg, wo sie nur dank einer verständigen Lehrerin aufgenommen wurde, der es nichts ausmachte, dass Gilli bei der Eignungsprüfung kein Wort herausbrachte. Eine ihrer Mitschülerinnen war Barbara Coudenhove-Kalergi, die bis zuletzt ihre heiß geliebte Freundin blieb.

Wie es in der Familie Hillmayr zuging, erhellt der Vorsatz ihres Großvaters, eines Juristen und Astronomen, der ein noch größerer Nazi als ihr Vater war, sich und seine Frau angesichts der Niederlage des Deutschen Reichs im Frühjahr 1945 umzubringen. Sie nahmen Gift ein, Gillis Großmutter starb, er überlebte, was ihm keine Gewissensbisse verursachte, ließ sich zähneknirschend entnazifizieren und bekleidete bis zu seiner Pensionierung hohe Posten in der verstaatlichten Industrie. Ehe Gilli zu mir in die Piaristengasse zog, wohnte sie bei ihrer Großtante am Urban-Loritz-Platz, einer Volksschullehrerin, die ich ganz in Ordnung fand. Auffällig war nur ihr offen zur Schau getragener Pessimismus. Sagte man: »Heute ist wirklich ein schöner Tag«, kam unweigerlich die Antwort: »Aber morgen wird es regnen.«

Obwohl sie immer wieder in depressive Stimmungen fiel, in denen ich ihr keine wirkliche Hilfe war, hielten Gilli und ich es eigentlich ganz gut miteinander aus. Gesprächsstoff hatten wir mehr als genug, in der Neugier auf Menschen war sie mir ebenbürtig, und sobald etwas Geld reinkam, gingen wir auf Reisen. Es gab nichts, was ihr größeres Vergnügen bereitete, und ich konnte endlich meinen enormen Nachholbedarf befriedigen. Was Arik Brauer schon Ende der vierziger Jahre getan hatte, sich aufs Fahrrad zu schwingen und nach Paris zu strampeln, das war mir einfach nicht in den Sinn gekommen. Auch nicht autostoppen, was damals ja durchaus möglich gewesen wäre. Außerdem ist es schöner, gemeinsam zu verreisen, und das wäre mit meinen

Freunden ein Ding der Unmöglichkeit gewesen. Eisler zum Beispiel hätte mich schon zum Wahnsinn getrieben, wenn wir mit dem Autobus nach Gramatneusiedl gefahren wären. Entweder wäre es ihm dort zu heiß oder zu kalt gewesen, zu regnerisch oder zu ungewiss, oder er hätte unbedingt eine Knackwurst essen wollen, wenn weit und breit keine Knackwurst zu bekommen gewesen wäre.

Mit dem Hrdlicka wegzufahren, war überhaupt ein Ding der Unmöglichkeit. Ja, später, als wir nur noch losen Kontakt hatten, ging er mit seiner Frau auf Reisen, aber da war alles bis ins Detail organisiert, und am Zielort wurde er von Kuratoren oder Senatoren in Empfang genommen und in ein Luxushotel bugsiert. Aber so wie Gilli und ich, ins Blaue hinein – unvorstellbar! Er war glücklich in Wien und sah überhaupt keine Veranlassung, sich anderswo umzusehen. Einmal habe ich mich über seine Sesshaftigkeit lustig gemacht. Und zwar sah ich in der Auslage des Musikverlags Doblinger in der Dorotheergasse ein Notenheft für Wienerlieder, auf dessen Umschlag sich ein kleiner zähnefletschender Wiener mit einem Stößer auf dem Kopf mit aller Kraft an den Stephansdom klammerte, während fünf Pferdegespanne versuchten, ihn von dort wegzuzerren, und darunter stand: »Kaane zehn Rösser bringen mi weg aus mei'm Wean!« Hrdlicka war mit seinem Konterfei völlig einverstanden. »Ja, ganz genau der bin i. Kaane zehn Rösser ...« Hätte ich es dennoch geschafft, ihn zu einer Reise zu überreden – ich bin sicher, er wäre mir entsetzlich auf die Nerven gegangen. Mit Prachensky bin ich ein bisschen herumgekommen, auch er entpuppte sich als eine Nervensäge ersten Ranges. Überhaupt habe ich mich auf Reisen nur mit Frauen gut verstanden, mit einer Ausnahme, nämlich Fritz Martinz, mit dem ich auf meiner ersten Italienfahrt Anfang der fünfziger Jahre über Erwarten gut auskam, und nicht nur deshalb, weil er seine damalige Freundin dabei hatte, eine promovierte Germanistin, die in den Böhler-Werken im Personalbüro gearbeitet hat. Sie war eine ausgesprochen kluge und nette Frau; leider hat er sie bald darauf, wie der Pillwein Fritzl das Fräulein Stollhof, schmählich verlassen.

Wir waren arm, alle drei, sprachen kein Italienisch, übernachteten in Jugendherbergen, Martinz und ich bei den Burschen, seine Freundin bei den Mädels, aber immerhin, wir waren in Venedig, wir waren in Florenz, wir waren in Pisa, wir waren in Rom, und ich fuhr dann noch allein weiter nach Neapel.

Auf dieser Reise gab Martinz mir ein Beispiel, so wie in der Äsop-Fabel die fleißige Ameise der liederlichen Heuschrecke. Es war in Pisa, zu Mittag, brütende Hitze, in der man sich am besten in den Schatten des unvergleichlichen Baptisteriums setzt und darauf wartet, dass die Sonne untergeht, was ich auch tat. Nicht so Fritz Martinz. Er holte seinen Zeichenblock hervor, setzte sich auf ein Stockerl oder einen Stein und zeichnete mit Kreide den Schiefen Turm von Pisa. Mein Gott, dachte ich in stiller Bewunderung, hat der eine Ausdauer. Und alles für die Katz. Kaum war mir der Gedanke durch den Kopf gegangen, schon sah ich, wie ein Autobus mit schwedischem Kennzeichen an Martinz vorbeifuhr, ein paar Meter weiter vorne stehenblieb, zurücksetzte, wieder stoppte. Dann wurde ein Fenster hinuntergekurbelt, ein Mann beugte sich heraus, streckte einen Arm aus, sagte etwas, Martinz blickte hoch, riss das Blatt aus seinem Skizzenbuch und reichte es hinauf, worauf von oben ein Geldschein geflattert kam, den er aufklaubte und in die Hosentasche steckte. Es war gar nicht so wenig, was ihm seine halbfertige Zeichnung eingebracht hatte, genug jedenfalls für ein ausgiebiges Abendessen und eine Flasche Chianti zu dritt.

Von den vielen Reisen, die Gilli und ich gemeinsam unternahmen, haben mich die nach Übersee am meisten inspiriert. Sowohl die eine, 1969 in die Vereinigten Staaten, als auch die andere, fünf Jahre später nach Mexiko, hielt uns über mehrere Monate auf Trab. Zu meinem Erstaunen war es in Nordamerika ein Kinderspiel, Leute kennenzulernen. Der hierzulande übliche Brauch, Fremde prinzipiell abzuwimmeln, war dort unbekannt. In einer New Yorker Galerie, der American Art Association, erkundigte ich mich nach einem Maler, von dem ich nur ein Bild gesehen hatte, und das vor Jahrzehnten. Umständlich fing ich an, dem Galeristen von den Lebensmittelpaketen zu erzählen, die mir unsere Verwandten nach Kriegsende aus den USA geschickt hatten. Die Fressalien waren in Zeitungspapier eingewickelt, das ich jedes Mal sorgfältig glättete; wenn ich Glück hatte, fand sich darauf ein Cartoon oder die Abbildung eines Gemäldes, das mein Interesse weckte. Eines hatte mich besonders beeindruckt, es hieß »Welcome Home«, war in einem scharfen expressionistischen, aber doch unverkennbar amerikanischen Stil gehalten und übte in der karikierenden Darstellung einer Dinner Party beißende Kritik an der US-amerikanischen Militärkaste.

»Wer war der Maler?«, fragte der Galerist, der wegen meiner langatmigen Ausführungen etwas ungeduldig geworden war.

»Jack Levine.«

Daraufhin griff er zum Telefon, wählte und sagte: »Hello Jack, listen, there is a man from – say where are you from?«

»Vienna, Austria.«

»... from Vienna, Austria, he says, he admires your work and wants to get into contact with you.«

Damit übergab er mir den Telefonhörer, und auf der anderen Seite der Leitung lud Levine den ihm völlig unbekannten Mann aus Vienna, Austria ein, ihn in seinem Atelier zu besuchen. Dort klärte er mich über die Schwierigkeiten auf, mit denen satirische, oppositionelle Maler in den Vereinigten Staaten zu kämpfen hatten. Abgesehen von den Anfeindungen, denen er wegen seiner Weltanschauung ausgesetzt war, stand er vor dem Problem, dass die Gemeinheiten, die er malend bloßstellen wollte, sich im Erscheinungsbild seiner politischen Feinde kaum noch niederschlugen. Deshalb habe er auch den Auftrag einer Illustrierten abgelehnt, die Delegierten des republikanischen Parteikonvents zu zeichnen.

»Sie müssen wissen«, sagte er, »es gibt auf der ganzen Welt nichts Schlimmeres als diese Typen, aber sie haben schöne, ebenmäßige Gesichter, wohlproportionierte, schlanke Körper und gute Umgangsformen, so dass selbst ein George Grosz daran scheitern würde, ihren miesen Charakter an Äußerlichkeiten festzumachen. Wie hätte ich sie da zeichnen können?«

Mit meinen Holzschnitten, die ich für eine Ausstellung an der Rhode Island School of Design in die USA mitgeschleppt hatte, schickte mich Levine zu einem großen Kunsthändler und Galeristen, einem gewissen Lublin, den er mir als »a straightforward crook«, einen aufrechten Ganoven, beschrieb. Der sah sich auch wirklich meine Arbeiten an, befand dann aber, dass sie »too sophisticated« und auch »too big« seien, als dass man sie verkaufen könnte. In seinem Büro hing alles, was gut und teuer war, darunter ein Holzschnitt des Amerikaners Leonard Baskin im Ausmaß einer doppelflügeligen Tür. Der sei ja noch größer als meine Holzschnitte, sagte ich, und den würde ja auch jemand kaufen. Daraufhin starrte mich Mr. Lublin mit entsetzensweit aufgerissenen Augen an und fragte, ob ich wirklich wissen wolle, wer Baskins Holzschnitt kaufen werde. Ich nickte, worauf er zum Zeichen, dass absolute Geheimhaltung geboten sei, einen Finger an die Lippen legte, dann durch seine Galerie hastete, um die Eingangstür zu versperren und alle Jalousien herunterzulassen. Zuletzt befahl er mir, näher an ihn heranzurücken, ein Stück und noch eines, bis er mir hinter vorgehaltener Hand ins Ohr flüsterte: »Nobody.«

In Mexiko kam es genau zwanzig Jahre nach unserer Begegnung am Rande des Weltgewerkschaftskongresses zu einem Wiedersehen mit Luis Arenal. Den *Taller de Gráfica Popular* gab und gibt es immer noch, nur Arenals Reisebegleiter Leopoldo Méndez war inzwischen verstorben, so dass wir bloß noch seine Gedächtnisausstellung in Guanajuato, einer der legendären Silberstädte des Landes, besuchen konnten. Wie er es in Wien versprochen hatte, machte Arenal mich in seinem Atelier mit vielen Künstlern und Intellektuellen bekannt. Sein revolutionärer Elan war nicht erloschen, das erwies sich bei einer Tagung der Elektrikergewerkschaft, zu der er Gilli und mich eingeladen hatte. Zu diesem Anlass waren viele Delegierte aus dem Norden angereist, die mit ihren mächtigen Schnurrbärten und breitkrempigen Hüten wie Komparsen aus einem Pancho-Villa-Film aussahen. Bei den klassenbewussten Elektrikern stand Arenal in hohem Ansehen, seit er 1939/40 gemeinsam mit seinem Schwager David Alfaro Siqueiros und dem Exilspanier José Renau das riesige antikapitalistische Wandgemälde »Retrato de la Burguesía«, Porträt der Bourgeoisie, im Stiegenhaus der Gewerkschaftszentrale geschaffen hatte.

In Mexiko-Stadt hatte ich das Glück, den Cartoonisten Eduardo del Río kennenzulernen, der unter seinem Künstlernamen Rius ganz allein einen sozialkritischen, politisch äußerst kämpferischen Comicstrip mit dem Titel *Los Agachados* – die sich bücken müssen; die Underdogs – geschrieben und gezeichnet hat. Die Hefte erschienen monatlich, waren an jedem Kiosk zu haben und erfreuten sich großer Beliebtheit. Wie er Gilli und mir erzählte, wurde er wegen politischer Aufwiegelei immer wieder verhaftet, aber in der Regel nach einigen Tagen freigelassen, weil er mit Mexikos populärstem Präsidenten, Lázaro Cárdenas, verwandt war. Mit den anonymen Morddrohungen, die er im Lauf der Jahre erhielt, hätte Rius ein ganzes Buch füllen können. Leider habe ich es mangels Sprachkenntnissen verabsäumt, seine einfallsreichen Unternehmungen auf dem Gebiet des Humors und der Satire weiter zu verfolgen. Ende 2011 setzte er sich nach siebenundfünfzigjähriger Arbeit als Cartoonist zur Ruhe, sechs Jahre später starb er in der pittoresken Ortschaft Tepoztlán, die für ihre Heilkräuter, den präkolumbianischen Sonnentempel Tepozteco, den ich auf einer Radierung festgehalten hatte, und den Starrsinn bekannt ist, mit dem sich die aztekischen Dorfbewohner gegen urbane Großprojekte und die Privatisierung der kommunalen Anbauflächen wehren. Ein guter Ort zum Sterben für einen, der den *agachados* bis zuletzt treu geblieben ist.

Als wir ihn kennenlernten, war ich selber mit einem Comicstrip beschäftigt. Dass ich mich auf dieses Genre stürzte, kam nicht ganz unerwartet, da mich politische Karikaturen von klein auf interessiert hatten. Mit Comicstrips war ich, wie eben erwähnt, durch die Carepakete aus Übersee vertraut geworden. Ich kannte inzwischen auch einige Cartoonisten. Ganz besonders schätzte ich den New Yorker Jules Feiffer, und zwar als Autor ebenso wie als Zeichner. Auch ein österreichisches Comicgenie war mir gut bekannt, Ladislaus Kmoch, der in den dreißiger Jahren für das sozialdemokratische *Kleine Blatt* eine Figur namens Tobias Seicherl erfunden hatte, dessen Dummheit, Übereifer und Opportunismus von seinem pfiffigen Hund Struppi kommentiert wurden. Als diese Art von Kritik an politischer Unterwürfigkeit vom Dollfußregime nicht länger geduldet wurde, schickte Kmoch seinen Helden auf Weltreise. Dabei gelang es ihm, Zeichnung, Schrift und Inhalt mit einfachsten Mitteln zusammenzuführen. Leider unterwarf er sich nach dem März 1938 der Naziideologie und bediente sich für kurze Zeit antisemitischer Klischees. Nach dem Krieg war er vergessen, bis ihn Fritz Herrmann für das *Wiener Wochenblatt* reaktivierte, in dem er Seicherl ein zweites Mal auf Weltreise schickte. In der Redaktion behandelten wir einander mit großem Respekt; jedes Mal, wenn ich Herrmann meine Zeichnungen vorlegen musste, sagte Kmoch: »Denken S' immer daran, lieber Herr Kollege, Chefredakteure gibt's viele, Zeichner nur wenige.«

Ich hatte schon jahrelang mit dem Gedanken gespielt, einen Comicstrip zu zeichnen, ihn aber immer wieder verworfen, weil es dafür einen Verlag und eine Agentur braucht. Deshalb kam mir im Jahr 1968 die Aufforderung des Publizisten Paul Kruntorad wie gerufen, für die Zeitschrift *Neues Forum* »ein neues Bilderrätsel, einen gescheiten Rebus oder so was Ähnliches« zu zeichnen. Ihr Herausgeber Günther Nenning hatte die Zeitschrift für die Neue Linke geöffnet und sah keine Veranlassung, mir irgendwelche Vorschriften zu machen, obwohl mein Comicstrip vor allem in der Anfangszeit die Gemüter von Abonnenten erregte, was zahlreiche Abbestellungen zur Folge hatte. Sein Held war ein kleines Wiener Vorstadtmonster namens Goks, das mit seinen Fantasien, Sehnsüchten und Begierden immer wieder an der kruden Realität scheitert. Das Wort kommt in Wien – wo das K wie G, Koks also wie Goks ausgesprochen wird – in mehreren Zusammenhängen vor. »Red kaan Goks« bedeutet: »Red keinen Blödsinn.« In der Schule war es üblich, das Erscheinen des Lehrers mit dem Warnruf »Goks, er kommt!« anzukündigen. Und wenn jemand besonders lässig angezogen war, mit engen Röhrenhosen und spitzen Schuhen, dann sagte man von ihm: »Der is gschäunt wie der Lord Goks vom Gaswerk.« Ich wollte mich nicht an die stereotypen Muster von Comicstrips halten, sondern zeichnerisch neue

Wege beschreiten. Das gelang mir auch. Aber mit dem Schreiben haperte es. Da wäre ich mit meinem Latein bald am Ende gewesen, wenn mir nicht meine literarisch begabte Frau beigesprungen wäre. Ich schätze, dass Gilli gut achtzig Prozent der Texte verfasst hat. Mit traumwandlerischer Sicherheit traf sie immer den richtigen Ton.

Nach sechseinhalb Jahren fanden wir es an der Zeit, unser Geschöpf in die ewigen Jagdgründe zu entlassen. Als mein Freund Peter Bloch in seinem Innsbrucker Galerie-Verlag alle Folgen in einem Band zusammenfasste, schrieb Gilli ein flottes Vorwort, an dem eine ihrer größten Tugenden zu erkennen ist: den Blick auf andere – Goks, mich, die Lemuren der Wienerstadt – zu richten und doch in jedem Satz ihre Persönlichkeit durchscheinen zu lassen. Mit Wehmut lese ich, dass ihr in Erinnerung blieb, womit ich ihr bei unserer ersten Begegnung die Ohren vollgeredet hatte – mit einer begeisterten Suade über die satirische Bildergeschichte *Histoire de la Sainte-Russie* von Gustave Doré. Aber was sie mir erzählte, als wir uns kennenlernten, habe ich vergessen.

In ihrem Aufsatz hat Gilli meine Arbeitsweise besser beschrieben, als ich es selbst könnte. »Wenn man die Arbeit am Zeichnen ausnimmt, so hat Schönwald als Graphiker die Gewohnheit, eher wie ein Schriftsteller zu arbeiten: Ein Verfahren wird in Angriff genommen, so wie jemand ein Buch beginnt, zu Ende ›geschrieben‹ und weggelegt. Nach einer Pause kommt das nächste, anders in der Technik, anders im Format, mit einem neuen Thema.« Ihre Beobachtung trifft auch auf die Wandbilder zu, an denen ich 1970 zu arbeiten begann, auf Einladung von Harry Glück, der inzwischen ein eigenes Architekturbüro gegründet hatte und im sozialen Wohnbau mit seiner Devise »Wohnen wie die Reichen – auch die Armen« an die Gemeindebaupraxis der Ersten Republik anschließen wollte.

Mangels privater Sammler waren öffentliche Aufträge für Künstler lange Zeit die einzige Möglichkeit, halbwegs über die Runden zu kommen. Bei den Gemeindebauten der Stadt Wien war ein Prozent der Bausumme für die künstlerische Ausgestaltung zu verwenden. Aber ein Auftrag war nicht leicht zu ergattern und noch schwerer auszuführen, weil von den zuständigen Magistratsabteilungen ständig Einwände gegen die vorgelegten Entwürfe erhoben wurden. Die Kompromisslösungen, die sich dann an den Hausfassaden niederschlugen, wurden von den Anrainern nicht sonderlich beachtet, vom Architekten nicht geschätzt und vom Künstler mit halbem Herzen ausgeführt. Trotzdem wäre ich in der Lage, auf einige sehr gelungene Arbeiten hinzuweisen. Auffällig ist der Kontrast zwischen der Verunglimpfung solcher Auftragswerke und der Ehrfurcht, die dem kommerziellen Kunstbetrieb mit seinen Rekordsummen bei Versteigerungen und dergleichen entgegengebracht wird. Überhaupt beschleicht mich das Gefühl, dass sich sogar die Auftraggeber selbst für das jeweilige im Rahmen der Kunst am Bau entstandene Werk schämen. Anders kann ich mir nicht erklären, warum etwa Anton Lehmdens monumentales Glasmosaik »Das Werden der Natur« in der U-Bahn-Station Volkstheater derart hoch angebracht ist, dazu noch miserabel beleuchtet und von Aluminiumträgern halb verdeckt wird, dass die vielen tausend Passanten, die dort täglich ein- oder aussteigen, es gar nicht wahrnehmen.

Aufgrund solcher oder ähnlicher Erfahrungen war Glück der Meinung, dass Bilder und Plastiken an oder vor Hausfassaden nichts verloren hätten. Hingegen hielt er es für sinnvoll, den planerisch ohnehin schwierigen Eingangsbereich der Häuser, mit seinen vielen, einander überkreuzenden Funktionen, künstlerisch zu gestalten. Stiegenaufgang, Lift, Kellertür, Tür zum Fahrrad- oder Partyraum, Briefkästen, Anschlagtafel für Mitteilungen der Hausverwaltung ... Aber eine Wand blieb in der Regel doch frei, in meinem Fall waren es sogar vier Wände, für die ich keramische Platten bemalen wollte. Die Herstellung war kompliziert, mein Fachwissen gleich null, aber zum Glück gab es in der Baustofffirma Wienerberger eine Abteilung für Kunstkeramik, die von Hilde Schmid geleitet wurde. Mit tatkräftiger Unterstützung dieser ungemein beschlagenen Frau und der Großzügigkeit der Firmenleitung, die mich nächtelang in der Fabrik werkeln ließ, gelangen mir ganz hübsche Sachen, auch später noch, als mir das Metier allmählich vertraut wurde und ich Kacheln mit Tiermotiven, mit Bildern von realen oder ausgedachten Mondreisen, mit meinen Eindrücken von Landschaft und Kultur Mexikos anfertigte. Der erste Auftrag ist mir allerdings am besten gelungen.

Der Wohnblock befand sich in Floridsdorf, in einer etwas tristen Umgebung, was mich auf die Idee brachte, als Kontrast an den Wänden vier Weltreisende und ihre exotischen Abenteuer abzubilden: die Briten Charles Darwin und James Cook, den Portugiesen Fernando Magellan und die Wienerin Ida Pfeiffer, die damals in ihrer Heimatstadt fast vergessen war. Pfeiffer hatte Mitte des neunzehnten Jahrhunderts, auf ihrer zweiten Weltreise, zu Fuß Borneo durchquert, was eine ungeheure physische Leistung, vor allem aber enorm viel Mut erforderte, denn dafür musste sie das Stammesgebiet der Dayak passieren, berüchtigter Kopfjäger, die das von einem Bambushut und einem Bananenblatt gekrönte Haupt einer schon etwas betagten Weißen sicher gern ihrer Sammlung einverleibt hätten. Eine ganze Weile beobachteten die Dayak-Krieger, hinter Bäumen und Lianen verborgen, wie das Bleichgesicht mit einem Kescher Schmetterlingen hinterherlief. Aus diesem sonderbaren Verhalten zogen sie den grundvernünftigen Schluss, dass die Frau auf der Suche nach ihrem Bruder sei, der sich offenbar in einen Schmetterling verwandelt habe, und sie kamen überein, ihr dabei behilflich zu sein. Sooft sie einen Schmetterling fingen, fragten sie: »Ist es der?«, und wenn Ida den Kopf schüttelte, ließen sie ihn wieder fliegen.

Ich will nicht behaupten, dass mich die Expeditionen meiner kühnen Landsfrau dazu animierten, Wien für unbestimmte Zeit zu verlassen. Außerdem lässt sich das beschauliche Aachen, das 1976 zu meinem Lebens- und Arbeitsmittelpunkt werden sollte, schwerlich mit dem Malaiischen Archipel vergleichen, auf dem Ida Pfeiffer sich nicht nur mit Kopfjägern, sondern auch mit Menschenfressern angefreundet hatte. Tatsache ist aber, dass ich mich aus Wien fortzusehnen begann. Erstens, weil ich Gefahr lief, in der gewohnten Umgebung zu versumpern. Alle naselang liefen mir Bekannte über den Weg, die mich mit großem Hallo begrüßten, und ich brachte nicht die Willenskraft auf, mich nach einem kurzen Gespräch aus dem Staub zu machen. Zweitens, weil mein Wunsch nach gemeinschaftlichem Arbeiten unerfüllt blieb. Elf Jahre nach dem jähen Ende unserer Lithowerkstatt war mir von der Gemeinde Wien eine feuchte Parterrewohnung in der Pfefferhofgasse als Atelier zur Verfügung gestellt worden, und ich hatte darin Hrdlickas verwaiste Radierpresse in der Hoffnung aufgestellt, dass wir zu dritt – er, Martinz, ich – das eine oder andere Vorhaben realisieren würden. Aber Martinz machte keine Radierungen mehr, und Hrdlicka schwebte schon in höheren Sphären und hatte fürs Selberdrucken keine Zeit. Drittens blieb mir nicht verborgen, dass viele meiner Künstlerkollegen im Begriff standen, große Karriere zu machen. So verhasst mir Erfolg mein Lebtag gewesen ist, insgeheim wurmte es mich doch, dass er an mir vorüberging. Gilli und ich lebten nach wie vor von der Hand in den Mund. Das war mir zwar, weil ich das Schicksal der großen Druckgrafiker kannte – Honoré Daumier war erblindet, Rodolphe Bresdin verhungert, Charles Meryon dem Wahnsinn verfallen –, keine große Überraschung, aber im Alltag doch ein ständiges Ärgernis. Drei Jahre lang waren wir nur über die Runden gekommen, weil mir der Freiburger Kunstsammler Franz Arnim Morat allmonatlich meine neu entstandenen Zeichnungen abgekauft hatte.

Dass ich in Aachen landete, war in erster Linie der als Städteplanerin, Bildungsökonomin und Schriftstellerin gleichermaßen beschlagenen Wahl-Berlinerin Ditha Brickwell zu verdanken, die ich als junge Architekturstudentin vor vielen Jahren im Café Hawelka kennengelernt hatte. Bei einem gemeinsamen Mittagessen entnahm sie meinem Gerraunze, dass ich einem Tapetenwechsel nicht abgeneigt, aber der Meinung war, den Absprung verpasst zu haben. Kurz darauf rief sie mich an. An der Rheinisch-Westfälischen Technischen Hochschule sei eine Professur für Bildnerische Gestaltung ausgeschrieben, die Berufungskommission könne sich auf keinen Kandidaten einigen, das wäre eine Chance für jemanden, der weder bei den einen noch bei den andern auf der Favoritenliste stehe. »Bewirb dich doch«, sagte sie, »kost' ja nix.« Wie immer, wenn mich jemand in eine bestimmte Richtung lotsen will, war ich stinksauer. »Kommt überhaupt nicht in Frage. Lass mich in Ruh'!« Aber dann redete mir Gilli ins Gewissen. Sie führte nicht unsere prekäre materielle Lage ins Treffen, sondern appellierte an meine ungebrochene Lust, etwas Neues auszuprobieren. »Das wär ein Job, den du noch nie gemacht hast.« Als sie mir versprach, mein Bewerbungsschreiben zu verfassen, war mein Widerstand gebrochen. Offenkundig verfehlte es nicht seine Wirkung, denn ich wurde zu einem Probevortrag eingeladen. Im Anschluss daran stellten mir die Studenten so knifflige Fragen, dass ich Lust bekam, gleich dazubleiben, um die an der Fakultät für Architektur stiefmütterlich behandelte Kunst in ihr Recht zu setzen. Aber es sollte noch viel Zeit vergehen, bis ich erfuhr, dass sich die Kommission für mich entschieden hatte, und nach langwierigen Berufungsverhandlungen schließlich die Leitung des Lehrstuhls übernahm.

Die Voraussetzungen waren nicht allzu günstig. Der Lehrstuhl war längere Zeit verwaist gewesen, der Mittelbau wenig ambitioniert, die Studentenschaft verbittert oder auf eine kindische Weise radikalisiert. Freihandzeichnen war früher die Voraussetzung gewesen, um überhaupt Architektur studieren zu können, aber in Aachen wurde darauf kaum noch Wert gelegt. Außerdem gab es durchaus ernstzunehmende Versuche, mir die für die Lehrveranstaltungen benötigten Hörsäle wegzunehmen. Intrigen waren, wie überall, an der Tagesordnung. Um meinen Professorenkollegen klarzumachen, dass sie mir nicht entgangen waren, erklärte ich ihnen bei einer Fakultätssitzung den Unterschied zwischen einem deutschen und einem österreichischen Intriganten: Der deutsche verhält sich wie ein afrikanischer Elefantenbulle, der drei Tage und Nächte vor meiner Tür trompetet, bevor er sie zertrümmert und hereingestapft kommt, während sein österreichisches Pendant ein kleiner Skorpion ist, der in meinem linken Hausschuh sitzt und geduldig auf den Moment wartet, in dem ich in den Schuh schlüpfe. Die Erläuterung wurde mit Gelächter aufgenommen, verfehlte aber nicht ihre Wirkung. Von nun an wussten meine Kollegen, dass ich nicht der gemütliche Zechbruder mit dem exotischen Wiener Zungenschlag war, den man über den Tisch ziehen konnte.

Im Grunde machte mir die Arbeit großen Spaß. Ich tauchte in ein neues Milieu ein, war von jungen Menschen umgeben, lernte auch unter den Professoren, vor allem bei den Germanisten an der Philosophischen Fakultät, interessante Leute kennen und wurde für meine Verhältnisse fürstlich entlohnt. Neben den Architekturstudenten hatte ich eine erkleckliche Anzahl von Lehr-

amtskandidaten der Sekundarstufe II zu betreuen, die im Neben-
fach Kunsterziehung studierten und den praktischen Teil bei mir
absolvieren mussten. Ich richtete eine Grafikwerkstatt ein, die
sich großer Beliebtheit erfreute. Ausgesprochenen Kultcharakter
bekam jedoch ein Praktikum, das es offiziell gar nicht gab, da es
weder im Vorlesungsverzeichnis noch auf der Anschlagtafel der
Fakultät angekündigt wurde. Es fand jeden Samstagvormittag
statt, außerhalb des Studienbetriebs also, und war ursprünglich
für eine kleine Gruppe besonders motivierter Studenten gedacht,
denen ich die Gelegenheit bieten wollte, unter meiner Anleitung,
aber im geselligen Rahmen und ohne Zeitdruck zu zeichnen. Das
taten wir auch, Aktzeichnen hauptsächlich, nur wurde die Gruppe von Mal zu Mal größer, trotz des an sich ungünstigen Wochen-
endtermins und des erforderlichen pünktlichen Erscheinens,
denn um neun Uhr stand ich unten am Eingang, ließ die Teilneh-
mer hinein und sperrte hinter uns wieder ab. Mein Wirken be-
schränkte sich nicht darauf, den jungen Leuten helfend zur Seite
zu stehen; ich wollte auch für eine gastliche Atmosphäre sorgen,
so dass ich jeden Samstagmorgen Unmengen von Obstkuchen
aus der Bäckerei Kausen anschleppte und ihnen wie eine für-
sorgliche Teenagermutter Kaffee und Tee kochte. Den tranken sie
dann in der großen Pause, pafften dazu Zigaretten und quatsch-
ten munter durcheinander.

In den zehn Jahren seines Bestehens zeitigte das Praktikum
Folgen, die ich gar nicht vorhergesehen hatte. Arbeitsgemein-
schaften wurden begründet, Freundschaften geschlossen, sogar
Ehen gestiftet. Abgesehen von diesen sympathischen Kollateral-
wirkungen meiner akademischen Geschäftigkeit konnte ich den
Studenten immerhin klarmachen, wie wichtig es ist, gut zeichnen zu können. In Warschau, erzählte ich ihnen, war von den
deutschen Besatzern das Aufbewahren von Blaupausen, Stadt-

plänen, Fotografien und ähnlichen Dokumenten unter Todesstrafe gestellt worden. Trotzdem versteckten Menschen unter
Lebensgefahr Hunderte Zeichnungen von Architekturstudenten,
ohne die es kaum möglich gewesen wäre, die völlig zerstörte Altstadt nach der Befreiung zu rekonstruieren. Dass Zeichnen einem
manchmal sogar das Leben retten kann, zeigt das Beispiel des
futuristischen Malers Mario Sironi. Er gehörte zu einer Gruppe
hochrangiger Faschisten, die nach der Eroberung von Florenz im
August 1944 von einem Erschießungskommando abgeführt wurden. Zu seinem Glück erkannte ihn ein Partisan, der bei ihm Aktzeichnen gelernt hatte und ihn deshalb vor der Hinrichtung bewahrte.

Wissen vermitteln, Anregungen geben, Minderbegabten das
Leben nicht unnötig schwer machen. Und auf jeden Fall anwesend, für die Studenten da sein. Zumindest dadurch unterschied
ich mich vom Gros meiner Malerkollegen an den diversen Hochschulen und Akademien. Dass die Arbeit nicht ganz umsonst war,
erwies sich bei einer Studentin, die nicht übermäßig talentiert
war, aber dieses Manko durch großen Ehrgeiz wettmachte, was
mich wiederum veranlasste, ihr besonders viel Zeit zu widmen.
Nachdem sie das Diplom gemacht hatte, bewarb sie sich um eine
Stelle in einem Architekturbüro. »Ihre Entwürfe sind nicht gerade aufregend«, sagte der Büroleiter, »aber wegen Ihrer Zeichnungen stelle ich Sie an.«

Obwohl sie eine leidenschaftliche Österreicherin war und die
Deutschen nie sehr ernst nahm, leistete Gilli mir in Aachen Gesellschaft. Übersetzen konnte sie dort auch, und sooft sie das
Heimweh überkam, fuhr sie auf ein paar Tage nach Wien. Die
Wohnung in der Piaristengasse hatten wir ja nicht aufgegeben.
Außerdem nutzten wir die privilegierte Lage der Stadt für Ausflüge ins benachbarte Belgien, wo es uns besonders gut gefiel, nach

Frankreich und in die Niederlande. Für mich war Gillis Anwesenheit schon deshalb ein Segen, weil ich mit ihr meine täglichen Sorgen und Probleme besprechen konnte. Ohne ihre Ratschläge wäre ich bei den Piefke mehr als einmal auf die Schnauze gefallen. Dem Idealbild eines glücklichen Paares wurden wir weiterhin nicht gerecht, auch wenn mich später einmal ein Mann ansprach, der an unseren Lebensgewohnheiten Gefallen gefunden hatte. »Sie kamen jeden Abend mit Ihrer Frau ins ›Rosenstübchen‹, bestellten einen Käseteller und einen halben Liter Wein, dann noch einen, und unterhielten sich bis zur Sperrstunde so angeregt miteinander, als hätten Sie sich eben erst kennengelernt.« Zu erzählen hatten wir einander tatsächlich immer etwas. Ansonsten, na ja. Die verwilderte Jugend steckte tief in mir. Ich hatte versucht, sie durch Schauspielerei zu kaschieren, aber sie war immer wieder durchgebrochen. Erst Gilli gelang es, mir diese Anfälle abzugewöhnen, bei denen ich mich über völlig nebensächliche Dinge aufregte und Leute verwünschte, die es gar nicht lohnten, dass man auch nur einen Gedanken an sie verschwendete.

Meine Frau starb Anfang April 1984, mit nur einundfünfzig Jahren. Zuerst war ein Melanom im linken Auge diagnostiziert worden, das ihr entfernt werden musste. Im Jahr darauf brach die Krankheit auch im Unterleib aus. Wieder musste sie operiert werden. Danach lag sie monatelang im Universitätsklinikum, wo ich, wann immer es ging, bei ihr übernachtete. Gilli war eine schwierige und zugleich bewundernswert tapfere Patientin. Schwierig, weil sie die Anweisungen des Chefarztes hinterfragte, wozu sie wegen der von ihm vermurksten Operation auch allen Grund hatte, und tapfer war sie, weil sie sich von der Krankheit nicht kleinkriegen ließ. Bei den Krankenschwestern und Jungärzten stand sie in hohem Ansehen. Es war ihnen ein Rätsel, woher sie die

Kraft nahm, dem ungeheuren körperlichen Verfall geistig standzuhalten. Ein Assistenzarzt wollte es genau wissen. Wahrscheinlich glaubte er, dass sie über besondere spirituelle Fähigkeiten verfügte. Aber zu seiner Verblüffung erklärte sie ihm, sie könne ihre aussichtslose Lage deshalb bewältigen, weil sie so viele Zigaretten rauche.

Trotz der entsetzlichen Schmerzen lehnte Gilli es bis zuletzt ab, Morphium zu nehmen – sie wollte um jeden Preis bei klarem Verstand bleiben. Sogar die Atemübungen, die ihr eine Physiotherapeutin zur Schmerzlinderung beizubringen versuchte, wies sie als Bevormundung ab. Hingegen überkam sie eine ungeheure Sehnsucht nach den Freunden aus Österreich. Im Grunde war es das Einzige, das ich im letzten halben Jahr für sie tun konnte: dafür zu sorgen, dass unsere Freunde ihr nahe blieben. Allerdings bedurfte es gar keiner Überredungskunst, damit sie den Kontakt zu Gilli aufrechterhielten. Sie kamen sogar angereist, der Reihe nach oder alle zusammen, Kubelka, Eisler, Coudenhove-Kalergi, der Dichter Reinhard Priessnitz, mit dem wir Anfang der siebziger Jahre Irland bereist hatten, Peter Bloch aus Innsbruck und besonders häufig Ditha Brickwell aus Berlin, ohne deren Beistand ich mehr als einmal verzweifelt wäre.

Nur Hrdlicka glänzte durch Abwesenheit. Meine Nachricht von Gillis Zustand hatte er mit einer schnoddrigen Bemerkung abgetan. Trotzdem bat ich ihn inständig, sie wenigstens einmal anzurufen. Dazu konnte er sich nicht aufraffen. So ging unsere Freundschaft im Sumpf der Teilnahmslosigkeit unter; ich hatte kein Bedürfnis mehr, ihn wiederzusehen, was offenbar auf Gegenseitigkeit beruhte, denn er sollte sich nie mehr bei mir melden. Schon in den Jahren zuvor war mir aufgefallen, dass er von seinem Umfeld unbedingte Gefolgschaft verlangte – eine Ergebenheit, die er weder von Gilli noch von mir erwarten durfte. Aber es hatte zwischen uns nie Streit gegeben, und ihr wäre ein Lebenszeichen von ihm ein großer Trost gewesen.

Als wir im Herbst 1983 vom Tod Friedrich Heers erfuhren, ließ ich auf Gillis Wunsch eine Seelenmesse für ihn im Aachener Dom lesen. Die Domherren waren davon nicht gerade begeistert. Um sicherzugehen, dass die Anschauungen dieses Ketzers in ihrem Bistum nicht verbreitet würden, wiesen sie meinen Vorschlag zurück, während der Messe Zitate aus seinen Büchern vorzulesen. Immerhin wurde es Kubelka gestattet, den Gottesdienst mit seinem virtuosen Flötenspiel zu untermalen. Danach versammelten wir uns an Gillis Krankenbett, tranken Wein aus Plastikbechern und vernebelten ihr Zimmer mit Zigarettenqualm.

Weil man aus medizinischer Sicht nichts mehr für sie tun konnte, nahm ich Gilli mit nach Hause, in unsere Wohnung am Theaterplatz, in der sich eine Pflegerin rund um die Uhr um sie kümmerte. Sie konnte keine feste Nahrung mehr zu sich nehmen, so dass sich die Frauen meiner Professorenkollegen in rührender Fürsorge darin abwechselten, ihr jeden Tag eine Bouillon zu kochen. Mit zwei von ihnen, Susanne Curdes und Renate Fehl, hatte sie sich bald nach unserer Ankunft in Aachen angefreundet. Gegen vier Uhr früh, wenn die Schmerzen am schlimmsten wüteten, brachte ich ihr eine Tasse ihres Lieblingstees der Sorte Darjeeling ans Bett. Die Teatime zu früher Stunde war das letzte fixe Rendezvous in unserem gemeinsamen Leben.

Die Leere, in die ich nach Gillis Tod stürzte, machte mir schwer zu schaffen. Sowohl in Aachen als auch in Wien erinnerte mich alles an ihre Abwesenheit, so dass ich die Semesterferien dazu nützte, mich in Berlin umzusehen. Mein Interesse an der geteilten Stadt war seit jenen denkwürdigen Dezembertagen 1942 nicht erloschen, in denen meine Mutter versucht hatte, im Reichssippenamt für meinen Bruder und mich zu intervenieren. Die an den zerschossenen Fassaden und brachliegenden Grundstücken deutlich erkennbaren Spuren des letzten Krieges, die Keller der Gestapozentrale, die ständige und auf meinen Streifzügen doch unvermittelte Präsenz der Mauer regten mich zum Zeichnen an. Aber die Ergebnisse waren zunächst alles andere als überzeugend. Unter meinen Studenten gab es etliche, die das besser konnten als ich. Diese Einsicht weckte meinen Ehrgeiz; ich bemühte mich, die richtige Form für Stadtlandschaften, Industrieanlagen, überhaupt für Architektur zu finden. Dabei kam mir zu Hilfe, dass ich in Aachen reiches Anschauungsmaterial gleichsam vor meiner Nase hatte, jenseits der Grenze in der Wallonie, einer gewaltigen Landschaft aus Hochöfen und Fördertürmen, in der einst das Feuer der Geschichte gebrannt hatte. Die Zeit der industriellen Innovationen und wilden Arbeitskämpfe war vorbei, nun befand sich die Region in einem Schwebezustand zwischen Verfall und Abriss, mit den entsprechenden sozialen Folgen für die ehemaligen Stahlarbeiter und ihre Angehörigen.

Einmal war ich mit Eisler in diese Gegend um Lüttich und Charleroi gefahren, an deren Anblick er sich nicht sattsehen konnte. »Und daraus machst du nichts?«, hatte er vorwurfsvoll gesagt. Jetzt wollte ich etwas daraus machen. Sooft ich mit Schwarzkreide, Zeichenblock und Klappstuhl in das Terrain der stillgelegten Stahlwerke und Zechen eindrang, kam ich mir vor wie ein Zeichner, der als Begleiter einer Urwaldexpedition plötzlich vor einer verlassenen Tempelanlage steht.

Von meinem Verlangen, zeichnerisch mehr über Industrie und das industrielle Zeitalter in Erfahrung zu bringen, rückte ich auch dann nicht ab, als ich 1994 emeritiert wurde. Um den Objekten meiner Begierde noch näher zu sein, ließ ich mich für ein halbes Jahr in Lüttich nieder. Und als ich schließlich doch nach Wien zurückkehrte, unternahm ich von dort aus Reisen in andere Zentren der Schwerindustrie. Aufgelassene, halb verfallene Hütten- und Bergwerke gab es ja in ganz Europa, von Asturien bis zum Ural. Inzwischen interessierten mich auch Betriebe, in denen noch immer oder schon wieder Stahl gehärtet wurde. Nostalgie lag mir fern, auf naturalistische Detailtreue legte ich keinen Wert. Altes Eisen, so meine Überlegung, setzt ein Fotograf unter Umständen besser ins Bild, ich mach einen Mythos daraus. Dabei stand ich vor dem Problem, dass mir der Zutritt zu den Industrieanlagen, auch wenn sie längst nicht mehr in Betrieb waren, in der Regel verboten wurde. Offenbar befürchteten die Eigentümer, dass der Blick des Zeichners nicht nur das Wesen der Produktionsstätten, ihr Phänomen, erfassen und durchdringen, sondern ihnen auch ökonomisch verwertbare Geheimnisse entreißen könnte. Um nicht immer nur von außen, aus gehöriger Distanz zeichnen zu müssen, war ich also auf Hilfe angewiesen.

Die größte wurde mir in Eisenhüttenstadt, der ehemaligen Stalinstadt, vom Hochofeningenieur Joachim Buchwalder und vom doppelten Doktor – in Ingenieur- und Wirtschaftswissenschaften – Karl Döring zuteil. Beide hatten in Moskau an der berühmten Hochschule für Stahl und Legierungen studiert und in der DDR hohe Funktionen ausgeübt, der eine als Leiter des Roheisenwerkes im Eisenhüttenkombinat Ost, der andere als stellvertretender Minister für Erzbergbau, Metallurgie und Kali, und beide waren aufgrund ihrer Fachkenntnisse auch nach der kapitalistischen Übernahme in Spitzenpositionen verblieben. Ihre beruflichen Kontakte öffneten mir die Tore zu den Stahlwerken in Linz und Donawitz, im ungarischen Dunaújváros und sogar in Novo Lipezk, fünfhundert Kilometer südöstlich von Moskau, wo ich mich nicht nur ungehindert bewegen durfte, sondern auch zuvorkommend, ohne Argwohn, behandelt wurde. Wie unentbehrlich die Hilfe meiner ostdeutschen Freunde war, zeigt sich daran, dass meine früheren Ansuchen an die Direktion der Voestalpine, auf ihrem Werksgelände zeichnen zu dürfen, strikt abgelehnt worden waren und mir die oberste Denkmalpflegerin Ungarns versichert hatte, das Stahlwerk von Dunaújváros müsse ich mir aus dem Kopf schlagen, das dürfe nicht einmal sie betreten.

Besonders gern sah ich mich in der nordmährischen Stadt Ostrava um. Sie bildet das Zentrum eines ausgedehnten Industriegebiets, das vor dem Ersten Weltkrieg für Österreich dieselbe Bedeutung hatte wie das Ruhrgebiet für Deutschland. Im monumentalen Stahlwerk Dolní Vítkovice durfte ich schon zeichnen, als es noch in Betrieb war. Inzwischen ist es mit viel architektonischem Geschick, unter Beibehaltung seiner Aura, in ein Museum verwandelt worden. Die in Ostrava entstandenen Zeichnungen sind mir nach meinem Dafürhalten am besten gelungen. Das mag daran liegen, dass ich infolge meiner abnehmenden Sehschärfe in der Wiedergabe der Schächte, Türme, Pfannen, Röhren und Streben der Phantasie freien Lauf ließ.

Bisweilen wurde mir die Frage gestellt, warum ich mich dreißig Jahre lang einem scheinbar leblosen Sujet verschrieben habe. Gerade ich, der es ohne Menschen nicht aushält! Tatsächlich ist auf keinem Blatt ein Lebewesen zu sehen. Allerdings sind die abgebildeten Gegenstände von Menschen erdacht, geformt und geschaffen worden. Ihre Arbeit, die von Generationen, bleibt noch in der Aussparung gegenwärtig. Beflügelt hat mich auch mein Interesse an der Ästhetik des Verschwindens, wobei ich mir den Satz des englischen Schriftstellers, Malers und Kunstkritikers John Berger, Zeichnen sei ein Protest gegen das Verschwinden von Erscheinungen, zu eigen machte. Nur dauerte es eben seine Zeit, bis ich für diese im Verschwinden begriffene Welt, deren ausgefallene Formen ganze Landschaften geprägt haben, die angemessene zeichnerische Sprache fand.

Im Übrigen hat mir das Zeichnen an Ort und Stelle, im Freien, zu mancherlei erinnerungswürdigen Begegnungen verholfen. In Lüttich zum Beispiel wollte ein italienischer Gastarbeiter von mir unbedingt eine Skizze des Hochofens haben, in dem er jahrelang beschäftigt gewesen war. Als ich ihm die Zeichnung schenkte, wagte er zunächst gar nicht, das Blatt anzufassen. Ich musste es ihm zusammenrollen und in die Hand drücken, und als ich ihm nach einer Woche wieder begegnete, lud er mich zu sich nach Hause ein, wo das inzwischen gerahmte Bild über dem Ehebett hing, zwischen dem Hochzeitsfoto und einem Poster von Diego Maradona.

Im katalanischen Clot de Moro zeichnete ich ein stillgelegtes Zementwerk. Ein Hilfsarbeiter aus Andalusien, der mit Wartungsarbeiten beschäftigt war, beobachtete mich dabei und gab mir zu verstehen, dass er die Zeichnungen gern sehen würde. Als Experte gewissermaßen, denn er selbst zeichne auch. Ich vertröstete ihn auf den nächsten Tag. Zur vereinbarten Stunde, nachmittags um fünf, war der Andalusier zur Stelle. Ich blies fingerdicken Staub von einem Marmortisch, auf dem früher vielleicht die Löhne ausbezahlt worden waren, bevor ich dem Mann zwei Zeichnungen vorlegte. Er betrachtete sie eine Weile, schlug sich dann mit der flachen Hand auf die Stirn und rief: »¡Hostia!« Ein spanischer Fluch, der mir als Ausdruck höchster Bewunderung mehr bedeutete als so manche lobende Kritik.

Weniger Erfolg hatte ich auf Sardinien bei einer Autobusladung voll beflissener deutscher Bildungsbürger. Ich war gerade damit beschäftigt, die stillgelegte Metallwaschanlage von Ingurtosu zu zeichnen, als sie über mich herfielen, um mir zu offenbaren, dass schon der Maler Anselm Kiefer an derselben Stelle gezeichnet habe. Offenbar erwarteten sie, dass ich in Ehrfurcht erstarren würde.

In einem Industriegebiet südlich von Antwerpen, in dem noch Überreste riesiger Ziegelbrennereien vorhanden waren, zeichnete ich die Trümmer eines gesprengten Fabrikschlots. Ein kleiner Bub sah mir dabei zu, bevor er mich auf Flämisch ansprach. Woher ich denn käme und wie weit das von hier entfernt sei.

»Hundertfünfzig Kilometer«, sagte ich.

»Du bist hundertfünfzig Kilometer gefahren, nur um diese Zeichnung zu machen?«

Ich nickte, von der Frage schon etwas eingeschüchtert. Sein abschließender Kommentar veranlasste mich, an meiner Mission zu zweifeln: »Ich würde wegen dieser Zeichnung nicht hundertfünfzig Kilometer weit fahren.«

In Gelsenkirchen fasste ich wieder Mut. Dort zeichnete ich den Förderturm eines aufgelassenen Bergwerks. Ein Bub und zwei Mädchen im Volksschulalter kamen des Weges. Die Mädels schauten mir lange über die Schulter, bis mir eine von ihnen in elegischem Tonfall versicherte: »Also ich muss sagen, Sie malen wirklich wunderschön. Wunderschön, muss ich schon sagen!« Die andere stimmte ihr zu. Der Bub inspizierte währenddessen mein Zeichenmaterial und den dreibeinigen Klappstuhl, auf dem ich saß. Dann meinte er: »Den kleinen Stein unter Ihrem Stuhl, den haben Sie hingelegt, damit Sie morgen den Platz wiederfinden.« Ein aufgewecktes Kerlchen. Mit Malen hatte er nichts am Hut, aber es würde mich nicht wundern, wenn er inzwischen eine steile Karriere bei Thyssen und Krupp gemacht hätte.

In der Nähe von Lüttich liegt das Bergwerkstädtchen Cheratte, in dem sich malerische Häuser einen Hang hinaufziehen. Mittendrin eine graue renovierungsbedürftige Kirche, drei trostlose Wirtshäuser und ein Park mit einem verfallenen Schloss. Beherrscht wurde die Ortschaft von den Überresten der Zeche Hasard, einem Förderturm aus Beton und einem kolossalen Malakoff-Turm, der ihr ein festungsartiges Aussehen verlieh. Etwas abseits lag eine architektonisch bemerkenswerte Arbeitersiedlung, durch deren Gassen die von Lautsprechern übertragene Stimme des Muezzins hallte. Von dort kamen zwei kleine Mädchen gelaufen, die wissen wollten, was ich da treibe. Ich erklärte ihnen, dass es sich bei den Gebäuden ringsum um ganz bedeutende historische Monumente handelte, worauf eines der Mädels einen schwärmerischen Gesichtsausdruck bekam. *Ah, c'est beau Cheratte!* »Cheratte ist wunderschön.« Sie sprach mir aus dem Herzen.

Bei einer meiner frühen industriearchäologischen Expeditionen wäre es um ein Haar so zugegangen wie beim Zusammentreffen meines Vaters mit meinem späteren Taufpaten Manfred Ragg im Sachsenwald: Ich hatte mich in Charleroi vor einem stillgelegten Bergwerk niedergelassen und war alles andere als erfreut, als plötzlich ein Mann mit einer riesigen Plattenkamera auftauchte. Feindselig starrten wir einander an, zwei unliebsame Konkurrenten, die angestrengt nachdachten, wie sie den andern möglichst rasch aus dem Feld räumen könnten. Dass wir dann doch nicht mit Dreibeinstativ und Malerstockerl aufeinander losgingen, lag an Clemens Schülgen – denn um diesen handelte es sich bei meinem vermeintlichen Widersacher –, der mich wegen meiner Aussprache als Wiener identifizierte, selbst eine Wiener Mutter hatte und als Mathematiker und Fotograf zwischen Brüssel und Wien pendelte. Wir kamen ins Gespräch, freundeten uns flugs miteinander an und tauschten die Erfahrungen aus, die wir mit den Objekten unserer Begierde gemacht hatten.

Clemens und seine Frau Monique sind zwei von meinen rund sechzig Freunden oder guten Bekannten, die ich gegen Ende meiner Lebenserinnerungen würdigen wollte. An den meisten Autobiografien hat mich nämlich gestört, dass ihre Verfasser äußerst zurückhaltend waren, wenn es darum ging, diejenigen zu nennen, deren Freundschaft ihnen das Leben gleichermaßen gewürzt und versüßt hatte. Dieses Vergehens wollte ich mich nicht schuldig machen, sondern jede und jeden von denen, die mir zugetan waren und es weiterhin sind, in drei, vier oder auch sechs Sätzen vorstellen. Ihre Besonderheiten erfassen, ihrem Charakter gerecht werden. An diesem Anspruch bin ich jedoch, wie ich nach mehreren Versuchen feststellen musste, kläglich gescheitert. Es liegt also nur an meinem Unvermögen, dass ich ihre Namen an dieser Stelle unterschlage. Die Freude, die mich bei jeder Begegnung mit ihnen erfüllt, stärkt mich sogar dann, wenn ich – was in meinem Alter schon vorkommt – gerade damit beschäftigt bin, Bruder Hein von der Schippe zu springen. In Abwandlung eines Satzes von Carl Laszlo kann ich von mir sagen: »Ich bin nur zufällig glücklich geworden, weil ich Freunde um mich herum hatte.«

Von einer dieser Glücksspenderinnen soll dennoch die Rede sein. Ich wusste von ihr, lange bevor wir uns kennenlernten. Gelegentlich hatten mir Aachener Bekannte gesagt, dass es an der Technischen Hochschule außer mir noch jemanden aus Österreich gäbe, nämlich an der Fakultät für Mathematik und Naturwissenschaften eine Professorin für theoretische Informatik. Ob sie mich mit ihr bekannt machen sollten. »Ich möchte wissen«, sagte ich trotzig, »warum ich diesen Integraldrachen erster Ordnung kennenlernen soll.« Dann traf ich, Ende der achtziger Jahre, auf der Straße eine meiner Studentinnen, die mir von einem Roman vorschwärmte. Mir war sowohl das Buch, *Die Züchtigung*, als auch der Name der Autorin, Anna Mitgutsch, völlig unbekannt. »Na, hören Sie mal. Das ist doch eine Landsfrau von Ihnen!« Schuldbewusst trottete ich in die Buchhandlung Backhaus, zu meinem Freund Peter Klein, um mir den Roman zu besorgen.

Der Zufall wollte es, dass auch der Integraldrachen namens Britta Schinzel anwesend war. Klein machte uns miteinander bekannt. Sie sei Wienerin, sagte Britta, komme aber aus Innsbruck. Im Gespräch stellte sich heraus, dass wir in Tirol eine Reihe gemeinsamer Bekannter hatten. Überhaupt war ich von ihr angetan, nachdem wir uns eine halbe Stunde lang unterhalten hatten. Wie es ihre Eigenart war, hatte Britta eine Menge Bücher gekauft, die sie aus Zeitmangel dann gar nicht lesen sollte. Ich trug ihr den meterhohen Stapel in die Wohnung nach, in der sie von zwei launenhaften Katzen mehr geduldet als umschmeichelt wurde. Eine selbstlose Katzenfreundin – ein Grund mehr, mich um sie zu bemühen. Noch am selben Abend führte ich sie zum Essen aus.

Brittas Hauptkennzeichen war ihre ständige Überarbeitung. Sie saß bis spät in die Nacht hinein vor dem Computer, auch am Wochenende, so dass sie sich in den neun Jahren ihrer Lehr- und Forschungstätigkeit in Aachen nur zweimal in Belgien umsah, einmal in Brüssel, einmal in Lüttich. Als einzige Frau unter hundertzehn Professoren ihrer Fakultät wurde sie bei Sitzungen prinzipiell übersehen, bis sie zum Gegenangriff ansetzte: Sie machte den Motorradführerschein, legte sich eine schwere Honda zu und erschien zu den Fakultätssitzungen in schwarzer Lederkluft. Damit verschaffte sie sich Respekt. Außerdem brachte sie die Benachteiligung, die sie als Frau auf ihrem Fachgebiet erlebte, auf den Gedanken, sich speziell mit Geschlechterverhältnissen in der Informatik zu beschäftigen. Mit ihren Veröffentlichungen zu diesem Thema rührte sie an ein Tabu.

Wenn ich mir in unserer Beziehung etwas zugutehalten darf, dann die Tatsache, dass es mir als erstem Menschen in ihrem Leben gelang, Britta zum Müßiggang zu verführen. »Du bist zu faul, um nicht zu arbeiten.« Dieses Urteil verfehlte nicht seine Wirkung, so dass wir in den Jahren unseres Beisammenseins viele

Reisen und Ausflüge unternahmen. In Freiburg, wo sie von 1991 bis zu ihrer Emeritierung 2008 den Lehrstuhl für Informatik und Gesellschaft innehatte, leben wir unter einem Dach, aber in getrennten Wohnungen. In Wien teilen wir uns meine alte Behausung in der Piaristengasse. Soll ich sie beschreiben, fallen mir nur positive Eigenschaften ein. Sie ist attraktiv, gebildet, gesprächig, sehr musikalisch, politisch wach und von rascher Auffassungsgabe, und sie hat eine ausgesprochen angenehme Stimme. Britta ist immer noch mit allerlei Vorträgen und Fachbeiträgen beschäftigt, was mich vermuten lässt, dass sie bei ihren jüngeren Kolleginnen und Gesinnungsgenossinnen in hohem Ansehen steht. Ich muss gestehen, dass ich für ihr Fachgebiet weiterhin nicht das geringste Interesse aufbringe. Das ist insofern ungerecht, als sie von Kunst eine ganze Menge versteht.

Nicht mit Britta, sondern mit zwei ehemaligen Studentinnen von mir machte ich an einem verregneten Wochenende im Sommer 2006 von Aachen aus einen Ausflug nach Paris. Dort stießen wir auf eine Demonstration der Kommunistischen Partei Frankreichs gegen den Libanonkrieg. Rote Fahnen, Sprechchöre, geballte Fäuste. Die Geister von früher, die mich unverhofft heimsuchten. Ich wurde von einem Weinkrampf geschüttelt. Vergeblich bemühte ich mich, mir die heftige Gemütswallung nicht anmerken zu lassen, aber meine Begleiterinnen waren ohnehin, munter miteinander parlierend, vorausgegangen und schauten sich nicht nach mir um.

Kurz davor oder wenig später hatte mich bei einem Geburtstagsfest für Hanna Buchwalder, die quirlige Frau des Hochofenleiters von Eisenhüttenstadt, Karl Döring ins Auge gefasst. »Na, Herr Schönwald. Denken Sie noch daran, etwas gegen die herrschende Politik zu unternehmen?« Er sprach was an, weckte etwas in mir, das ich viel zu lange ruhiggestellt hatte. Vielleicht hätte ich die Lehre des dritten Abgesandten des Judentums, damals im Budapester Flüchtlingslager, doch mein Leben lang beherzigen sollen. Jetzt ist es zu spät.

EDITORISCHE NOTIZ

Die vorliegenden Lebenserinnerungen basieren auf langen Interviews, die Erich Hackl im September und Oktober 2005 sowie Barbara Coudenhove-Kalergi im August und September 2020 mit Rudolf Schönwald geführt haben, ferner auf umfangreichen Aufzeichnungen, die dieser in Zusammenarbeit mit Britta Schinzel im Winter 2020/21 erstellt hat. Für zusätzliche Auskünfte dankt der Nacherzähler Ditha Brickwell und Manfred Mugrauer.

GLOSSAR

barabern	schuften
blad	dick
Beserlpark	kleiner, kümmerlicher Park
Engelmacherin	Frau, die illegale Abtreibungen vornimmt
Grätzl	Kiez
Gschropp	Kind
Hadern	Hit
Kummerln	verächtlich oder (selten) zärtlich für Kommunisten
Lawur	Lavoir, Waschschüssel
Manderl	Männchen
Nebbichs	unbedeutende Menschen
Nebochant	unfähiger Mensch
Ostmärkische Sturmscharen	1930 gegründeter und 1938 aufgelöster katholischer Wehrverband, an Bedeutung den noch weiter rechts stehenden Heimwehren unterlegen
Piefkonien	Stammland der Piefke, also Deutschland
pflanzen	zum Narren halten
RAVAG	Radio-Verkehrs-AG. Radio Wien
Schmähtandler	Schwindler
sekkieren	triezen
stier	abgebrannt (finanziell, versteht sich)
Stockerl	Hocker

Stößer	Hut der Wiener Fiakerkutscher
Tschecherant	Homo alcoholicus viennensis
USIA	Verwaltung des Sowjetischen Vermögens in Österreich
Vaterländische Front	Einheitsorganisation des austrofaschistischen Ständestaats, die sich aus loyalen Parteigängern des Regimes, als Österreich-Patrioten getarnten Nazis, Opportunisten und Karteileichen zusammensetzte und von 1933 bis 1938 existierte
Verband der Unabhängigen	deutschnationale Partei (1949–1956), Sammelbecken ehemaliger NSDAP-Mitglieder, Vorläufer der Freiheitlichen Partei Österreichs
vernadern	verraten, anzeigen
Wafferl	Waffel
Wickel	Problem, Streit

MEHR VON UND ÜBER
RUDOLF SCHÖNWALD

Rudolf Schönwald. Meine Anhänglichkeit an die fünfziger Jahre. Ein Film von Gerald Patsch in Zusammenarbeit mit Maria Wirth. DVD, Wien 2018. Bezugsadresse: gerald_patsch@hotmail.com

Britta Schinzel (Hrsg.): Rudolf Schönwald. Graphik erzählt. Mandelbaum Verlag, Wien 2018

Heidrun Rosenberg (Hrsg.): Rudolf Schönwald. Kunst im Kalten Krieg. Anton Pustet Verlag, Salzburg 2019

Semirah Heilingsetzer (Hrsg.): Rudolf Schönwald. Grafikzyklen aus sieben Jahrzehnten 1950 bis 2020. Verlag der Provinz, Weitra 2021

PERSONENREGISTER